W0064291

PRANITHA TIMOTHY
mit Anna Koppri

Liebe ohne Grenzen

Gottes leise Stimme
für die Unterdrückten

SCM

Stiftung Christliche Medien

Der SCM Verlag ist eine Gesellschaft der Stiftung Christliche Medien, einer gemeinnützigen Stiftung, die sich für die Förderung und Verbreitung christlicher Bücher, Zeitschriften, Filme und Musik einsetzt.

Die mit * gekennzeichneten Namen wurden zum Schutz der Personen geändert.

© der deutschen Ausgabe 2016
SCM-Verlag GmbH & Co. KG · Max-Eyth-Straße 41 · 71088 Holzgerlingen
Internet: www.scm-verlag.de · E-Mail: info@scm-verlag.de

Die Bibelverse sind, wenn nicht anders angegeben,
folgender Ausgabe entnommen:
Neues Leben. Die Bibel, © der deutschen Ausgabe 2002 und 2006
SCM-Verlag GmbH & Co. KG, Witten.

Umschlaggestaltung: Kathrin Spiegelberg, Weil im Schönbuch
Titelfoto: Nikole Lim; Illustrationen: shutterstock.com
Autorenfoto: © Blesson Pandi
Satz: typoscript GmbH, Walddorfhäslach
Druck und Bindung: CPI books GmbH, Leck
Gedruckt in Deutschland
ISBN 978-3-7751-5673-8
Bestell-Nr. 395.673

Inhalt

Vorwort 7

Am seidenen Faden 11

Von einer Hölle in die nächste 14

Januar 1975 16

Doppelt entwurzelt 18

Ein Unfall? 21

Ungerechtigkeit 23

Der Flimmerkasten 25

Meine Eltern 27

Alltag in Yadgir 29

Die Sache mit Gott 32

Familienabenteuer 34

Meine Krankheit 37

Allein 39

Herzenskälte 41

Meine neue Passion 44

Psychospielchen 46

College 48

Harte Konsequenzen 50

Spiel mit dunklen Mächten 52

Gefangen 53

Veränderung 56

Morgenstunden mit Gott 59

Fragen an Gott 62

Veränderung 64

Gewissensprüfung 66

Herzenseroberung 67

Meine Berufung 70

Monate der Ungewissheit 71

Hirntumor 74

Gott verherrlichen 77

Hilflos ausgeliefert 79

Himmlische Aufgaben 82

Mein erster Job als Sozialarbeiterin 86

Somu* 90

Ein perfektes Match? 92

Geschenke des Himmels 94

Chennai 99

Leben in einem indischen Dorf 100

Entwicklungszentren für Kinder 104

Hochzeitsvorbereitungen 107

Der große Tag 109

Flitterwochen 111

Früchte meiner Arbeit 114

Moderne Sklaverei 119

International Justice Mission 122

Vorstellungsgespräch 124

Mein erster Einsatz 127

Erste Schritte 131

Unberührbare 134

Ermittlungen 136

Gefährliche Wut 139

Kraftquellen 143

Vorbereitung 146

Befreiungsoperation Raman 149

Ramans Peiniger 151

Lang ersehnte Freiheit 154

Gerichtstermin 156

Nachsorge 158

Ramans Engagement 161

Ein Meilenstein in der Geschichte von IJM 164

Ramans Geschichte als Erfüllung
meiner biblischen Prophetie 166

Aarthi und Keerthi 168

Unsere Ehe 171

Mit Aarthi und Keerthi vor Gericht 173

Warten 176

Eine unerwartete Überraschung 178

Neue Hoffnung für Aarthi und Keerthi 180

Ein schwerer Schlag 182

Familienzuwachs 184

Unsere Gemeinschaft mit jungen Leuten 187

Aarthi und Keerthi 191

Unsere Maids 193

Polizeischulungen 196

Der Wert eines Sklavenlebens 197

Offene Wunden 200

Ich habe zu Jesus gebetet und wurde befreit 203

Joels Geschichte 205

Aarthi und Keerthi studieren 207

Die größte Befreiungsaktion in der Geschichte von IJM 208

Nachwuchsmenschenrechtler 211

Andere ermutigen 212

Willow Creek in Chicago 215

Ein Traum von Gott 218

David 222

Ein eigenes Projekt 225

Der Start von »Justice & Hope« 229

Zerplatzende Seifenblasen 231

Neuausrichtung? 232

Ein schmerzlicher Abschied und neue Aufgaben 235

Als Staatsgast in Deutschland 237

Eine neue Stimme? 241

Bayern-München 242

Letzter Gerichtstermin von Aarthi und Keerthi 244

Amrita 245

Transformation eines Dorfes 249

Aarthis und Keerthis neuer Job 250

Neue Hoffnung für vergessene Kinder 252

Ehrenamtliche Helfer 254

Diskriminierung von Frauen 255

Fieber 256

Aarthi findet zu Gott 259

Christenverfolgung in Indien 262

Neuer Kurs von IJM 264

Zehnjahresfeier 265

Zweifel 267

Göttliche Gerechtigkeit 268

Statements über Pranitha: 271

ANHANG

Wie ich dazu kam, dieses Buch zu schreiben 279

Zusatzinformationen zur Situation von Frauen in Indien
auf Grundlage von Reportagen auf ARTE 281

Literatur-/Quellenverzeichnis 285

Kontaktaufnahme- und Unterstützungsmöglichkeiten 286

Bildnachweis 288

Vorwort

Indien ist ein Land voller Gegensätze: Hier gibt es 150 000 Millionäre, darunter einige der reichsten Menschen dieser Erde. Zugleich leben hier weltweit die meisten in absoluter Armut. Laut einer Studie der Weltbank müssen 44 Prozent der Einwohner mit umgerechnet weniger als einem US-Dollar am Tag auskommen. Armut in Indien hat viel mit der Kastenzugehörigkeit zu tun. Obwohl das Kastensystem bereits 1947 offiziell abgeschafft wurde, bestimmt noch heute die Kaste den sozialen Status einer Person. Von anderen ausgeschlossen und diskriminiert zu werden, erscheint armen Menschen oft unabänderlich. Ihnen fehlt die Hoffnung, dass sie und auch ihre Kinder aus dem Teufelskreis der Armut ausbrechen können.

Zwei der schlimmsten Formen von Menschenrechtsverletzungen treffen vor allem Arme: Menschenhandel und moderne Sklaverei. Durch diese werden viele an den äußersten Rand gedrängt, mundtot gemacht und erbarmungslos ausgebeutet.

Heute werden weltweit etwa 36 Millionen Menschen in Sklaverei festgehalten – die Hälfte von ihnen lebt in Indien. Sie sind das Eigentum von Reismühlenbesitzern, oder sie schuften in Steinbrüchen, Ziegeleien, Textilfabriken und Rosenfarmen. Ihre Lebensrealität ist für uns in Deutschland kaum vorstellbar. Viele fragen sich, warum es Sklaverei in unserer heutigen Zeit überhaupt noch gibt.

Tatsächlich verbietet die Gesetzgebung in Indien Sklaverei ausdrücklich. Jedoch haben Arme kaum Zugang zum Rechtssystem. Um also nachhaltig gegen Sklaverei zu kämpfen, braucht es eine aktive Strafverfolgung dieser Rechtsverstöße. Ebenso nötig ist es, dass Menschen die Gesetze verstehen und sie befähigt werden, ihre Rechte einzufordern.

Keine leichte Aufgabe! Menschenrechte setzen sich nicht von alleine durch. Es braucht Menschen, die ihre Komfortzone verlassen und sich dahin wagen, wo das Unrecht nicht nur zum Himmel schreit, sondern so alltäglich geworden ist, dass sich ihm niemand mehr entgegenstellt.

Pranitha begibt sich immer wieder in die dunkle Welt der Sklaverei, Unterdrückung und Gewalt und wird zur Hoffnung für Tausende Männer, Frauen und Kinder, deren Stimmen zu schwach sind, um gehört zu werden, die versteckt, versklavt, vergewaltigt und zum Schweigen gebracht wurden.

Auf den ersten Blick wirkt die zierliche Frau mit ihrer leisen Stimme nicht wie eine starke Kämpferin. Ihre Hingabe, ihr Mut und ihre Professionalität in ihrer Arbeit beeindrucken mich zutiefst. Niemals zuvor ist mir jemand begegnet, der sich seiner Schwachheit so bewusst ist und gleichzeitig der Stärke Gottes, die in ihr wirkt.

Als Sozialarbeiterin bei International Justice Mission hat sie bis 2014 Tausende Menschen nach ihrer Befreiung aus Sklaverei begleitet und gestärkt, sodass sie auch ihr inneres Gefängnis der Angst und Unterdrückung verlassen konnten. Zusammen hat sie mit ihnen vor Behörden und Gericht für ihre Rechte eingestanden. In diesem Buch werden Sie einige dieser Menschen kennenlernen.

Obwohl wir damals Kollegen waren, sind wir uns zum ersten Mal in Deutschland begegnet. Pranitha sprach 2014 auf dem Willow-Creek-Leitungskongress in Leipzig vor 8 000 Teilnehmern. In der großen Konferenzhalle hätte man eine Stecknadel fallen hören können, so aufmerksam folgten die Zuhörer ihren leisen und doch so gewichtigen Worten. Tausende Herzen hat Pranitha in diesen Minuten berührt.

Auf unseren langen Autofahrten durch Deutschland und in vielen weiteren Gesprächen mit ihr war ich besonders davon beeindruckt und ermutigt, welche Stärke sie aus ihrem Glauben schöpft. Es ist ein Privileg, als Freunde und Gefährten gemeinsam dafür zu kämpfen, den Ärmsten dieser Welt Hoffnung zu schenken.

Ich wünsche Ihnen, dass Sie beim Lesen dieses Buches Gott als Gott der Gerechtigkeit und Hoffnung begegnen. Pranitha erinnert uns nicht nur an Gottes Auftrag, für die Unterdrückten dieser Welt einzustehen. Sie zeigt uns auch, wie wir als Christen einen echten Unterschied in dieser Welt machen können.

Möge Pranithas Leben uns aufwecken, nicht wegzusehen und uns aufrütteln, etwas zu unternehmen. Millionen Menschen in Sklaverei warten noch darauf, dass ihnen jemand ihre Stimme leiht und für ihre Rechte kämpft. Lassen Sie uns gemeinsam dazu beitragen!

Ihr Dietmar Roller
Vorstandsvorsitzender IJM Deutschland e. V.

Am seidenen Faden

Ich spüre das Pochen meines Herzens an den Schläfen. Die Zeit scheint stillzustehen, als wolle sie mich absichtlich auf die Folter spannen. Jedes Mal, wenn ich auf die Uhr sehe, ist kaum eine Minute verstrichen. Ich sitze auf dem Bett eines Hotelzimmers in Chennai im Süden Indiens. Mit mir im Raum sind ein Kollege und fünf Polizisten. Es ist der 20. April 2005, und wir befinden uns in einem der etwas besseren Hotels, das nicht nur versucht, einen europäischen Standard zu bieten, sondern auch westliche Preise verlangt. Die Klimaanlage bläst surrend eiskalte Luft in den Raum, die mich am ganzen Körper frösteln lässt. Draußen herrscht eine so unbarmherzige Hitze, dass ich nicht einen Gedanken daran verschwendet habe, mir eine Jacke mitzunehmen. Es sind nun schon dreißig Minuten über der vereinbarten Zeit vergangen. Nervös werfe ich meinem Kollegen einen Blick zu. Er nickt aufmunternd – jetzt nur nicht den Mut verlieren, es wird schon alles glattgehen. Im Nebenraum ist alles für eine Party hergerichtet. Es läuft Musik, das Licht ist ein wenig gedimmt, und es gibt etwas zu essen.

Eine ganze Suite haben wir für die heutige »Operation« gemietet. Unsere Leute und einige Polizisten in Zivil haben sich auf dem ganzen Gelände verteilt. Sogar auf dem Dach sitzen etliche von ihnen, um Ausschau nach den Mädchen und ihren Zuhältern zu halten.

Die Anspannung nagt an meinen Nerven, denn an einem solchen Fall haben wir noch nie gearbeitet. Sieben minderjährige Mädchen sollen zu uns ins Hotel gebracht werden. Wir haben alles bis ins Detail geplant und viel Zeit investiert, um diese Mädchen aus ihrer persönlichen Hölle herauszuholen. Vor ein paar Wochen sind wir förmlich über den Fall gestolpert, als uns bei Ermittlungsarbeiten in einem Hotel auffiel, dass dort minderjährige Mädchen für Sex an die Gäste verkauft werden. Um die Täter zu überführen, gab sich mein Kollege als interessierter Kunde aus und bestellte ein Mädchen auf sein Zimmer, um Informationen zu erhalten. Der Tsunami im letzten Jahr hat vielen Familien alles genommen. Wir wollen herausfinden, ob sie dadurch so verwundbar geworden sind, dass sie sogar so weit gehen, ihre Körper oder die ihrer Kinder zu verkaufen. Nachdem er dem Mädchen vorsichtig ein paar einfühlsame Fragen gestellt hatte, erzählte sie ihm, dass es in dem Hotel noch weitere junge Mädchen gebe, die dazu gezwungen würden, sich zu prostituieren. Menschenhändler haben ein leichtes Spiel, wenn sie diesen Familien versprechen, ihrer Tochter einen Job als Haushälterin in der Stadt zu besorgen. Die Mädchen werden stattdessen jahrelang als Sexsklavinnen ausgebeutet, und ihre Familien sehen sie in den meisten Fällen nie wieder. Um ein minderjähriges Mädchen für eine Nacht zu kaufen, zahlen Sextouristen oder reiche Inder horrende Summen von bis zu 30 000 Rupien (400 €). Je jünger das Mädchen, desto rentabler ist sie für ihren Zuhälter. Manche werden auch direkt von ihren Eltern verkauft, um mit dem Geld die Familie zu ernähren.

In meinem Ohr befindet sich ein Empfänger, mit dem ich hören kann, was im Nebenraum vor sich geht. Mein Chef will mich anrufen, sobald die Mädchen da sind und das Geld an ihre Zuhälter übergeben wird, damit ich zusammen mit den Polizisten den Raum stürmen kann.

Wir warten jetzt schon über fünf Stunden in diesem Raum. Die Mädchen hätten längst hier sein sollen. Auch die Polizisten, die ebenfalls Kopfhörer tragen, werden immer unruhiger.

Endlich höre ich, dass einer unserer Leute einen Wagen vorfahren sieht. Er berichtet, dass ein Mann und eine Frau mit zwei Mädchen aussteigen und auf das Hotel zukommen. Kurze Zeit später treffen sie im Nebenraum ein. Ich will aufspringen, zwinge mich aber, auf dem Bett sitzen zu bleiben und auf den Anruf von meinem Chef zu warten.

Nach einer Weile wird es lauter in meinen Kopfhörern, doch anscheinend versucht mein Chef, die Geldübergabe noch hinauszuzögern, weil er auf das Eintreffen weiterer Mädchen warten will. Die Polizisten werden immer unruhiger und zischen mir zu: »Wir werden jetzt da reingehen, worauf warten wir noch?« Ich versuche, sie zu beschwichtigen: »Nein, wenn Sie jetzt da reingehen, war die ganze Operation umsonst. Wir müssen die Zuhälter bei der Geldübergabe erwischen, sonst können wir ihnen kein Unrecht nachweisen. Warten Sie noch einen Moment, ich gebe Bescheid.«

Durch mein Funkgerät erkläre ich meinem Chef die Brisanz der Lage: »Wir können nicht länger warten, sonst stürmen die Polizisten vor der Geldübergabe den Raum. Ich kann sie nicht mehr hinhalten.«

Kurze Zeit später erhalte ich endlich den erlösenden Anruf und gebe den Polizisten das Zeichen.

Von einer Hölle in die nächste

Als wir den Nebenraum betreten, erhält die Frau gerade 30 000 Rupien (400 €). Sofort nehmen die Polizisten sie und den Mann fest, was die beiden Mädchen auf dem Sofa zusammenzucken lässt. Sie sind im Teenageralter mit langen dunkelbraunen Haaren, großen schwarzen Augen und sehr knapper Kleidung. Als sie begreifen, was hier vor sich geht, bricht die Ältere von ihnen zusammen und beginnt zu weinen. Auch der Frau schießen Tränen in die Augen, und sie stottert unverständliche Erklärungen. Das jüngere Mädchen sitzt ganz still da und schaut uns mit ernster Miene an. Ich nehme die beiden Mädchen mit nach nebenan ins Schlafzimmer, wo ich zusammen mit der Polizei versuche, einige Informationen zu erhalten. Mit tränenerstickter Stimme erklärt die Ältere, dass sie Schwestern sind und von ihrer Tante und deren Fahrer hergebracht wurden. Ihre jüngere Schwester sei zwölf Jahre alt und heiße Aarthi*, sie selbst heiße Keerthi* und sei 14. Aarthi sagt gar nichts. Sie schaut uns mit vor Wut funkelnden Augen an und schweigt. Immer eindringlicher reden die Polizisten auf sie ein und versuchen, Informationen aus ihr herauszupressen. Sie beginnen sogar ihr zu drohen und werden laut, doch das Mädchen bleibt stur. Auf einmal verliert einer von ihnen die Geduld, er holt aus und verpasst Aarthi eine Ohrfeige. Ich glaube nicht richtig zu sehen. Empört springe ich auf: »Wie können Sie dieses Mädchen anrühren? Sie ist Opfer von Gewalt, und es ist unsere Aufgabe, sie zu schützen. Sie haben kein Recht, sie zu schlagen, egal, wie stur sie sich verhält!«

In der Zwischenzeit hat ein Kollege Keerthi so weit bearbeitet, dass sie zugibt: »Sie ist nicht meine Tante, sie ist unsere Mutter. Wir brauchen das Geld.«

Ich muss tief durchatmen und mich für einen Moment zur Wand drehen, damit die Mädchen nicht sehen, wie tief mich diese Aussage trifft. Die eigene Mutter!

Daraufhin bringt uns die Polizei alle zusammen aufs Revier, wo das Verhör die nächsten zwei Tage andauert. Ich schlafe sogar bei den Mädchen, ihrer Mutter und dem Fahrer auf der Polizeistation. Wir sind alle zusammengepfercht in einem kleinen Raum. Die Stimmung ist aufgeladen. Niemals würden wir unsere Klientinnen in so einer Situation alleinlassen. Wir wollen ihnen zeigen, dass wir für sie da sind und es uns nicht egal ist, was mit ihnen geschieht.

Durch meine Anwesenheit sind die Polizisten der Menschenrechtssektion bemüht, ihre Befragungen ohne weitere Aggressionen durchzuführen.

Nach zwei Nächten, in denen wir alle kaum schlafen, beenden sie schließlich das Verhör und entscheiden, dass die Mädchen vorübergehend zu ihrem Schutz in einem Heim der Regierung untergebracht werden sollen.

Keerthi weint, die Schwestern klammern sich an ihre Mutter. Sie wollen nicht von ihr getrennt werden, egal, was sie ihnen angetan hat. Als sie schließlich in einem Polizeiwagen fortgebracht werden, schaut Aarthi mir nach. Der Mut, den dieses gebrochene und misshandelte Mädchen aufbringt, mir direkt in die Augen zu schauen, lässt mich erschaudern. Sie hat Angst vor dem, was jetzt mit ihr passieren wird. Ich sehe aber auch wilde Entschlossenheit und Wut in ihrem Blick.

Für einen Moment erkenne ich mich selbst in diesem Mädchen. Sie ist von schmaler, kränklicher Statur und doch aufrecht und stolz.

Mit dem gleichen eindringlichen Blick voll Wut und voll Entschlossenheit habe ich die Ungerechtigkeit betrachtet, die mir in meinen Kinderjahren begegnet ist.

Januar 1975

Ein dünner, heller Schrei, wie nur Neugeborene ihn ausstoßen, schallt durch das Krankenhaus der methodistischen Mission in Yadgir. Es ist ein Sonntag, an dem ich zum ersten Mal hungrig Sauerstoff in meine Lungen einsauge. Ich werde hineingeboren in eine bunte Welt voller Gegensätze. Ein Sechstel der Weltbevölkerung lebt in Indien, ich bin eine von 1,2 Milliarden Menschen. Die Hälfte von ihnen, hat nicht genug zu essen. Erschöpft lehnt meine Mutter sich in die Kissen zurück und lässt sich ihr winziges Töchterchen in den Arm legen. Die Hebamme lacht herzhaft, als sie mich sieht, und schon bald versammelt sich eine heitere Runde von Krankenhausangestellten um unser Bett. Alle wollen das kleine indische Mädchen mit der ungewöhnlich hellen rosa Haut bestaunen. Von diesem Moment an werde ich nur noch liebevoll »Pinky« genannt, was bis heute mein Rufname ist. Mein richtiger Name ist Pranitha, was Lebensgeberin bedeutet. Ob er meinen Eltern von Gott zugeflüstert wurde?

Auch die Uhrzeit meiner Geburt ist ein Grund zur Heiterkeit im Krankenhaus und später immer wieder eine Anekdote wert. Ich erblicke um 4:20 Uhr das Licht der Welt. Vier Zwanziger nennt man in Indien Schwerverbrecher, nach einem entsprechenden Paragrafen im Gesetzbuch. Manchmal ziehen meine Freunde mich damit auf und sagen:»Kein Wunder Pinky, dass du so geworden bist.«

Doch ich möchte von vorn erzählen:

Nicht alle aus meiner Familie sind erfreut über meine Ankunft. Als die Eltern meines Vaters erfahren, dass ich ein Mädchen bin, legt sich ein Schatten über ihre Beziehung zu meiner Familie. Sie verweigern sogar den Besuch im Krankenhaus, um mich nicht willkommen zu heißen. Ihrer Meinung nach sei ein Mädchen in der Familie genug, noch mehr könnten sich meine Eltern nicht leisten.

Meine große Schwester Priscilla wurde drei Jahre vor mir geboren, und mein Bruder Paul ist elf Monate älter als ich. Doch die Freude meiner Eltern über das kleine rosa Bündel, das friedlich in ihren Armen schlummert, ist ungetrübt. Sie vertrauen mich ganz der Fürsorge Gottes an. Von Sorge um eine hohe Mitgift, die sie bei meiner Verheiratung zahlen müssten, lassen sie sich diesen kostbaren Moment nicht verderben. Manche indischen Familien, die wenig Geld haben, töten ihre zweit- oder drittgeborenen Mädchen sogar aus Verzweiflung und Angst vor Verarmung. Das ist ein großes Problem in meinem Land, weil es deshalb zu wenige Frauen gibt. Auf 1000 Männer kommen nur etwas über 800 Frauen. Für meine Eltern sind Mädchen und Jungen gleich viel wert, und so machen sie auch keine Unterschiede in unserer Erziehung.

Meine Versorgung überlassen sie dennoch schnell meinen Großeltern väterlicherseits, die mit in unserem Haus leben. Nachdem meine Mutter sich vom Wochenbett erholt hat, geht sie zurück ins Krankenhaus, in dem sie und mein Vater als Missionsärzte arbeiten. Sie ist Zahnärztin, mein Vater Augenarzt und Leiter des Krankenhauses.

Doppelt entwurzelt

Drei Kleinkinder im Haus sind eine Überforderung für alle Beteiligten. Weil meine dreijährige Schwester und mein einjähriger Bruder schon viel Aufmerksamkeit und Fürsorge benötigen, kommen meine Bedürfnisse häufig zu kurz. Eines Tages findet meine Mutter mich weinend am Boden liegen, als sie von der Arbeit heimkommt. Meine Großmutter ist im selben Raum, doch sie hat mich, nachdem ich aus dem Bett gefallen bin und jämmerlich weine, nicht aufgehoben. »Sie ist doch nur ein Mädchen«, lauten die Worte, die in Mutters Ohren noch lange nachhallen. Als ich eineinhalb bin, entschließt sie sich deshalb, das Angebot ihrer Mutter anzunehmen, sich für eine Weile um mich zu kümmern. Meine Großmutter lebt mit meinem Großvater eine Tagesreise entfernt in Madras/Chennai und möchte mich ein wenig aufpäppeln, weil ich sehr dünn und schwach bin. Sie kommt mich abholen und tritt mit mir die 16-stündige Zugreise in ihre Heimatstadt an. Verängstigt gehe ich mit der mir fremden Frau mit und werde aus meiner Kleinstadtidylle in eine andere Welt gebracht. Madras/Chennai liegt an der Ostküste und ist eine Millionenmetropole im Süden Indiens. Ich werde empfangen vom nie enden wollenden Hupkonzert der Autos, Motorräder und Autorikschas auf den Straßen. Bunte Werbetafeln und Auslagen in den Geschäften sowie die Rufe von Marktschreiern und der Duft der Speisen, die an jeder Ecke verkauft werden, vernebeln mir die Sinne. Meine Großeltern leben in einem Haus direkt an der Straße, die zu überqueren jedes Mal ein Abenteuer ist. Deshalb ist mein Lebensmittelpunkt das Haus. Von morgens bis abends sitze ich in den abgedunkelten Räumen mit eingeschaltetem Ventilator und spiele mit meinen Spielsachen. Es ist zu warm draußen, als dass man den Sonnenstrahlen erlauben würde, sich einen Weg durch die Fenster zu bahnen, und zu gefährlich für kleine Kinder, draußen auf der Straße zu spielen. Anfangs bin ich sehr still und traurig, ich fühle mich allein und entwurzelt. »Madras Thatha«, wie ich meinen Großvater nenne, ist pensionierter Oberstleutnant der Luftwaffe. Er wurde als Hindu geboren und hat sich später als Erster in seiner Familie entschieden, Christ zu werden. Diese Veränderung bewirkte meine Großmutter, die er während des Krieges kennenlernte. Sie hatte sich als Krankenschwester um die verwundeten Soldaten gekümmert. Ich bewundere und fürchte die beiden gleichermaßen. Manchmal nimmt meine Großmutter mich mit auf die Märkte, um Besorgungen zu machen. Ich kann mich nicht sattsehen an den wunderschönen bunten Stoffen und Blumen, den herrlichen reifen Früchten und Gemüsen. Mittlerweile habe ich mich an das Leben hier gewöhnt. Was soll ein kleines Mädchen auch anderes tun, als sich anzupassen und in sein Schicksal zu fügen, wenn es ja doch nichts daran ändern kann. Nach eineinhalb Jahren treten wir auf einmal eine große Reise mit dem Zug an. Als wir aussteigen, werden wir von Menschen in Empfang genommen, die mir ein wenig bekannt vorkommen. Doch dass meine Großeltern schließlich ohne mich die Rückreise antreten und ich hierbleiben soll, verunsichert mich zutiefst. Schon wieder ist alles neu für mich, und ich soll mich an meine mittlerweile fremd gewordene Familie gewöhnen. Yadgir ist eine beschauliche 100 000-Einwohner-Kleinstadt mit staubigen Straßen, trockenen Büschen und einer noch unerträglicheren Hitze, als ich sie aus Madras/Chennai gewohnt bin. Wir befinden uns im indischen Bundesstaat Karnataka, 490 Kilometer nördlich von Bangalore. Inmitten der Stadt hebt sich majestätisch ein steiler Felsen empor. Die ansonsten flache Umgebung ist wegen der trockenen

Hitze den Großteil des Jahres über karg und dürr. An warmen Tagen klettert das Thermometer auf über 50 Grad Celsius. Immer wieder kommt es vor, dass Menschen wegen der Hitze kollabieren und sogar sterben.

Meine Familie wohnt in unmittelbarer Nähe des Felsens an einem kleinen See, der sich nur während der Regenzeit mit Wasser füllt. Amerikanische Missionare haben das Haus gebaut, das uns samt Personal zur Verfügung gestellt wird. In Indien ist es gang und gäbe, dass die Ober- und Mittelschicht ihre Hausarbeit und Kinderbetreuung von Hausangestellten der Unterschicht verrichten lässt. Meine Eltern konnten mich zurückholen, weil sie nun auch zwei Hausmädchen und einen Gärtner beschäftigen. Bimamma kümmert sich um uns Kinder, während meine Eltern im Krankenhaus arbeiten. Auch die Schwester meiner Mutter, Tante Prema, lebt jetzt mit uns zusammen. Von Anfang an kümmert sie sich hingebungsvoll um mich und behandelt mich wie ihre eigene Tochter. Mit zwei Stockwerken ist unser Haus das größte in der Straße und liegt ein wenig abgelegen von den anderen an einem Friedhof. Leicht würde hier noch eine zweite Familie Platz finden. Ganz zu meinem Entzücken gibt es auf der Veranda eine große Hollywoodschaukel und auf dem ausgedehnten Grundstück erstreckt sich ein herrlicher Garten. Mein Territorium erweitert sich im Vergleich zum Haus meiner Großeltern um ein Vielfaches, und ich beginne die neu gewonnene Freiheit zu genießen. Mein Vater ist Hobbybotaniker und kümmert sich zusammen mit unserem Gärtner Raj Mohammad hingebungsvoll um mehr als 600 verschiedene Pflanzenarten. Neben blühenden Obstbäumen gibt es einige Kakteen, einen Gemüsegarten und viele knorrige Olivenbäume. Unser Garten ist die grüne Oase der ganzen Gegend. In einem ehemaligen Pferdestall halten wir Hühner, und auch unser Hof ist belebt von Hunden, Katzen, Kaninchen und sogar einer Schildkröte. Vielleicht sind sie es, die mir helfen, als Dreijährige an diesem fremden Ort anzukommen und mich langsam heimisch zu fühlen. Stundenlang kann ich in ein Spiel mit den Tieren vertieft sein oder mit meinen Geschwistern Versteck spielen.

Ein Unfall?

Ich besuche nun auch die Vorschule der Mission auf dem Krankenhausgelände, die in Indien offiziell mit drei Jahren beginnt. Schon nach wenigen Monaten blühe ich richtig auf und werde ein fröhliches, ausgelassenes Kleinkind. Am Geburtstag von meinem Vater singe und tanze ich wild, und mein Bruder jagt mich durch das ganze Haus, bis ich gegen ein Bücherregal aus Glas falle, das zerbricht und mir dabei die rechte Wange zerschneidet. Noch heute erinnert mich eine Narbe an diesen Tag.

Auch meine Familie schließe ich in mein Herz. Ich erlebe unbeschwerte Kindertage bis zu einem folgenschweren Erlebnis. Wahrscheinlich meint meine Mutter, ich sei noch zu klein, um dem Gespräch folgen zu können, das sie mit einer Freundin führt. Neben den beiden sitze ich auf dem Boden und bin in ein Spiel vertieft. Auf einmal werde ich hellhörig. Meine Mutter sagt: »Nach der Entbindung von Paul wollte mein Bauch einfach nicht wieder dünn werden. Ich habe alles versucht. Gymnastik, Gürtel, eine Diät, doch anstatt abzunehmen, wurde ich eher noch dicker. Irgendwann habe ich Angst bekommen, dass ich einen Tumor habe, und bin zum Arzt gegangen. Ich habe ihm gesagt: ›Mein Gesicht ist nach der Entbindung wieder dünner geworden, aber mein Bauch wächst.‹ Als der Arzt mir erklärte, dass ich keinen Tumor habe, sondern im siebten Monat schwanger bin, war ich geschockt.«

Ich verstehe sofort, was sie damit sagen will. Wie ein Kartenhaus bricht in diesem Moment meine unbeschwerte Fröhlichkeit in sich zusammen, und Gedanken beginnen mich zu quälen: »Ich war kein geplantes Kind meiner Familie. Ich gehöre eigentlich gar nicht richtig dazu. Deshalb wurde ich also zu den Großeltern abgeschoben.« Der nagende Schmerz, ein ungewolltes Kind zu sein, gräbt sich tief in meine Seele ein. Erst Jahre später beginnt ein Heilungsprozess, als Gott mir zeigt, dass er mich von Anfang an geplant und gewollt hat. Als Kind vertraue ich mich in meinem Schmerz niemandem an, sondern verschließe ihn tief in meiner Seele und beginne zu rebellieren. Indem ich mich unangepasst verhalte, versuche ich, die Aufmerksamkeit auf mich zu lenken. Ich möchte beachtet und gesehen werden und mich nicht als fünftes Rad am Wagen fühlen. Meine Schwester Priscilla ist eine Überfliegerin. Alles, was sie anfasst, gelingt ihr. Von allen Seiten wird ihr dafür Bewunderung und Anerkennung zuteil. Mein Bruder Paul wird allein aus dem Grund, dass er ein Junge ist, von einem Großteil meiner Verwandtschaft bevorzugt behandelt. Nur die Eltern meiner Mutter, bei denen ich gelebt habe, sagen, auf Paul müsse ein Fluch liegen, weil seine Hautfarbe dunkler ist als die unsere.

> »Du hast mich gesehen, bevor ich geboren war. Jeder Tag meines Lebens war in deinem Buch geschrieben. Jeder Augenblick stand fest, noch bevor der erste Tag begann.«
> Psalm 139, 16

Ungerechtigkeit

Wenn die Eltern meines Vaters in Yadgir mit uns allein sind, kaufen sie für Paul Fleisch, und wir Mädchen bekommen nur, was übrig bleibt. Jedes Mal weiten sich meine Augen, wenn ich sehe, wie er sich die Köstlichkeiten in den Mund schiebt, die ich auch so gern mag. Für uns Schwestern kaufen unsere Großeltern niemals neue Kleider oder Spielsachen. Obwohl mich ihre ungleiche Behandlung traurig und wütend macht, wage ich es nicht, sie darauf anzusprechen. Sie sind sehr streng, und ihre Meinung ist »Gesetz«. Wir trauen uns nicht einmal, unseren Eltern anzuvertrauen, wie unsere Großeltern uns während ihrer Abwesenheit behandeln.

Beide waren Lehrer und haben meinen Vater adoptiert, der als Waise in einem methodistischen Heim aufgewachsen ist. Damit wurde ihm auch ihre Kastenzugehörigkeit zuteil.

Auch wir Kinder sind deshalb in eine hohe Kaste geboren. Uns wird verboten, mit den Kindern der Familien aus niedrigeren Kasten zu spielen, um die Ehre der Familie zu wahren. Ich kann nicht verstehen, weshalb manche Menschen mehr wert sein sollen als andere und weshalb sogar die Christen ihre Kinder nicht mit Angehörigen einer niedrigeren Kaste zusammen sein lassen. Man sagt diesen Menschen nach, sie seien selbst schuld an ihrem Schicksal, weil sie in ihrem vorherigen Leben schlechtes Karma gesammelt hätten, und lässt sie noch nicht einmal die Kirchen betreten. Für mich ist das von Anfang an unbegreiflich. Ich mache mir nichts aus den Kasten und betrachte alle Menschen als gleichwertig. Dass es ganz und gar unmöglich ist, das Verbot meiner Großeltern zu befolgen, scheint sie nicht zu interessieren. Wir wachsen gemeinsam mit den Kindern des gesamten Krankenhauspersonals auf, die natürlich nicht alle aus einer hohen Kaste stammen. Wir besuchen zusammen die Vorschule, teilen uns die Schulbank, gehen gemeinsam nach Hause und treffen uns auf der Straße. Natürlich spielen wir miteinander, so wie alle Kinder das tun würden. Wenn meine Großeltern uns jedoch dabei erwischen, werden wir bestraft. Paul ist als Junge derjenige, der am meisten Sorge dafür zu tragen hat, die Ehre unserer Familie zu wahren. Nicht selten muss ich mit ansehen, wie sie ihn schlagen. Das macht mich traurig und wütend. Wie gelähmt stehe ich daneben und hoffe, dass es schnell vorbeigeht. Die kleine Schwester, die ihren Bruder nicht beschützen kann vor dem Schmerz und der Erniedrigung, die ihm die Schläge zufügen.

Trotz allem entwickle ich in den kommenden Jahren großen Respekt vor meinen Großeltern und ihrer Liebe zu meinem Vater.

Durch ihn sehe ich, dass es sich lohnt, einem verlorenen Waisenkind eine Chance zu geben. Denn heute verändert mein Vater das Leben von vielen Menschen und ganzen Gemeinschaften.

Mich schlagen meine Großeltern nie, denn ich bin ein schwächliches Kind, das unter schwerem Asthma leidet. Weil unsere Gegend so staubig und voller Pollen ist, habe ich häufig schwere Asthmaanfälle und muss immer wieder ins Krankenhaus.

Als ich vier Jahre alt bin, bekommen meine Eltern noch ein Baby. Ich freue mich, dass es wieder ein Mädchen ist, und liebe meine kleine Schwester Poornima sehr. Sie ist der Sonnenschein unserer Familie und wird von allen verwöhnt. Wenn unsere Nachbarn oder Bekannte meiner Mutter ihr Bedauern darüber aussprechen, dass sie drei Mädchen und nur einen Jungen hat, ärgert meine Mutter sich. Für sie sind wir alle gleich viel wert, und es stört sie nicht, drei Töchter zu haben.

Schon im Vorschulalter warnt uns meine Mutter immer wieder, uns nicht zu weit allein von unserem Grundstück zu entfernen: »Pinky, du darfst niemals weiter als bis zur Straßenecke gehen. Wenn du einen Fremden siehst, lauf schnell nach Hause! Es gibt hier Menschen, die Kinder stehlen.« Tatsächlich laufe ich jedes Mal voll Angst heim, sobald mir ein Bettler begegnet oder mich jemand nach dem Weg fragt. In unserer Region ist der Glaube in der Gesellschaft stark verbreitet, dass für neue Gebäude Blutopfer gebracht werden müssen, um bei der Schutzgöttin Yellamma in Gnade zu fallen. Es heißt, dass bei ihr besonders Kinderopfer hoch angesehen sind. Immer wieder kommt es vor, dass Kinder aus unserer Stadt einfach verschwinden. Auf dem Felsen, an dem unser Haus liegt, befindet sich eine Opferstelle. Wenn ich allein draußen spiele, ist mir manchmal unheimlich, und ich stelle mir vor, die Schreie der geklauten Kinder zu hören.

Der Flimmerkasten

Es verwirrt mich, dass wir in diesem riesigen Haus mit drei Angestellten leben. Alle Leute im Ort denken, wir seien reich, und trotzdem können wir uns nie etwas leisten. Meine Eltern verdienen so wenig, dass ich mich noch nicht einmal traue, sie um ein Eis zu bitten. Unsere Nachbarn schämen sich wegen der hohen Stellung meiner Eltern, uns zu besuchen; deshalb ist es oft sehr einsam. Die Leute meinen, ich hätte alles, doch manchmal wünsche ich mir, lieber in einem ärmlicheren Haus zu wohnen, in dem die Gäste ein- und ausgehen. Wenn ich bei den Nachbarskindern zum Spielen bin, erlebe ich, wie ständig munter plaudernde Menschen da sind und eine warme, heimelige Atmosphäre herrscht. Die Nachbarn kommen zum Kaffee vorbei, und die Kinder spielen zusammen im Garten. Wir sind tagsüber viel mit meinen Großeltern, meiner Tante und den Hausangestellten allein.

Nur abends sitzen wir als Familie zusammen, hören Musik oder singen Loblieder für Gott. Ich mag es sehr, der schönen Stimme meines Vaters zu lauschen und zu beobachten, wie sich seine sonst oft so angestrengten, ernsten Gesichtszüge entspannen.

Eines Tages bringt mein Vater einen großen schwarzen Kasten mit nach Hause. In der ganzen Gegend sind wir erst die zweite Familie, die einen Fernseher besitzt. Dieser Flimmerkasten, der Bilder aus der ganzen Welt in unser Wohnzimmer bringt, fasziniert die Nachbarn sehr. Die Neugierde lässt sie schließlich sogar ihre Scheu überwinden, und so versammeln sie sich abends zu Scharen aufgeregt vor dem Apparat. Ich sitze ein paar Mal mit ihnen zusammen, doch jedes Mal reißen mich die Geschichten so sehr in ihren Bann, dass ich nicht mehr Herr meiner Gefühle bin. Ich breche z. B. schluchzend in Tränen aus, was mir sehr peinlich ist. Andere Filme verstören mich so sehr, dass sie mich nachts verfolgen und ich schweißgebadet von Albträumen geweckt werde. Deshalb meide ich nach meinen ersten Erlebnissen den Apparat und ziehe mich abends allein in mein Zimmer zurück. Bevor wir den Fernseher hatten, gefielen mir die Abende zu Hause besser.

Meine Eltern

Mein Vater ist ein Mann von wenig Worten. Für mich ist er ein Rätsel, weil ich nie weiß, wie es ihm gerade geht und was er fühlt. Wenn ich ihn ansehe, ist sein Gesicht meist ernst, ganz selten blitzt ein kleines Lächeln darin auf. Immer schon war er sehr fleißig und zielstrebig. Als Missionsarzt arbeitet er, um der methodistischen Kirche, die ihn als Waisenkind aufgenommen hat, seine Dankbarkeit zu erweisen. Bis heute ist er ein sehr disziplinierter Mensch, der nie irgendwelche schlechten Angewohnheiten entwickelt hat und sich immer für das Recht einsetzt. Wenn er mit seinen Freunden fröhlich beisammen ist und sie sich betrinken, rührt er den Alkohol nicht an. Ehrlichkeit und Perfektion sind ihm sehr wichtig. Er würde niemals etwas tun, was ihm von einer Autorität befohlen wird, wenn er nicht selbst dahinterstehen könnte.

Einmal sagt einer seiner Patienten zu mir:»Dein Vater ist ein guter Arzt, doch er ist wirklich streng mit seinen Patienten, genau wie mit seinen Kindern. Aber du musst wissen, dass er ein liebes Herz hat. Um einem Menschen zu helfen, würde dein Vater bis an das Ende der Welt fahren, und er würde noch nicht einmal Geld dafür verlangen.« Das stimmt! Mein Vater liebt seine Patienten, und er muss sehr streng mit ihnen sein. Wenn sie nach einer Operation seine Anweisungen missachten, können sie ihr Augenlicht verlieren. Oft führt er acht Operationen und mehr an einem Tag durch, um so vielen wie möglich zu helfen. Er ist spezialisiert auf Behandlungen des grauen Stars. Finanziert wird seine Arbeit von der»Christoffel Blindenmission« aus Deutschland.

Meine Mutter ist die gute Seele des Hauses. In den besonderen Stunden, in denen sie zu Hause ist, kann man mit ihr lachen und spielen. Auch wenn ich nicht sofort tue, was sie von mir verlangt, brauche ich keine Strafe zu fürchten. Deshalb ist sie es, der wir gern auch einmal »auf der Nase herumtanzen«. Sie ist eine tolle Gastgeberin und beherbergt mit Freude jeden Gastprediger oder Missionar, der in unsere Kirche kommt. Weil es in unserem Ort kein Hotel gibt, öffnet sie unser Haus für jeden, der einen Platz zum Schlafen braucht, und kümmert sich hingebungsvoll um seine Bedürfnisse. Sie kocht leckere indische Gerichte und ist auch für Menschen da, die kein Zuhause haben oder allein sind. Uns Kindern hilft sie bei den Hausaufgaben und unterstützt meinen Vater neben ihrer eigenen Arbeit viel im Krankenhaus. Um mit ihm zusammen zu sein, hat sie ein Leben in Wohlstand und Bequemlichkeit aufgegeben. Weil ihr Vater bei der Luftwaffe gearbeitet hat, ist sie mit ihrer Familie häufig umgezogen. Sie haben immer in gehobenen Verhältnissen gelebt. Darüber, dass sie und mein Vater in den ersten Jahren noch nicht einmal Strom hatten, hat meine Mutter sich nie beklagt.

Von unseren Bekannten werden meine Eltern auch »Laila und Majnu« genannt nach einem Liebespaar aus den Hindi-Filmen, so ähnlich wie »Romeo und Julia«. Sie sind eines der glücklichen Paare, die sich nach ihrer arrangierten Hochzeit ineinander verliebt haben. Noch heute wählen bei 90 Prozent aller indischen Ehen die Eltern den Partner für ihr Kind aus. Vor der Hochzeit sahen meine Eltern nur ein einziges Foto voneinander. Dass sie sich lieben, zeigen meine Eltern jedoch nicht, indem sie vor uns Zärtlichkeiten austauschen würden. So etwas in der Öffentlichkeit zu tun, ist in Indien verpönt und sogar gesetzlich verboten. Deshalb sieht man auf der Straße nur sehr selten Paare, die sich an den Händen halten oder gar küssen. Indische Männer gehen im Allgemeinen sehr zurückhaltend mit ihren Gefühlen um und zeigen selten, wie es ihnen geht. Als ich die dritte oder vierte Klasse besuche, muss mein Vater für ein halbes Jahr nach London ziehen, um ein Aufbaustudium zu absolvieren. Während dieser Zeit schreiben meine Eltern sich unzählige Briefe, in denen sie bekunden, wie sehr sie sich vermissen. Mein Vater bemüht sich auch immer sehr, meiner Mutter kleine Geschenke wie Ohrringe oder Figuren aus Porzellan mitzubringen. Die beiden haben schon eine richtige kleine Sammlung von Porzellangegenständen, die sie hegen und pflegen. Auch an Mamas Geburtstagen gibt Papa sich Mühe, ihr den Tag besonders schön zu machen, und beschenkt sie mit schönen Saris oder Seidenschals. Alles, was wir in der Familie erleben, wird von ihm auf Papier gebannt. Er ist ein toller Fotograf. Wahrscheinlich gibt es von jedem einzelnen Zahn, der uns Kindern ausgefallen ist, ein Foto.

29

Alltag in Yadgir

Morgens weckt meine Mutter mich und meine kleine Schwester. Ich bin etwa zehn Jahre alt, und meine älteren Geschwister gehen schon auf ein Internat, weil es in unserem Ort keine guten weiterführenden Schulen gibt. Es liegt eine Zweitagesreise von Yadgir entfernt in den Bergen. Für mich ist es immer wieder eine Qual, unsanft aus meiner Traumwelt gerissen zu werden. Wenn ich mich jedoch nicht beeile aufzustehen, schaltet meine Mutter erbarmungslos den Ventilator aus. Dann breitet sich eine unerträgliche Hitze im Zimmer aus, die mich aus dem Bett zwingt. Ich darf nicht allein zur Schule fahren, weil ein Kopfgeld auf meinen Vater ausgesetzt ist. Als Leiter des Krankenhauses ist es seine Aufgabe, alle Quittungen über Anschaffungen für Krankenhausbedarf mit seiner Unterschrift zu beglaubigen. Einige Mitarbeiter versuchen immer wieder Gelder für private Zwecke zu veruntreuen, doch mein Vater weigert sich strikt, diese Quittungen zu unterschreiben. Solche Korruption ist in Indien an der Tagesordnung, doch mein Vater würde sich daran niemals beteiligen. Ein paar Mitarbeiter haben sich deshalb gegen ihn verschworen und wollen ihm etwas antun. Regelmäßig erhalten wir als Familie Drohungen, weshalb meine Eltern darauf achten, uns niemals allein zu lassen. Darum klettere ich morgens auf den Gepäckträger des Fahrrades von unserem Gärtner, der mich in die Schule bringt. Unser Gärtner hat schon drei Töchter, und er möchte weitere Kinder bekommen, weil er sich so sehr einen Jungen wünscht. Während er in die Pedale tritt, scherze ich: »Du wirst sehen, wenn du so weitermachst, hast du eines Tages sechs Mädchen.« Jahre später treffe ich ihn bei einem Besuch wieder, und er erzählt mir lachend: »Pinky, ich hätte auf dich hören sollen. Jetzt habe ich tatsächlich sechs Mädchen.«

In der Schule begegnen mir die Lehrer mit viel Respekt und benoten mich stets sehr gut. Ich weiß nicht, ob sie das nur wegen der Position meiner Eltern tun oder weil ich wirklich gute Leistungen erbringe. Wenn die Schule aus ist, holt mich unser Gärtner wieder ab, oder ich mache mich mit unseren Nachbarskindern gemeinsam auf den Heimweg. Meist dauert dieser kurze Weg von gerade mal 500 Metern eine halbe Stunde. Wie alle Kinder albern wir herum, jagen Schmetterlinge und Libellen oder streifen hinaus in die Felder, um Maiskolben oder Wassermelonen zu stibitzen. Wir sammeln Steine und spielen Fußball damit. Wenn wir zu Hause ankommen, trinke ich meine Milch und gehe gleich wieder nach draußen, um mit meinen Freunden »das verbotene Spiel Gilli Danda« zu spielen. Dabei schlägt man mit einem großen Stock auf einen kleineren Stock, der auf beiden Seiten angespitzt ist wie ein Bleistift. Ähnlich wie beim Golf ist das Ziel, ihn mit möglichst wenigen Schlägen an eine bestimmte Stelle zu transportieren. Es kann leicht passieren, dass der kleine Stock mit einer der spitzen Seiten so hoch springt, dass man am Auge verletzt wird. Mein Vater sagt immer, wenn nicht so viele Leute verrückt nach diesem Spiel wären, hätte er weniger Patienten. Wenn wir »Gilli Danda«, »Verstecken« oder »Kricket« spielen, vergessen wir alles um uns herum und merken gar nicht, wie heiß die Sonne vom Himmel brennt.

Am späten Nachmittag, wenn sich der Abend und damit die Heimkehr meiner Eltern ankündigt, erklimme ich die höchsten Kronen der Bäume in unserem Garten. Von dort oben habe ich eine herrliche Sicht auf die Stadt und die Straße, auf der meine Eltern nach Hause kommen. Eine leichte Abendbrise weht mir um die Nase und kühlt meine erhitzte Haut. Sehnsüchtig fiebere ich dem Moment entgegen, in dem sich zwei kleine, tänzelnde Punkte vom Horizont abheben und immer größer werden. Wenn ich erkennen kann, dass es meine Mutter und mein Vater sind, stehen schon all unsere Hunde bellend und Schwanz wedelnd zum Empfang am Tor. Vor allem meinen Vater lieben sie innig, springen an ihm hoch und lassen sich von ihm den Kopf kraulen. Sogar die Hühner machen sich aufgeregt gackernd zum Empfang bereit. Schnell springe ich vom Baum herunter und renne meinen Eltern entgegen, die mich lächelnd begrüßen. Mein Vater tätschelt die aufgeregten Hunde, bevor wir ins Haus gehen und zusammen zu Abend essen. Trotz all der schmerzlichen Momente und Fragen, die sich während meiner Kindheit aufwerfen, genieße ich diese Zeit mit meiner Familie in unserem »kleinen Paradies« sehr. Am Wochenende zieht mein Vater manchmal mit meiner kleinen Schwester und mir los, um unten am See fischen zu gehen, oder wir zimmern zusammen ein Möbelstück. Ich mag es sogar, wenn er uns beibringt, unsere Schuhe in Ordnung zu halten oder die Möbel zu polieren, weil es diese seltenen, kostbaren Momente sind, in denen mein Vater ganz uns gehört. Manchmal sitzt er abends an unserem Bett und erzählt biblische Geschichten. Er kennt sich hervorragend in der Bibel aus. Auch sein Allgemeinwissen ist großartig, weshalb er uns immer Quizfragen zu Ländern, Flüssen oder Hauptstädten stellt.

Die Sache mit Gott

Jeden Sonntag machen wir uns zu Fuß auf den Weg in unsere kleine methodistische Kirche. Ich lasse mich nur ungern mitschleifen, weil mich der Gottesdienst langweilt und es anstrengend ist, so lange still zu sitzen. Natürlich teile ich den Glauben meiner Eltern und spreche auch mit Jesus, doch ganz begreife ich nicht, worum es geht. Ich nutze Gott mehr für die Erfüllung meiner persönlichen Wünsche, als eine richtige Beziehung zu ihm aufzubauen.

Häufig bin ich mit meiner Mutter, meinen Großeltern, der Tante und meiner kleinen Schwester allein zu Hause, während mein Vater auf Reisen ist. Ich bin dann das älteste Kind im Haus und muss die Starke sein. Abends soll ich die Hunde reinholen, die Hühner in den Stall bringen und das Haus abschließen.

Ich trete vor die Tür und werde sofort von der Dunkelheit verschluckt. Die Momente, bis sich meine Augen an die Finsternis gewöhnt haben, sind am unheimlichsten. Vorsichtig setze ich einen Fuß vor den anderen. Ich kann nicht sehen, ob auf dem Weg gerade eine Schlange kriecht. Plötzlich heulen einige Hyänen auf und durchbrechen die Totenstille. Sie müssen ganz in der Nähe sein. Mir läuft ein kalter Schauer über den Rücken: Wenn bloß niemand vergessen hat, das Tor zu schließen! Dass gleich nebenan ein Friedhof ist, trägt jetzt nicht gerade zu meiner Beruhigung bei. Schnell sende ich ein Stoßgebet zu Gott und rufe dann beherzt nach unseren Hunden. Ein paar von ihnen kommen schwanzwedelnd angerannt, andere muss ich holen. Schnell noch die Hühner in den Stall treiben und dann nichts wie rein und das Haus abschließen!

Immer wieder erlebe ich, wie Gott mich tatsächlich ganz praktisch in meiner Kindheit beschützt.

Eines Nachmittags kommt meine Mutter ganz aufgeregt in unser Kinderzimmer gerannt, während Poornima und ich einen Mittagsschlaf halten. Sie hat geträumt, dass wir von einer Schlange gebissen werden. Jetzt traut sie ihren Augen kaum! Tatsächlich kommt gerade eine Königskobra, die gefährlichste Giftschlange der Welt, in unser Kinderzimmer gekrochen. Wir werden von ihren Schreien nach unserem Gärtner aufgeweckt. Der kommt sofort angelaufen und erschlägt die Schlange mit einem Stock, bevor sie einer von uns etwas anhaben kann.

An einem anderen Tag sitze ich draußen im Garten. Plötzlich kommt eine große gelb-schwarze Schlange aus dem Gebüsch genau auf mich zu gekrochen. Es ist schon zu spät zum Weglaufen, deshalb halte ich die Luft an und beiße mir auf die Lippen. Jetzt bloß keine hektische Bewegung machen. Die Schlange kommt immer näher, bis sie mich berührt und dann sogar über mein Bein kriecht, als sei es ein Ast. Sie ist sehr lang und bewegt sich ganz langsam. Wahrscheinlich ist sie schon alt. Ich weiß nicht, ob es eine Giftschlange ist. Mein Herz rast, und ich beiße noch stärker auf meine Lippe, um mich nur nicht zu bewegen oder zu schreien. Schließlich verschwindet die Schlange seelenruhig im nächsten Busch, ohne mir etwas angetan zu haben. Jetzt schreie ich meine ganze Anspannung laut heraus und renne ins Haus. Ich bin zugleich erleichtert, verstört und fasziniert. Diese wendigen, hübschen Tiere wirken so harmlos, und doch könnten sie mit einem einzigen Biss lautlos einen Menschen töten. Später ernenne ich sie sogar zu meinen Lieblingstieren.

»Wer im Schutz des Höchsten lebt, der findet Ruhe im Schatten des Allmächtigen. Der spricht zu dem Herrn: Du bist meine Zuflucht und meine Burg, mein Gott, dem ich vertraue. Denn er wird dich vor allen Gefahren bewahren und dich in Todesnot beschützen.«
Psalm 91, 1-3

Familienabenteuer

Nicht immer geht nur mein Vater auf Reisen. Meine Eltern lassen uns Mädchen ungern mit den Angestellten allein, wenn sie in die umliegenden Dörfer fahren, um Menschen zu helfen. Deshalb stopfen wir an jedem ersten Donnerstag im Monat alles, was wir für die nächsten vier Tage brauchen, in den Kofferraum unseres Autos. Manchmal nehmen wir auch den Camperwagen, in dem eine Operationsliege und eine Küche sind. Wenn alle im Wagen sitzen, drückt unser Fahrer kräftig aufs Gaspedal, was den Staub auf der Lehmstraße ordentlich aufwirbelt. Ich lehne meinen Kopf an die Fensterscheibe und lasse die karge Landschaft und ein paar vereinzelte Kühe, die gelangweilt an trockenen Grashalmen kauen, an mir vorbeifliegen. Wenn wir in ein Dorf kommen, wird unser Auto sofort von einer Schar neugieriger Einwohner umringt. Die meisten von ihnen leben in sehr armen Verhältnissen. Sie haben kleine Hütten aus Lehm oder getrockneten Palmblättern, es gibt keinen Zugang zu sauberem Wasser und schon gar nicht zu medizinischer Versorgung. Selbst die Kinder müssen bei der schweren Feldarbeit helfen, damit die Familien überleben können. Manche von ihnen sehen sehr krank aus. Sie sind abgemagert, haben Flecken auf der Haut und schauen mich aus ernsten Augen mit dunklen Rändern an. Meine Mutter erklärt mir, dass das an ihrer Mangelernährung liegt, weil sie sich nur Reis zu essen leisten können und nicht genug Vitamine bekommen. Außerdem trinken sie schmutziges Wasser und werden davon krank. Weil sie ihren Eltern helfen müssen und nicht in die Schule gehen, bleiben sie arm und werden später mit ihren Familien genauso leben müssen. Mir tun diese Menschen sehr leid. Manchen Patienten können meine Eltern sofort helfen. Die schweren Fälle nehmen wir mit ins Krankenhaus. Sie sind sehr dankbar für diese kostenlose Hilfe der Mission, die sie sich niemals leisten könnten. Ich erlebe, wie Menschen, die schon fast blind waren, wieder sehen können, und bin sehr stolz auf meinen Vater. Unsere Reisen führen uns bis in die entlegensten Gegenden zu den Ärmsten der Armen. Manchmal haben wir irgendwo unterwegs eine Reifenpanne oder bleiben mitten in der Nacht im Schlamm stecken. Es ist gefährlich, in Indien im Nirgendwo am Straßenrand zu stehen, weil man überfallen werden könnte. Um uns nicht zu fürchten, singen wir gemeinsam fröhliche Lieder und warten auf Hilfe. Auch hier erleben wir immer wieder, dass Gott uns nicht im Stich lässt, sondern Menschen schickt, die helfen können. Am schönsten sind diese Fahrten während der Regenzeit von Juni bis Oktober, denn dann sind die sonst so dürren Felder grün, und die herrlichsten Blumen recken ihre Köpfe der Sonne entgegen. Unsere Gegend verwandelt sich für einige Monate in ein Paradies, und auch die Hitze ist weniger intensiv. Der Weg von der Schule nach Hause dauert während dieser Zeit noch länger, weil wir die wunderschönen samtigen roten Insekten sammeln, die überall zu finden sind. Wir schenken sie unseren Müttern oder bewahren sie als Schätze in kleinen Schachteln auf.

Bevor die Regenzeit beginnt, herrscht jedoch von März bis Mai eine gnadenlose Hitze und Trockenheit. Man kann spüren, dass etwas in der Luft liegt, und irgendwann sind sie dann da. Unerbittlich fegen Sandstürme durch unsere Stadt und reißen alles mit sich, was nicht niet- und nagelfest ist. Wenn ich sie aus der Ferne kommen sehe, verschwinde ich so schnell wie möglich im Haus und verriegele alle Türen und Fenster. Ich kann das Geschirr in den Schränken klappern hören. Wenn ein Sturm vorüber ist, liegt auf allem eine dicke Staubschicht. Selbst durch die kleinen Ritzen an Fenstern und Türen hat sich der Staub hereingezwängt. Zur Sandsturmzeit sterben besonders viele Menschen vor Hitze im Krankenhaus meiner Eltern.

Meine Krankheit

Natürlich habe ich während dieser Monate auch sehr mit meinem Asthma zu kämpfen. Nachts wache ich auf und werde von Hustenanfällen geschüttelt, die mich nach Luft ringen lassen. Freunde aus den USA bringen mir zum Glück immer wieder Asthmaspray mit, das man in unserem Ort gar nicht kaufen kann. Doch auch die Sprays lindern die Anfälle nur für den Moment. Wenn es besonders schlimm wird, bringen meine Eltern mich für einige Tage ins Krankenhaus.

Neben mir im Bett liegt bei einem dieser Aufenthalte eine hinduistische Frau, die ein Baby mit einer Behinderung zur Welt gebracht hat. Ihre Familie kommt zu Besuch, um das neue Familienmitglied zu begrüßen. Als sie merken, dass mit dem Kind etwas nicht stimmt, werden sie wütend. Lauthals schimpfen sie mit der armen Frau, die noch ganz schwach von der gerade erst überstandenen Geburt ist. Sie halten ihr vor, etwas Böses getan und Dämonen in sich zu haben. Sonst würden die Götter sie nicht mit einem solchen Kind strafen. So ein Quatsch, denke ich. Am liebsten würde ich sie in Schutz nehmen, doch ich traue mich nicht. Stattdessen krieche ich tief unter meine Decke und verhalte mich ganz still. Es ist furchtbar, mit anzuhören, wie ihre Familie meine Bettnachbarin verstößt und ihr sagt, dass sie nicht mehr nach Hause kommen darf. Die Frau tut mir furchtbar leid. Jeden Abend höre ich, wie sie vor Verzweiflung leise schluchzt, bevor sie einschläft. Ohne eine Familie, die sie unterstützt, ist es sehr schwer für Frauen, in Indien zu überleben. Sie müssen Tag und Nacht arbeiten oder ihren Körper verkaufen, um sich und ihre Kinder zu ernähren.

Wenn sie verstoßen werden, wird ihnen alles genommen, was sie haben. Tiefes Mitleid mit dieser Frau erfüllt mich. Ich wünschte ihr helfen zu können.

Weil sich mein Asthma auch durch die stationären Behandlungen nicht dauerhaft bessert, entschließen sich meine Eltern, mich an der Erprobung eines neuen Medikaments aus den USA teilnehmen zu lassen.

Kurz nachdem ich das Serum zum ersten Mal gespritzt bekomme, reagiert meine Haut sehr stark darauf. Mit Erschrecken stelle ich fest, dass sich überall an meinem Körper schwarze Flecken bilden. Sogar mein Gesicht ist übersät damit. Das Asthma bessert sich tatsächlich, doch die Flecken bleiben für mehrere Jahre. Ich schäme mich sehr und beginne mich zu verstecken und zurückzuziehen. Oft verlasse ich das Haus nur noch völlig verhüllt oder versuche die Flecken mithilfe von Cremes zu verbergen. Es ist hart für mich, meine hübsche Schwester zu sehen und mir selbst als Fleckenmonster im Spiegel entgegenzublicken. Manchmal höre ich Menschen auf der Straße zueinander sagen: »Was ist nur mit dem armen hübschen Kind passiert?« Andere sprechen mich direkt an: »Mädchen, dein Gesicht ist schmutzig, geh dich waschen!« Diese Flecken machen aus mir einen anderen Menschen. Meine bis dahin häufig empfundene unbeschwerte Fröhlichkeit weicht einer tiefen Verunsicherung. Meine Eltern schmerzt es, mit anzusehen, wie sehr ich leiden muss. Vielleicht bemüht sich mein Vater deshalb besonders um mich und nimmt mich bei jeder Gelegenheit in Schutz.

Allein

Noch schlimmer wird die Situation, als ich mit zwölf Jahren in dasselbe Internat wie meine älteren Geschwister gehen soll. Eigentlich war mir immer klar, dass eines Tages auch für mich der Moment kommen würde, meine Tasche zu packen und mich von meiner Familie zu verabschieden, doch was das bedeutet, wird mir erst jetzt bewusst, als es so weit ist.

Mit einigen anderen Kindern aus meinem Dorf und dem Vater einer Klassenkameradin stehe ich am Bahnsteig. Meine Tränen verschleiern mir den Blick. Das letzte Bild, das ich für die nächsten Monate von meinen Eltern in Erinnerung behalte, ist deshalb völlig verschwommen. Nun soll ich auch noch mein vertrautes Umfeld verlassen, welches mir in meiner Verunsicherung noch ein wenig Halt geben konnte. Wir begeben uns auf eine zweitägige Reise im Zug, die anstrengender nicht sein könnte. Nicht nur die Hitze und der Abschiedsschmerz machen mir zu schaffen, der Zug ist voller Menschen, sodass es kaum möglich ist, einen Sitzplatz zu finden. An der Endstation müssen wir fast den ganzen Tag lang auf einen Anschlusszug warten. Die letzten vier Stunden fahren wir mit einem Bus, der uns bis hinauf in die Bergstation bringt, wo die Kotagiri Public School liegt. Als ich aus dem Bus steige, bin ich trotz völliger Erschöpfung überwältigt von einem atemberaubenden Ausblick auf die umliegenden grün bewachsenen Berghänge. Es ist viel kühler, und auch die Luft hier oben fühlt sich so frisch und gesund an – vielleicht ist das Leben im Internat ohne meine Eltern ja gar nicht so schlimm, wie ich dachte. Doch schon meine ersten Begegnungen belehren mich eines Besseren. Von allen werde ich nur als »kleine

Schwester« von Priscilla und Paul begrüßt. Beide haben sich schon einen Namen in der Schule gemacht und sind hoch angesehen. Mein Bruder wird später sogar zum Schülerpräsidenten gewählt, meine Schwester zur Vizepräsidentin. Sie erbringen exzellente Leistungen, und ich stehe von Anfang an in ihrem Schatten. Als ich dann auch noch im Englischunterricht mitbekomme, wie weit die anderen schon sind, bin ich geschockt. Der Unterricht in meiner alten Schule war sehr schlecht, sodass meine Kenntnisse weit hinter den Anforderungen zurückliegen.

Außer uns Missionarskindern wird das teure Internat nur von Kindern sehr reicher Eltern besucht. Die Direktorin, Frau Vimala Bright, die wir liebevoll »Amma« nennen, was Mutter bedeutet, ist eine einfühlsame und gottesfürchtige Frau. Meine Familie ist sehr dankbar, dass sie uns das Schulgeld erlässt, weil sie Missionarskindern eine gute Bildung ermöglichen will.

Ich muss mein Zimmer mit acht anderen Mädchen teilen. Es ist ein karger Raum mit pinken Wänden, in dem einige Stockbetten stehen. Von Anfang an gehe ich den Mädchen aus dem Weg, weil ich wegen meiner Flecken und meiner Unkenntnis in Englisch so verunsichert bin. Wenn wir gemeinsam baden sollen, verstecke ich mich. Die anderen Mädchen machen bald einen Bogen um mein Bett und bemühen sich, mich nicht zu berühren. Sie fürchten, meine Flecken könnten ansteckend sein. Sie rufen mir auch Beleidigungen hinterher, sagen, ich solle mich waschen gehen, und nennen mich Ratte oder Schlaumeier. Meine größeren Geschwister sind mit sich und ihren Freunden beschäftigt, und so fühle ich mich sehr einsam. Jeden Tag ziehe ich mich mehr in mein Schneckenhaus zurück. Auch für meine Armut schäme ich mich sehr. Alle Mädchen haben Haarshampoo, nur ich muss mir die Haare mit Seife waschen, weil meine Eltern sich kein Shampoo leisten können. Das Öl, das ich für meine Haare habe, verwende ich auch, um meine Haut einzucremen. Die kühle Luft hier oben lässt sie schnell austrocknen. Jede Woche schreiben wir Briefe an unsere Eltern nach Hause und bekommen Post von ihnen. Ein Telefon gibt es nicht. Schon bald steht in jedem meiner Briefe dasselbe. Ich schreibe nur noch aus Routine und weil wir es müssen:»Liebe Mama, lieber Papa, es geht mir gut. Heute habe ich mit meinen Freunden gespielt. Die Schule gefällt mir, und ich habe eine gute Note in Mathematik bekommen...« Manchmal schreibt der Lehrer sogar einen Brief an die Tafel, den wir alle abschreiben sollen. Niemals würde ich meinen Eltern die Wahrheit schreiben. Zum einen, weil ich sie nicht beunruhigen möchte, und zum anderen, weil unsere Briefe von den Lehrern gelesen werden, bevor wir sie abschicken dürfen. Nur meinem Tagebuch vertraue ich an, wie es mir wirklich geht. Oft sitze ich stundenlang allein unter einem Baum und schreibe mir den Kummer von der Seele. Wenn mich niemand beobachtet, bringe ich das Buch wieder in sein Versteck.

41

Wir Missionskinder müssen in der Schule bleiben, wenn die anderen in den Ferien heimfahren, denn unsere Eltern können das Geld für die lange Reise nicht aufbringen.

Herzenskälte

Nur wenn die großen Sommerferien beginnen, dürfen auch wir mit in den Bus steigen. Doch vorher müssen wir noch in einen kleinen Raum, wo alle Schuluniformen aufbewahrt werden, die nach der letzten Unterrichtsstunde von den anderen Kindern abgelegt werden. Im nächsten Schuljahr werden sie neue bekommen. Wir Missionarskinder suchen in den getragenen Sachen nach unserer Größe. Sogar die abgelegten Strümpfe und Schulbücher suchen wir uns mühsam zusammen. Niemals könnten sich unsere Eltern die teuren Uniformen, Jacken, Schuhe, Kunst- und Sportkleidung leisten. Für jeden Wochentag gibt es eine eigene Uniform. Auch wir Mädchen tragen Krawatten. Es ärgert mich, dass ich mich wie eine Bettlerin verhalten muss. Ich bin wütend auf meine Eltern, weil sie freiwillig als Missionare arbeiten und so wenig verdienen. Mit richtigen Arztgehältern könnte es unserer Familie so gut gehen.

Sobald ich zu Hause bin, vergesse ich die Schule und komme ganz in meinem alten Leben an. Viele meiner früheren Schulfreundinnen gehen nicht mehr zur Schule. Sie wurden von ihren Eltern bereits verheiratet und haben mit 13 oder 14 Jahren schon Kinder bekommen. In Yadgir wird man sehr schnell erwachsen und weiß früh über Sexualität und das Kinderkriegen Bescheid. Auch die kindlichen Körper entwickeln sich schnell zu Erwachsenen. Eltern sind froh, wenn sie ihre Mädchen früh verheiraten können. Wenn sie allerdings zu arm sind, um den Brautpreis zu zahlen, werden die Mädchen manchmal von der Familie des Bräutigams misshandelt oder sogar getötet. Ich bin froh, dass meine Eltern mich nicht verheiraten wollen. Wenn ich nach den Ferien wieder aus dem Bus steige und die Internatstür öffne, habe ich meine Heimatstadt und meine Eltern schon vergessen. Wahrscheinlich ist das eine Strategie, die viele Internatsschüler unbewusst entwickeln, um mit ihrem zerrissenen Leben zurechtzukommen und das Heimweh nicht spüren zu müssen. Noch heute geht es mir so, dass ich einen Ort und die Menschen vergesse, sobald ich ihn verlasse. Das ist natürlich sehr schade, weil dadurch auch Freundschaften abreißen.

Je weiter meine Pubertät fortschreitet, umso mehr spalte ich meine Gefühle von Einsamkeit und Verunsicherung innerlich ab. Wenn ich anfangs noch mit allen Mitteln versucht habe, meine schwarzen Flecken zu verbergen, tue ich jetzt so, als sei es mir egal. Obwohl ich durch hartes Arbeiten zu den fünf Besten meiner Klasse gehöre, leide ich darunter, die Leistungen meiner älteren Geschwister niemals erreichen zu können. Noch immer werde ich nur als ihre kleine Schwester und nicht als eigenständige Person wahrgenommen. Ich habe keine Identität und fühle mich zu nichts nütze. Wenn ich sehe, wie beliebt meine Geschwister sind, versetzt mir das einen Stich und treibt mich dazu, andere Kinder fertigzumachen. Mein Herz verhärtet sich immer mehr. Doch tief in meinem Inneren bin ich zutiefst verunsichert und fürchte, was die anderen über mich denken und reden könnten. Um meine Unsicherheit zu überspielen, mime ich den Klassenclown. Eine kleine Gruppe anderer Schüler schließt sich mir an. Wir sitzen in den Pausen zusammen und überlegen, wie wir den Unterricht am besten stören könnten. Fast täglich werde ich von den Lehrern geschlagen, weil ich alles tue, um Aufmerksamkeit zu bekommen. Körperliche Züchtigung ist in indischen Lehranstalten damals noch nicht verboten. Ein Lehrer schickt mich immer los, um grüne Zweige abzuschneiden, mit denen die Schläge besonders wehtun. Ein anderer lässt mich stundenlang in der Mittagshitze oder vor der Klasse niederknien. Doch die Schmerzen machen mir bald nichts mehr aus. Das Weinen habe ich mir schon lange abgewöhnt. Etwa in der achten Klasse beginne ich auch an meinem Glauben zu zweifeln. Ich hinterfrage, ob es Gott wirklich gibt oder ich nur an ihn glaube, weil ich das von meinen Eltern gelernt habe. Es erscheint mir, als interessiere es ihn herzlich wenig, wie es mir geht. Deshalb höre ich auf zum Gebet in die Schulkapelle zu gehen und lebe, als würde es keinen Gott geben. Ich bin wütend auf alles und jeden. Wütend darauf, dass ich von meiner Familie getrennt leben muss, wütend über die schwarzen Flecken, die mich hässlich aussehen lassen, wütend auf meine beliebten Geschwister und wütend auf mich selbst.

Meine neue Passion

In meiner Klasse bin ich die kleinste Schülerin. Trotzdem fasziniert mich Basketball sehr, und ich verbringe seit der sechsten Klasse meine Nachmittage am Rand des Spielfeldes. Verstohlen beobachte ich jede kleinste Bewegung der Spieler. Niemals würde ich mich trauen zu fragen, ob ich mitspielen darf. Viel zu sehr fürchte ich den Spott der anderen, wenn ich versagen würde. Deshalb warte ich, bis sie mit ihrem Spiel fertig sind und der Letzte den Platz verlassen hat. Dann beginnt mein Training. Verbissen übe ich an meiner Fertigkeit, zu dribbeln und Körbe aus einer weiten Entfernung zu treffen. Vorn als Forward könnte ich mit meiner Größe sowieso niemals spielen.

In der achten Klasse werde ich schließlich entdeckt und in das Schulteam aufgenommen. Der Basketball verhilft mir endlich zu Respekt und Ansehen bei den anderen Schülern. All meine Freizeit stecke ich in das Training, zwei Stunden am Morgen und zwei am Abend. Bei jedem Wetter renne ich mit meinem Team die Berge hoch und runter. Ich kann gar nicht glauben, wie viel ich in dieser Zeit esse und wie stark ich werde. In der gesamten Region bin ich als kleinste Spielerin bekannt und mache mir einen Namen durch meine Körbe aus ferner Distanz. Jeder Korb, der von der D-Linie aus erzielt wird, bringt drei Punkte. Ich bin Spezialistin für Drei-Punkte-Körbe.

Bei einem wichtigen Turnier spielen wir gegen eine Mannschaft, die fast ausschließlich aus Kindern von Missionaren aus England und den USA besteht. Im Vergleich zu uns wirken sie wie Riesen. Obwohl ich die Kleinste bin, werde auch ich eingesetzt in diesem Spiel der »Zwerge gegen die Riesen«. Ich erkämpfe mir den Ball, sofort kommen ein paar kräftige Spielerinnen der Gegenmannschaft auf mich zu. Ich denke: »O nein, das schaffe ich nie.« Um den Ball nicht zu verlieren, bücke ich mich und dribble einer von ihnen unter den Beinen hindurch. Direkt danach mache ich einen Korb von der D-Linie aus. Die Menge tobt vor Begeisterung. Drei Punkte für meine Mannschaft. Trotzdem sieht mein Trainer, wie schwer es mir fällt, mich gegen die andere Mannschaft zu behaupten, und wechselt mich gegen einen größeren Spieler aus. Ich verstehe das, doch die Menge beginnt in Sprechchören zu rufen: »Schick Pinky zurück, schick Pinky zurück!« Ich kann gar nicht ausdrücken, wie gut das meinem verunsicherten Selbstbewusstsein tut, auch wenn mich der Trainer natürlich nicht zurück auf das Spielfeld schickt. Trotzdem gewinnen wir diesen Wettkampf.

Wir behaupten uns gehen 21 Schulen und sind drei Jahre lang Meister der gesamten Region.

Psychospielchen

Ich kann nicht gerade sagen, dass ich gute Freunde in der Schule habe. Meine Freundschaften beruhen mehr darauf, dass wir im Internat alle in gewisser Weise aufeinander angewiesen sind wie in einer Familie. Es gibt kaum jemanden, den ich näher an mich heranlasse oder mit dem ich meine tiefen Ängste und Sehnsüchte teile. Nur zwei Menschen kommen mir ein wenig näher als die anderen: ein Mädchen und ein Junge aus meiner Klasse, die beide Shashi heißen. Als mein Freund Shashi mich eines Tages in der neunten Klasse fragt, ob ich »mit ihm gehen möchte«, willige ich ein. Ich bin mir nicht sicher, ob meine romantischen Gefühle für Shashi echt sind, doch weil die meisten anderen Mädchen auch schon in einer Beziehung sind, bin ich froh über diese Chance. Er ist der Gentleman unserer Klasse und bringt sehr gute Leistungen. In dieser Zeit verschwinden auch meine schwarzen Flecken, sodass ich mich wieder etwas wohler in meiner Haut fühle. Shashi und ich sind bis zum Ende der zehnten Klasse ein Paar. Danach gehen wir beide auf verschiedene Schulen. Das führt auch zur Trennung, die mir jedoch wenig ausmacht. Unsere Beziehung war mehr eine Freundschaft mit tiefem Respekt füreinander. Wir sind schüchtern miteinander umgegangen, haben uns unsere Freiräume gelassen und es genossen, dass es jemanden gab, dem wir etwas bedeutet haben.

Für die nächsten zwei Jahre besuche ich die Baldwin Girls High-school in Bangalore, wo ich auch wieder Teil der Basketballmannschaft bin. Leider nutze ich den Neubeginn nicht, um mein Image als Störenfried zu verbessern. Die Lehrer kennen meine Eltern, da die Schule zur selben Mission gehört. Umso mehr wundern sie sich über mein Verhalten. Ich bin die einzige Tochter von entschiedenen Christen und gleichzeitig die schlimmste Schülerin der ganzen Schule. Ich schwänze den Unterricht und störe bei jeder Gelegenheit. Dass ich deshalb immer wieder eine Menge Ärger bekomme und meine Eltern verständigt werden, stört mich nicht weiter. Manchmal sagt ein Lehrer zu mir:»Deine Eltern sind Engel, wie kann es sein, dass sie so einen Satansbraten zur Tochter haben?« Je älter ich werde, umso gemeinere Strategien überlege ich mir, um meine Mitschülerinnen fertigzumachen. Es bereitet mir Spaß und fällt mir leicht, ihre Schwachstellen herauszufinden und sie auf psychologische Art zu demütigen. Wenn es mir gelingt, ein anderes Mädchen zu kontrollieren und sie meinem Willen zu unterwerfen, erlebe ich das als große Genugtuung. In dieser Disziplin werde ich immer besser, und so setze ich mir eines Tages das Ziel, eine meiner Klassenkameradinnen komplett in den Wahnsinn zu treiben.

Die meisten Mädchen haben Angst vor mir und meiden mich, wie sie nur können. Andererseits können sie sich mir nicht entziehen, wenn ich etwas von ihnen will. Heute locke ich nach dem Unterricht das Mädchen, das ich mir ausgesucht habe, aus irgendeinem unwichtigen Grund zu mir. Wir unterhalten uns ein bisschen, zuerst ganz harmlos, doch dann beginne ich mit meinen Fragen immer tiefer in sie einzudringen und psychologischen Druck auszuüben. Ganz wie ich es mir vorgenommen habe, treibe ich mein Spielchen so weit, bis sie völlig aus der Fassung gerät und weinend davonläuft. Draußen wütet ein schlimmer Sturm, und als die Lehrer mitbekommen, dass meine Klassenkameradin fehlt, müssen wir alle rausgehen, um sie zu suchen. Nach einiger Zeit finden wir sie unter ein paar Bäumen. Bei ihrem Anblick erschaudere ich. Sie liegt da und rührt sich nicht. Ihre Haut ist ganz blau angelaufen vor Kälte. Mit viel Aufregung wird sie ins Krankenhaus gebracht, wo sie aus ihrer Bewusstlosigkeit erwacht. Ihre Eltern machen sich sogar aus Südafrika auf den Weg, weil das Leben ihrer Tochter am seidenen Faden hängt. Ich bin geschockt, doch gleichzeitig empfinde ich Genugtuung. Als sie sich langsam erholt, bin ich einerseits erleichtert, dass ich sie nicht umgebracht habe, andererseits freue ich mich, dass mein Plan funktioniert hat. Als sie schließlich wieder zurück in die Schule kommt, zeige ich nicht etwa Reue, sondern mache mich lustig über ihre Schwäche. Auch die härtesten Strafen meiner Lehrer können mir nicht die Kälte aus dem Herzen vertreiben.

College

Nach meinem Schulabschluss beschließe ich Hauswirtschaft zu studieren, auf einem christlichen College für Frauen in Madras/ Chennai. 1992 gehe ich wieder in die Stadt zurück, in der ich meine Zeit als Kleinkind bei meinen Großeltern verbracht habe. Dort lebe ich zwei Jahre lang auf dem Campusgelände in einem Wohnheim, in dem die Wände nicht ganz bis hoch an die Decke reichen. Ich bekomme alles von den anderen Zimmern mit und kann auch über die Wand zu meinen Nachbarn schauen, wenn ich will. Hier verfeinere ich meine psychologischen Strategien, andere zu erniedrigen. Ich locke meine Mitstudentinnen in mein Zimmer und mache allerlei Dummheiten mit ihnen. Wahrscheinlich sind sie sogar stolz darauf, Zeit mit der gefürchteten Pranitha zu verbringen. Nach einer

Weile beginne ich, ihnen unangenehme Fragen zu stellen, sie herumzukommandieren und bloßzustellen. So lange, bis sie sich emotional nicht mehr kontrollieren können und anfangen zu weinen. Damit ist mein Ziel erreicht.

Den Unterricht besuche ich nicht sehr häufig. Lieber verbringe ich Zeit mit ein paar Leuten, die genau wie ich gern Alkohol trinken und Partys feiern. Wann immer jemand zu mir sagt: »Dieses oder jenes tut ein Mädchen nicht!«, mache ich genau das absichtlich. Ich rauche, trinke Alkohol und schaue Pornofilme. Die entsetzten Blicke der anderen sind wie Balsam für meine immer verdrehtere Seele.

Im zweiten College-Jahr erlaube ich mir den Spaß, mich unter die Erstsemester-Studenten zu mischen und so zu tun, als sei ich eine von ihnen. Ich gebe vor, mich mit ihnen anfreunden zu wollen, wodurch ich all ihre Geheimnisse und Ängste erfahre. Irgendwann reicht es mir, und ich lege den Schafspelz wieder ab. Auf einmal stehe ich inmitten der Gruppe meiner »Freunde« auf und gröle laut das traditionelle Willkommenslied für die Erstsemester. Geschockt schauen sie mich mit großen Augen an. Sehr schnell bereuen sie es, mir so viel anvertraut zu haben, weil ich sie fortan mit ihren Schwächen verspotte. Ich bin regelrecht sadistisch ihnen gegenüber. Bald werde ich von allen nur noch »kk« genannt: »kalt und kalkulierend«. Mein neuer Spitzname ehrt mich. Ich genieße es, wahrgenommen und gefürchtet zu werden.

Harte Konsequenzen

Auch im Studium bin ich eine erfolgreiche Basketballspielerin. Wegen meines guten Spiels werde ich sogar als Einzige des ganzen Colleges ausgewählt, in der Mannschaft für den Bundesstaat Tamil Nadu zu spielen. Dort bin ich mit meinen 155 Zentimetern wieder die kleinste Spielerin und genieße wegen meiner Stärke, Ausdauer und guten Strategien ein hohes Ansehen. Das reicht allerdings nicht für mein Selbstbewusstsein, und so lasse ich mir immer mehr Verrücktheiten einfallen, um die Aufmerksamkeit der anderen auf mich zu lenken. Wo immer ich bin, herrscht eine ausgelassene Stimmung, und es wird viel gelacht, meist auf Kosten anderer. Ich bin bekannt für mein provokatives Verhalten, doch auf die Spitze treibe ich es, als ich mir den Kopf rasiere. Eine Glatze ist bei Frauen in Indien absolut inakzeptabel, es sei denn, man ist Hindu und möchte sein Haar dem Tempel opfern. Ich möchte mein Haar niemandem opfern, sondern habe einfach Lust, so auszusehen wie die Sängerin Sinead O'Connor. Mein neues Styling wird schnell zum Trend auf dem College, und immer mehr Mädchen wollen sich die Haare abrasieren. Doch bevor es dazu kommen kann, reichen die Lehrer Beschwerde beim Direktor ein, und auch einige Eltern werden laut: »Wir wollen unsere Kinder nicht in einer Institution unterrichten lassen, an der offensichtlich keine Disziplin herrscht und wo auf das äußere Erscheinungsbild keinen Wert gelegt wird.« Meine neue Frisur wird als arrogante Rebellion gewertet. Nun wird der Schulvorstand aktiv, der an unserem College aus Studenten besteht. All diese leitenden Studenten sind eigentlich Freunde von mir. Ein paar von ihnen halfen mir sogar, die Haare zu rasieren, und hatten ihren Spaß dabei. Trotzdem wird beschlossen, dass ich vom College suspendiert werden soll. Kein Einziger meiner Freunde setzt sich für mich ein, und so erhalte ich tatsächlich eine Suspendierung. Ich kann nicht fassen, dass sie mich so eiskalt fallen lassen, und bin zutiefst verletzt. Auch meinen Eltern versetze ich mit meinem Verhalten und der Suspendierung einen tiefen Stich. Ich schäme mich, ihnen so wehzutun, und habe das Gefühl, sie verraten zu haben. Dass meine Ausbildung damit ein so jähes Ende gefunden hat, lässt selbst mich nicht kalt. Zum ersten Mal seit Jahren fange ich vor Verzweiflung und Schmerz an zu weinen. In meinem Kummer suche ich sogar nach Gott und schreie zu ihm:»Wenn es dich gibt, dann hilf mir jetzt!« In den kommenden Wochen werde ich ungewöhnlich ruhig und bin für meine Mitstudenten kaum wiederzuerkennen.

Meine Eltern vergeben mir schließlich. In meinem Namen entschuldigen sie sich bei der Leitung des Colleges und bitten darum, mich wieder aufzunehmen. Der Vorstand lässt sich darauf ein, mir eine zweite Chance zu geben. Sie verpflichten mich aber dazu, einen Vertrag zu unterschreiben, in dem ich versichere, mich zukünftig an alle Regeln zu halten. Natürlich unterschreibe ich, doch kaum bin ich zurück auf dem College, schlage ich wieder selbstzufrieden meine alten Wege ein. Mein Gebet und Gott habe ich längst vergessen.

Spiel mit dunklen Mächten

Eines Tages kommt einer meiner Freunde mit einem neuen Spiel: »Setzt euch mal alle in einen Kreis. Lalita*, du sitzt in der Mitte und schließt die Augen. Wir anderen entscheiden im Stillen, auf welche Seite Lalita fallen soll.« Nachdem wir entschieden haben, auf welche Seite Lalita fällt, sollen wir uns alle voll und ganz darauf konzentrieren, sie auf diese Seite fallen zu lassen. Zuerst passiert gar nichts. Doch auf einmal wird Lalita wie durch eine unsichtbare Hand tatsächlich auf die Seite gedrückt, die wir vorher vereinbart haben. Im selben Moment spüre auch ich einen Sog und falle fast mit ihr um. Ich bin fasziniert, dass wir allein durch Konzentration und indem wir unsere Gedanken miteinander verbinden, diese Kraft erzeugen können. Am Anfang ist es nur ein harmloses Spiel, doch dann beginne ich damit zu experimentieren. Wenn diese Kraft einen Menschen umfallen lassen kann, kann sie doch sicher auch andere Dinge bewegen, denke ich. Deshalb konzentriere ich mich darauf, Tiere in eine bestimmte Richtung zu lenken. Ich entwickle mehr und mehr eine Leidenschaft für diese Kräfte und fokussiere schließlich all meine Gedanken darauf, das Leben einzelner Menschen zu zerstören. Ich male mir genau aus, was ihnen zustoßen soll, und erlebe tatsächlich immer wieder, wie genau das eintrifft. Fasziniert habe ich das Gefühl noch mächtiger zu sein als durch meine früheren »Psychospielchen«. Ich kapsele mich völlig von den anderen ab und drehe mich nur noch um mich selbst und meine neuen Fähigkeiten. Zuerst gehe ich davon aus, dass die Kraft meines eigenen Willens diese Dinge bewirkt. Doch dann bemerke ich langsam, dass mehr dahintersteckt. Ich verbringe viel Zeit damit, Bilder zu malen, in denen grauenhafte Wesen und Fratzen abgebildet sind oder perverse, obszöne Szenen. Die Leute sind fasziniert von meiner Kunst, und ich verschenke einige meiner Werke. Nachts in meinen Träumen werde ich zur Mörderin. Ich habe immer diesen wiederkehrenden Traum, in dem ich meiner kleinen Schwester Poornima den Kopf abhacke und viel Blut spritzt. Sehr bizarr! Meine Gedanken werden kontrolliert von Gewalt, Mord und sexueller Perversion. Langsam wird mir bewusst, dass ich dunkle, dämonische Mächte in mein Leben eingeladen habe, die nun meine Gedanken beherrschen und über mich bestimmen. Abends, wenn ich auf meinem Bett liege, spüre ich manchmal, wie sich neben mir die Matratze einbeult, als würde sich jemand hinsetzen, den ich nicht sehen kann, dessen Präsenz ich aber deutlich spüre. Ich spreche sogar mit den Geistern toter Menschen, die ich gekannt habe, und erhalte Antworten.

53

Gefangen

Trotz aller Ablenkungen und meiner Abkapselung schaffe ich schließlich meinen Bachelor in Hauswirtschaft.

Nach dem College wird mir klar, dass ich weder einen Ort habe, an den ich gehen kann, noch irgendeine Idee, was ich mit meinem Leben anfangen soll. Geld habe ich auch keins, und so niste ich mich wieder zu Hause bei meinen Eltern ein. Sie leben mittlerweile in Kolar, einer Kleinstadt nahe Bangalore. Richtig wohl fühle ich mich jedoch mit dieser Idee nicht, und warm werde ich mit meinen Eltern auch nicht. Sie schämen sich für meinen unchristlichen Lebenswandel. Ich bemühe mich zwar, in ihrer Anwesenheit nicht zu rauchen und zu trinken, aber der Ort ist so klein, dass mich immer irgendwer beobachtet, wenn ich meine Süchte befriedige. Es fällt mir schwer, mich zusammenzureißen, und so mache ich meinen Eltern viel Kummer. Wir haben uns so sehr auseinandergelebt. Wir denken anderes, fühlen anderes und sehen unsere Mitmenschen mit ganz unterschiedlichen Augen. Es gelingt uns kaum, ein Gespräch miteinander zu führen. In die Kirche gehe ich nur mit, um ihnen einen Gefallen zu tun.

Meine Mutter vertraut ihren Kummer über mich schließlich meiner älteren Schwester Priscilla an, und diese bietet ihr an, mich für einige Tage mit zu sich zu nehmen. In Priscillas Tasche finde ich zwei Bücher, die meine Aufmerksamkeit auf sich ziehen. Eins davon ist von Rebecca Brown: »Er kam, um die Gefangenen zu befreien« (Originaltitel: He came to set the captives free). Auf dem Umschlag ist ein Gefangener in schwarzer Kleidung zu sehen. Er hockt auf einem Pentagramm, das über einem Feuer ist, und wird von zwei Händen in Ketten festgehalten. Oben ist ein helles Licht zu sehen, und eine weiße Hand zertrennt die Ketten mit einem leuchtenden Schwert. Das Buch handelt von einem jungen Mädchen, das sein Leben Satan verschrieb und als oberste Hexe Amerikas gilt. Die Geschichte zieht mich in ihren Bann, und ich entdecke immer mehr Parallelen zu meinem eigenen Leben. Das Mädchen hat sogar schwarze Flecken auf ihrer Haut, so wie ich sie lange Jahre hatte. An dem Punkt, als sie feststellt, dass Jesu Blut stärker ist als die dunklen Mächte, sträubt sich etwas in mir. Ich hatte mir immer vorgenommen, niemals wieder Christ zu werden. Trotzdem lese ich weiter und muss mir schließlich eingestehen, dass auch ich mich nach Veränderung sehne. Bis zum Hals stecke ich im Dreck. Meine

Süchte kontrollieren mich, mein Herz fühlt sich an wie aus Stein, und nachts spreche ich mit Dämonen oder Verstorbenen. Nicht einen Menschen gibt es auf der Welt, der mir etwas bedeutet. Ich bin nicht in der Lage, Zuneigung zu empfinden, geschweige denn Liebe, noch nicht einmal für meine Familie. Wenn ich in mich hineinsehe, kann ich nichts Gutes mehr finden. Ich habe angefangen den Menschen zu hassen, der ich geworden bin, diese furchtbare Person, die in ihren Träumen Menschen auf qualvolle Weise tötet. Meine Gedanken, meine Worte, die Bilder die ich male, alles ist schmutzig und obszön. Und ich habe Angst, dass die Dämonen, die ich in mein Leben gelassen habe, mich bald töten werden.

Deshalb fälle ich eine Entscheidung: Heute, am 10. Juni 1995, beschließe ich Jesus Christus noch eine Chance zu geben. Wenn es wahr ist, was ich in dem Buch gelesen habe und Jesus einen Menschen völlig verändern und befreien kann, möchte ich das erfahren. So oft bin ich aus Gewohnheit oder Pflichtgefühl in den letzten Wochen mit meinen Eltern in die Kirche gegangen, doch heute weiß ich zum ersten Mal in meinem Leben nicht, wie ich beten soll. »Jesus Christus«, stammle ich, »wenn es dich wirklich gibt und du mir helfen kannst, mach mein Leben neu und schenk mir die Fähigkeit zu lieben!«

Veränderung

Ohne einer Menschenseele von meinem Gebet erzählt zu haben, falle ich an diesem Abend erschöpft ins Bett. Neben mir liegt meine Schwester. Am nächsten Morgen erwache ich am anderen Ende des Bettes. Verwundert frage ich Priscilla, was passiert sei. Sie sagt nur, sie habe mich schreien hören, und fragt, ob ich denn nicht mehr wisse, was letzte Nacht geschehen sei. Langsam kehren die Bilder in meine Erinnerung zurück. Mitten in der Nacht hat mich eine entsetzliche Erscheinung aus dem Schlaf gerissen. Die hässlichste und beängstigendste Kreatur, die ich in meinem ganzen Leben gesehen habe, hat zu mir gesagt:»Du gehörst mir und wirst immer mir gehören!« Für mich war das Satan, und ich habe ihm immer wieder voll

Überzeugung entgegengeschrien:»Nein, das Blut Jesu ist stärker! Du hast kein Anrecht auf mein Leben! Ich gehöre Jesus!« Irgendwann hatte ich das Gefühl, eine Schlacht wäre zu Ende gekämpft. Ich fühlte mich frei und fiel bis zum Morgen in einen tiefen Schlaf.

Meiner Schwester erzähle ich nur, ich hätte schlecht geträumt. Ich möchte, dass meine Familie von sich aus eine Veränderung an mir bemerkt.

Und das tut sie. Als ich nach zehn Tagen zurück zu meinen Eltern komme, hat Gott bereits begonnen, an mir zu arbeiten. Meine Mutter fragt mich aus heiterem Himmel, ob ich im Gottesdienst über eine Erfahrung mit Jesus berichten möchte.

Nach und nach spüre ich, wie Gott mein Herz aufweicht und mir Liebe für andere Menschen schenkt. Vor diesen Erlebnissen habe ich mich für verschiedene Masterstudiengänge beworben, die mit Kunsthandwerk oder Wirtschaft zu tun haben. Nun reift in mir der Wunsch, mit meiner Arbeit Menschen zu dienen. Obwohl ich mich nicht für besonders begabt im Umgang mit Menschen halte, beschließe ich, mich für ein Studium in Sozialer Arbeit zu bewerben. Der einzige Haken ist, dass ich dafür zurück nach Madras/Chennai gehen müsste. Zurück in die Stadt, in der ich den Ruf einer berechnenden, durchgeknallten Frau habe, die von ihren Abhängigkeiten getrieben wird und andere fertigmacht! Gerade als ich beschließe, es sei keine Option für mich, zurück nach Madras/Chennai zu gehen, spricht Gott ganz deutlich in meinen Gedanken zu mir: »Wenn du zu mir stehst, gibt es keinen Grund, weshalb du in eine andere Stadt gehen solltest. Ich kann dein Leben auch dort erneuern. Ich möchte dich als Zeugin für mich zurück in Madras/Chennai haben.« Dieser Eindruck wird bestätigt, da ich kurz darauf die Einladung zum Madras Christian College erhalte. Ich bin zugelassen für Soziale Arbeit mit den Schwerpunkten Medizin und Psychiatrie.

Als ich am ersten Tag mit einem mulmigen Gefühl im Bauch den Campus betrete, werde ich schon freudig erwartet. Am Eingang stehen meine alten Freunde, mit denen ich mich noch vor ein paar Monaten regelmäßig zum Feiern getroffen habe: »Hey Pinky, cool, dass du da bist, dann können wir ja wieder loslegen. Wir hatten schon Angst, die nächsten Semester würden öde werden.« Ich schaue sie mit ernster Miene an und antworte: »Nein, ohne mich! Ich bin jetzt ein anderer Mensch.« Doch anstatt enttäuschte Gesichter zu machen, lachen sie mich aus: »Das glaubst du doch selbst nicht, Pinky. Wirst schon sehen, spätestens in ein paar Wochen sitzt du wieder mit uns zusammen.«

Es ist herausfordernd, den Spott zu ertragen, doch ich halte mich von ihren Partys fern. Schon seit dem Tag, an dem ich Jesus mein Leben gegeben habe, trinke ich keinen Alkohol mehr, auch wenn ich noch nicht von allen meinen Süchten frei bin.

Im nächsten halben Jahr beschäftige ich mich viel mit der Frage, ob Jesus wirklich von den Toten auferstanden ist. In 1. Korinther 15 wird seine Auferstehung beschrieben und ab Vers 16 heißt es: »Denn wenn es keine Auferstehung der Toten gibt, dann ist auch Christus nicht auferstanden. Wenn aber Christus nicht auferstanden ist, dann ist euer Glaube nutzlos, und ihr seid nach wie vor in euren Sünden gefangen. In diesem Fall wären alle Menschen, die im Glauben an Christus gestorben sind, verloren. Wenn der Glaube an Christus nur für dieses Leben Hoffnung gibt, sind wir die elendesten Menschen auf der Welt.« Meine Kraft im Glauben steht und fällt demnach mit meiner Fähigkeit, wirklich an die Auferstehung Jesu glauben zu können. In der Bibel finde ich die Geschichte vom Jünger Thomas, der nicht glauben konnte, dass Jesus wirklich wieder lebendig geworden war. Er brauchte ein sichtbares Zeichen, weshalb Jesus zu ihm gegangen war und ihn gebeten hatte, seine

Wundmale zu berühren. Verschiedene Schriften, die gefunden wurden, belegen, dass genau dieser Jünger auf seinen Missionsreisen nach Indien gekommen ist und hier die christliche Kirche gegründet hat. Laut Überlieferungen wurde er in meiner Stadt Chennai/Madras aufgrund seiner Missionstätigkeit getötet. Deshalb gibt es viele sogenannte Thomaschristen in Indien. Seine Reliquien sollen laut verschiedenen Zeitzeugen lange in Chennai/Madras begraben gewesen sein. Noch heute ist diese ursprüngliche Grabstätte ein viel besuchter Wallfahrtsort, auf dem die Kathedrale »Basilica St. Thomas« errichtet wurde. Mir hilft es, diesen Ort zu besuchen und mich mit dem sogenannten »ungläubigen Thomas« verbunden zu fühlen, um selbst an die übernatürliche Auferstehung Jesu glauben zu können. Ich finde es menschlich und richtig, Dinge, die wir uns nicht vorstellen können, zu prüfen und Gott um ein Zeichen zu bitten. Dass ich schließlich tatsächlich an die Auferstehung glauben kann und damit auch an die Unsterblichkeit meiner eigenen Seele, ist eine Revolution für mein gesamtes Leben. Von jetzt an habe ich keine Angst mehr vor dem Tod.

In meinem Zimmer hängt noch immer eins meiner größten Bilder aus der Zeit, bevor ich Christin wurde. In Schwarz und Weiß sind dämonische Fratzen darauf. Wenn man in den Raum kommt, ist es das Erste, was man sieht. Nachts werde ich noch oft von Albträumen heimgesucht, in denen ich das Gefühl habe, jemand wolle mich erwürgen. Irgendwann wird mir deutlich, dass meine Träume mit dem Bild zu tun haben könnten. Ich schneide in der Mitte ein großes weißes Kreuz heraus. Darüber male ich das Blut Jesu und seinen Namen, und ich schreibe:»Tod, wo ist dein Stachel, wo ist dein Sieg?« Danach werde ich nie wieder von dieser Art Albträume heimgesucht.

»Der Tod wurde verschlungen vom Sieg. Tod, wo ist dein Sieg?   59
Tod, wo ist dein Stachel?«
1. Korinther 15,54

Morgenstunden mit Gott

Das neue Campusgelände ist weitläufig und sehr hübsch angelegt. Die Gebäude sind umgeben von einem richtigen Urwald mit tropischen Bäumen, was ein angenehmer Kontrast zur lauten, dreckigen Großstadt drumherum ist. Ich lebe in einem kleinen Zimmer im Studentenwohnheim auf dem Campus-Gelände. Um fünf Uhr morgens klingelt mein Wecker, obwohl der Unterricht erst um neun beginnt. Normalerweise schlafe ich gern lange, doch jetzt treibt mich jeden Morgen meine Sehnsucht nach Gott aus dem Bett. Ich möchte in Ruhe Zeit mit ihm verbringen und ihn besser kennenlernen. Mit meiner Bibel unter dem Arm trete ich hinaus in die frische Morgenluft. Die Vögel begrüßen den Tag. Außer mir und ihnen ist zu dieser Zeit kaum jemand unterwegs. Frieden erfüllt die Luft, und die Zeit scheint langsamer voranzuschreiten. Ich spaziere die von Bäumen beschattete »Straße zum Himmel« hinauf, die tatsächlich so heißt, spreche mit Gott und lasse mich auf einer einsamen Bank nieder, um in meiner Bibel zu lesen. Zwei Stunden lang sauge ich das Wort Gottes in mich auf wie ein trockener Schwamm und lasse mich vom Heiligen Geist unterrichten. Von Grund auf lerne ich noch einmal, was die Erlösung durch seinen Tod für mich und mein Leben bedeutet. Dass ich dadurch befreit von der Sünde bin, die mich früher beherrscht hat, von meinem Egoismus und meinem Bedürfnis nach Macht und Anerkennung. Nun gebe ich Gott die Macht, durch den Heiligen Geist die Sünde zu kontrollieren und mich zu verändern. Noch heute begegnen mir in Predigten manchmal Wahrheiten, die mir Gott damals beigebracht hat.

Liebevoll und bestimmt weist er mich immer wieder auf Verhaltensweisen hin, die noch veränderungsbedürftig sind. Eines Tages sehe ich den Film »Das Kreuz und die Messerhelden«, in dem der junge Pfarrer David Wilkerson sich der Mitglieder einer New Yorker Jugendbande annimmt. In diesem Film kämpfen zwei Banden gegeneinander: die »Mau Mau« und die »Bischöfe«.

Am nächsten Morgen erwache ich mit der deutlichen Erinnerung an einen Traum. Ich habe die Jacke der »Mau Mau« getragen, doch für die »Bischöfe« gekämpft. Ich weiß genau, was Gott mir dadurch sagen möchte. Solange ich nicht bereit bin, mich ganz Gott hinzugeben, kann man das an meinem Verhalten sehen. Ich bekenne zwar meinen Glauben an Jesus, doch verhalte ich mich nicht entsprechend der Kraft, die er mir schenkt. Ich beschließe, auch das Rauchen aufzugeben und einige Beziehungen, die mir nicht guttun. Keiner Sucht will ich mehr Macht über mich geben. Das ist nicht ganz einfach und gelingt mir nicht von heute auf morgen, doch ich bin wild entschlossen Gott ernst zu nehmen. An einem der nächsten Tage lese ich in Matthäus 4, wie Jesus vom Satan auf die Probe gestellt wird. Dieser nimmt ihn mit auf den Gipfel eines hohen Berges, zeigt ihm alle Länder der Welt und sagt:»Das alles schenke ich dir, wenn du vor mir niederkniest und mich anbetest.« Ich habe das Gefühl, dass Gott mir sagt:»Schau, Jesus hätte diesen Weg wählen können. Er ist aber auf die Welt gekommen, um den Menschen zu zeigen, wie Gott ist, und sie durch einen qualvollen Tod am Kreuz zu erlösen. Es wäre viel einfacher und schmerzloser gewesen, Satan anzubeten, um die Welt zu erhalten. Doch Satan ist immer ein Lügner, der uns dazu überreden will, den einfachen Weg zu nehmen. Wäre Jesus vor ihm niedergekniet, hätte er dadurch niemals die Welt erlösen können. Meine Wege sind oft schwieriger und schmerzvoller, doch sie führen immer zum Sieg.« Diese Wahrheit Gottes hilft mir jetzt, und auch später erinnere ich mich immer wieder daran, wenn ich mich in schwierigen Situationen befinde.

Nach und nach gelingt es mir schließlich, mich von allen Abhängigkeiten loszusagen. Ich werde innerlich immer mutiger und freier, bin gern mit Menschen zusammen und beginne, mich selbst anzunehmen.

Besonders kraftvoll und tröstlich finde ich die Verse aus Römer 8, 35ff., die besagen, dass uns nichts von der Liebe Gottes trennen kann:

nichts auf der Erde und nichts im Himmel. Noch nicht einmal ich selbst, und das, was ich tue, kann mich von seiner bedingungslosen Liebe trennen, weil seine Gnade größer ist als alles, was Menschen tun können.

»Ich bin überzeugt: Nichts kann uns von seiner Liebe trennen. Weder Tod noch Leben, weder Engel noch Mächte, weder unsere Ängste in der Gegenwart noch unsere Sorgen um die Zukunft, ja nicht einmal Mächte der Hölle können uns von der Liebe Gottes trennen.«
Römer 8, 38

Fragen an Gott

Als ich mich mit Abraham und Gottes Bitte beschäftige, seinen Sohn Isaac zu opfern, wird mir deutlich, wie schwer es für Gott gewesen sein muss, seinen Sohn Jesus am Kreuz sterben zu sehen. Ich frage mich aber auch, weshalb Gott Abraham so grausam auf die Probe stellen musste, obwohl es doch an einer anderen Stelle in der Bibel heißt: »Gott kannte Abrahams Glauben.« Weiß Gott denn nicht alles, was wir denken und tun werden, bevor es geschieht? Wieso muss Gott sich durch diese Probe erst davon überzeugen, dass Abraham ihm treu ist? Als ich Gott diese Fragen stelle, antwortet er: »Nicht, um mich von Abrahams Treue zu überzeugen, habe ich ihn auf die Probe gestellt, sondern um sein Vertrauen in mich zu stärken. Er hat dadurch erfahren, wie stark sein eigener Glaube ist und wie weit er im Vertrauen auf mich gehen würde.«

Eine andere große Frage tut sich in mir auf, als ich in 1. Samuel 28 lese, wie König Saul zu einer Totenbeschwörerin geht, um den Geist des Propheten Samuel heraufzubeschwören. Ich habe ja früher selbst geglaubt, mit den Geistern toter Menschen zu sprechen. Gott hat mir aber mittlerweile beigebracht, dass nicht wirklich die Geister der Verstorbenen mit mir gesprochen haben. Stattdessen glaube ich, dass Satan seine Dämonen benutzt hat, um sie zu imitieren und mich hinters Licht zu führen. Jetzt lese ich in der Geschichte, dass Samuels Geist tatsächlich auftaucht und mit Saul spricht. – Habe ich dann vielleicht doch mit den Toten gesprochen, mit denen ich dachte zu sprechen? Auch im Neuen Testament, in Matthäus 17, finde ich eine solche Stelle: Jesus geht mit einigen Jüngern auf einen Berg, wo ihnen die Geister von Mose und Elia begegnen und mit Jesus sprechen. Irritiert spreche ich mit ein paar Freunden über meine Zweifel und Fragen. Sie ermutigen mich, zu akzeptieren, dass es auch in der Bibel Ausnahmen gibt, was nicht bedeuten muss, dass auch mir die wirklichen Geister der Verstorbenen erschienen sind. Eine Weile brauche ich, um das zu verdauen, doch dann akzeptiere ich schließlich, dass Gott größer ist als die Schubladen in meinem Kopf, in die ich versuche, seine Wahrheiten einzusortieren.

Es ist ein wahrer Segen, dass Gott Joshua und seine Frau Viji zu uns ans College schickt, um eine Bibelstunde anzubieten. Zusammen mit ihren zwei Kindern machen sie sich einmal pro Woche auf den fast einstündigen Weg. Zum ersten Mal höre ich die Interpretationen anderer Leute zu den Bibelstellen, die ich lese. Ich stelle viele Fragen und sauge alles, was sie mir beibringen, in mich auf wie ein Schwamm. Auf jeden meiner inneren Kämpfe gibt die Bibel mir Antworten.

Veränderung

Da ich trotz allem, was Gott mir beibringt, keine messbare Veränderung meines Herzens fühlen kann, bitte ich ihn eines Tages:»Wenn ich mich wirklich verändert habe, schick mir bitte jemanden, der das bestätigt.«

Mit mir gemeinsam studieren auch fünf Kommilitonen von meinem früheren College. Wir waren uns nicht besonders nah, doch sie haben mich erlebt, als ich noch keine Christin war. In der Woche nach meinem Gebet kommen vier dieser Kommilitonen unabhängig voneinander auf mich zu und sagen mir:»Hey Pinky, du bist ein ganz anderer Mensch geworden. Wir haben dich früher überhaupt nicht leiden können. Dein ganzer Freundeskreis war so rau, unanständig und laut. Alles, was ihr getan und wofür ihr euch eingesetzt habt, fanden wir furchtbar. Wie kommt es, dass du jetzt so verändert bist?« Ich erzähle ihnen, dass ich Christin geworden sei. Daraufhin entwickeln sich Freundschaften zwischen uns. Schon bald habe ich einen Freundeskreis von Christen. Morgens treffen wir uns zum gemeinsamen Gebet. Priya ist eine meiner Kommilitoninnen vom letzten College. Sie betont immer wieder, wie fasziniert sie von meinem Wandel ist:»Früher hattest du einen Fanklub, weil du so eine Spinnerin warst, immer verrückte Ideen hattest und den Unterricht mit deinen Späßen aufgelockert hast. Jetzt hast du dich total verändert und bringst viele gute Beiträge in die Vorlesungen ein, aber deine Anziehungskraft auf andere ist geblieben. Guck dir bloß mal an, wie dir sogar in den Dörfern die Kinder hinterherlaufen! Du brauchst nichts weiter zu tun, als dort lang zu gehen, und schon bist du umgeben von Menschen.«

Auch mir fällt auf, dass ich mich oft anders verhalte, als ich es gewohnt bin. Anstatt Menschen zu hassen und sie zu erniedrigen, spüre ich Liebe in meinem Herzen und möchte ihnen Gutes tun. Ich fühle mich frei von der Sorgen über meine eigene Wirkung nach außen und tue, was ich als richtig empfinde.

Zusammen mit einer Band besuchen meine Freunde und ich regelmäßig andere Hochschulen, um christliche Lieder zu singen und mit den Menschen über Gott zu reden. Viele reagieren positiv darauf und nehmen unser Angebot, für sie zu beten, an. Für ein Mädchen gibt Gott mir eine konkrete Offenbarung über ihr Leben. Es fällt mir nicht leicht, doch schließlich überwinde ich mich, sie anzusprechen und ihr zu erzählen, was Gott mir gezeigt hat. Sie ist total verblüfft, wie ich von diesem Thema in ihrem Leben wissen kann, mit dem sie so sehr zu kämpfen hat. Deshalb bittet sie mich, mit ihr zu beten, und gibt Jesus ihr Leben. Viele Jahre später findet sie mich im Internet wieder, und wir werden Freunde. Sie erzählt mir, dass Gott ihr damals tatsächlich geholfen hat loszulassen, was ihr nicht guttat, und es ihr heute sehr gut geht.

65

»Er hat meine Seele vor dem Tode bewahrt, meine Augen vor den Tränen und meine Füße vor dem Stolpern. Ich darf in der Nähe des Herrn sein, solange ich lebe!«
Psalm 116, 8-9

Gewissensprüfung

Vor den Semesterferien bekommen wir die Aufgabe, eine Forschungsarbeit zu schreiben und dafür Daten zu sammeln. Ich verbringe die Ferien bei meinen Eltern. Früher hätte ich mir niemals vorstellen können, überhaupt darüber nachzudenken, mich freiwillig auf den Weg nach Kolar zu machen, wo absolut nichts los ist. Jetzt fahre ich gern hin, um Zeit mit ihnen zu verbringen und die Kirche zu besuchen. Ich lerne immer mehr wertzuschätzen, was meine Eltern tun und wie sie sich durch ihre Berufe für Menschen einsetzen. Dadurch verändert sich unsere komplette Beziehung, und wir kommen uns näher. Meine Mutter erzählt mir, dass sie in den Jahren, als ich keine Christin war, sehr viel für mich gebetet haben. Sie freut sich, dass sich durch meine Entscheidung für Gott auch meine Beziehung zu meiner kleinen Schwester verändert hat, mit der ich früher viel gestritten hatte.

Am Ende der Ferien fällt mir auf, dass ich gar nicht dazu gekommen bin, die Daten für das College zu sammeln, und fälsche deshalb alle Ergebnisse. Im College behaupte ich, ich hätte die Daten gesammelt, doch richtig wohl ist mir dabei nicht. Meine Freundin Priya fragt später, weshalb ich so nervös geworden sei, als es um die Forschungsarbeit ging. Ich gestehe ihr, dass ich alle Daten gefälscht habe, was meine Freundin noch nervöser zu machen scheint als mich selbst. Ein paar Tage später sage ich ihr, dass ich der Leitung die Wahrheit sagen werde. Priya begleitet mich zum Direktorenzimmer. Sie hat große Angst um mich und will vor der Tür warten und beten. Als ich rauskomme und ihr sage, dass die Leiterin verständnisvoll war, geht sie kurzerhand zu ihr und umarmt sie vor

Erleichterung. Zu mir sagt sie immer wieder, wie mutig sie es findet, dass ich die Wahrheit gesagt habe.

Ein paar meiner Kommilitonen haben die Daten genauso gefälscht, und es wäre auch für mich kein Problem gewesen, damit durchzukommen. Doch weil ich Christin bin, habe ich mich dazu entschieden, der Wahrheit ins Gesicht zu sehen. Dafür hätte ich sogar die Scham in Kauf genommen, ein Jahr wiederholen zu müssen.

Herzenseroberung

Neben der Sozialen Arbeit fasziniert mich das Kunsthandwerk. Nach dem Studium möchte ich gern beides miteinander verbinden und armen Menschen helfen, ihr eigenes Kunsthandwerk herzustellen und von dessen Erlös zu leben.

Einer meiner Mitstudenten ist auch Christ, ein sehr intelligenter, kreativer junger Mann mit künstlerischer Begabung. Als Sushir* beginnt, um mich zu werben, lasse ich ihn abblitzen, denn ich möchte meinen Fokus weiter auf Gott gerichtet halten. Er lässt jedoch nicht locker und wird von meiner Abfuhr eher angespornt, noch intensiver um mich zu werben. Schließlich gebe ich seinem Charme nach und lasse mich auf eine Beziehung ein. Wir verbringen viel Zeit miteinander. Ich genieße es, die gleichen Leidenschaften mit ihm zu teilen und gemeinsam kreativ sein zu können. Immer mehr beginne ich mich ihm zu öffnen, mein Herz an ihn zu hängen und ihn zu lieben. Niemals zuvor habe ich mir erlaubt, so verletzlich und offen einem anderen Menschen gegenüber zu sein. Vor meinem inneren Auge sehe ich uns schon heiraten und den Rest unseres Lebens miteinander verbringen. Sushir sagt immer zu mir, er wolle nicht, dass die anderen Leute über uns reden. Es ist in Indien nicht üblich vor der Hochzeit, ohne Verlobung eine Beziehung zu führen, schon gar nicht unter Christen. Deshalb will er unsere Beziehung lieber geheim halten. Nach wenigen Monaten hat er auf einmal nicht mehr so viel Zeit für mich. Nebenbei erzählt er von einer anderen Studentin, die er kennengelernt habe. Bei mir beginnen innerlich sofort die Alarmglocken zu läuten. Ich werde misstrauisch und habe das Gefühl, die beiden treffen sich hinter meinem Rücken. Wenn ich ihn darauf anspreche, bringt er jedes Mal eine Ausrede vor. Schon bald stellt sich jedoch heraus, dass meine Vermutungen richtig waren. Er führt auch mit der anderen Studentin eine Beziehung. Wahrscheinlich gaukelt er ihr genau wie mir vor, die einzige Frau in seinem Leben zu sein. Ich möchte gar nicht wissen, wie viele weitere Frauen es noch in seinem Leben gibt. Für mich bricht innerlich eine Welt zusammen.

Traurig ringe ich mich dazu durch, die Beziehung zu beenden, was mir fast das Herz bricht. Tiefe Enttäuschung greift in meinem Inneren Raum und lähmt alle meine Gefühle und Gedanken. Ich sitze allein in meinem Zimmer und habe keinen Antrieb mehr, fühle mich taub und betrogen. Das erste Mal in meinem ganzen Leben habe ich mich einem anderen Menschen so tief anvertraut. Ich war überzeugt davon, dass er der Mann ist, den ich heiraten werde. Wie soll ich nach diesem Betrug je wieder die Kraft aufbringen, mich einem anderen Menschen so sehr zu öffnen? Ich kann die Überzeugung einfach nicht loslassen, dass wir trotz allem füreinander bestimmt sind. Deshalb versuche immer wieder Kontakt zu ihm aufzunehmen, um ihn zurückzugewinnen.

Ich möchte wenigstens ein anständiges Gespräch mit ihm führen, um für mich innerlich abschließen zu können. Doch Sushir lässt mich eiskalt abblitzen und tut so, als würden wir uns gar nicht kennen. Dadurch falle ich in eine tiefe Depression. Ich besuche kaum noch die Vorlesungen, ziehe mich in mein Zimmer zurück und lerne von hier aus, sofern ich dazu in der Lage bin. In meinem Inneren tobt erneut ein Kampf von Gedanken, die mir einreden wollen, ich sei wertlos. Meine Unsicherheit wird übermächtig groß, und das Gefühl, nicht gewollt zu sein, beginnt wieder mich zu quälen. Alte, destruktive Sätze über mich selbst versuchen sich einen Weg zurück in meinen Kopf zu bahnen. Ich verliere die Freude am Leben, und mein gerade durch Gott wachgeküsstes, offenes Wesen beginnt sich wieder in sich selbst zu verschließen. Meine Freunde Makarand und Varghese, die mich sehr gut kennen und denen ich sehr wichtig bin, kommen mich besuchen. Sie versuchen, mir zu helfen, einen Sinn in dem Ganzen zu sehen, um meinen Schmerz zu lindern. Doch sie begreifen nicht, wie tief im Innersten ich verletzt bin. Ich fühle mich von niemandem wirklich verstanden. Dennoch helfen mir ihre Besuche, gegen meine destruktiven Gedanken anzukämpfen. Besonders einem Freund vertraue ich mich an. Timmy besucht einen Jahrgang unter mir das College, und alle lieben ihn. Er ist immer fröhlich und gleichzeitig ganz ruhig und entspannt. Schon vor einiger Zeit haben wir ihn in unseren Freundeskreis aufgenommen. Er ist wie ein Bruder für mich, dem ich alles erzählen kann und der immer für mich da ist. Wir verbringen viel Zeit miteinander, gehen gemeinsam in die Kirche und besuchen seine Eltern. Timmy erzähle ich, dass ich nicht aufgeben werde, um die Liebe von Sushir zu kämpfen, da ich sicher bin, ihn eines Tages zu heiraten.

Meine Berufung

Am 19.01.1997, an meinem 22. Geburtstag, sitze ich in der Kapelle des Colleges und ringe mit Gott:»Ich hatte gerade so eine wundervolle, unbeschwerte Zeit mit dir. Mein Glauben ist gewachsen, und ich bin ein neuer Mensch geworden. Wie konntest du zulassen, dass dieser Mann mich so sehr durcheinanderbringt? Jetzt sitze ich hier, mein Masterstudium ist fast abgeschlossen, und ich habe schon wieder keine Ahnung, was ich danach mit meinem Leben anfangen soll.« Gotte antwortet prompt. Von der Kanzel wird ein Bibeltext aus Jesaja gelesen, der mir direkt ins Herz spricht. Es fühlt sich an, als würde der Pastor ihn mir persönlich vorlesen:»Schaut her, das ist mein Knecht, den ich festhalte. Er ist mein Auserwählter und macht mir Freude. Ich habe ihm meinen Geist gegeben, damit er den Völkern das Recht bringt. Er wird weder schreien und lärmen noch seine Stimme auf der Straße hören lassen. Er wird das geknickte Rohr nicht brechen und den glimmenden Docht nicht auslöschen. Er wird das Recht wahrheitsgetreu ans Licht bringen. Er wird nicht müde werden oder zerbrechen, bis auf der ganzen Erde das Recht fest gegründet dasteht. Selbst ferne Meeresländer erwarten seine Weisungen. (...) Ich, der Herr, habe dich in Gerechtigkeit berufen und dich bei deiner Hand erfasst. Ich beschütze dich und mache dich zu einem Bund für das Volk und zum Licht für die Völker. Dadurch sollst du den Blinden die Augen öffnen, die Häftlinge aus dem Gefängnis befreien und die in der Dunkelheit Gefangenen ans Licht führen.« (Jesaja 42, 1-7)

In meiner ganzen Schwäche und Gebrochenheit geben mir diese Worte Trost und neuen Mut. Soeben habe ich die persönliche Berufung für mein Leben erhalten. Ich weiß noch nicht, wie ich diesen

Auftrag realisieren soll, doch ich empfinde einen tiefen Frieden darüber, mich gemeinsam mit Gott auf den Weg zu machen: Gefangene zu befreien und Recht zu sprechen. Ich selbst habe erlebt, wie Jesus Christus mich befreit hat, und bin nun berufen, andere Menschen ganz konkret aus Gefangenschaft in die Freiheit zu führen. Neue Hoffnung keimt in mir auf, doch noch ehe ich mir einen Job suchen kann, macht mir meine Gesundheit einen Strich durch die Rechnung.

Monate der Ungewissheit

Schon seit einigen Monaten spüre ich, dass meine Kraft nachlässt. Wenn ich beim Basketball wie gewöhnlich mit fünf Kilo schweren Bällen trainiere, spüre ich einen starken Schmerz in der rechten Schulter. Ich kann auch den Arm nicht mehr richtig heben, und es kommt mir vor, als wäre meine Stimme leiser als früher. Wenn ich anderen Leuten diese Bedenken schildere, sagen sie nur, bei meiner zierlichen Statur könne ich doch keine laute Stimme erwarten. Anfangs beiße ich noch die Zähne zusammen, schlucke die Schmerzen herunter und versuche mir einzureden, ich hätte mich vielleicht ein bisschen beim Training überanstrengt. Doch die Schmerzen werden immer schlimmer.

Zu Weihnachten bin ich bei meinen Eltern auf dem Krankenhausgelände und stelle mich mehreren Ärzten vor. Ein Orthopäde führt alle möglichen Tests mit mir durch, doch niemand kann sich die Ursache meiner Beschwerden erklären. Nach meinem Abschluss fahre ich im April erneut nach Hause und stelle mich demselben Orthopäden vor. Die Tests ergeben die gleichen Ergebnisse wie vor vier Monaten, doch ihm fällt auf, dass ich 60 Prozent meiner Muskulatur auf der rechten Seite verloren habe. Mit ernster Miene erklärt er mir, dass definitiv etwas nicht in Ordnung ist und ich unbedingt nach Bangalore ins Krankenhaus fahren soll, um weitere Untersuchungen durchführen zu lassen. An einem einzigen Tag konsultiere ich dort sechs Ärzte. Alle stellen mir Fragen und sind geschockt vom Zustand meines Mundes und meiner Zunge. Sie fragen mich zum Beispiel:»Wenn du etwas isst oder trinkst, kommt dann manchmal Nahrung aus deiner Nase wieder heraus?«Ich muss all diese Fragen mit»Ja«beantworten und auf ihr verständnisloses Nachfragen, warum ich denn nicht eher gekommen sei, kann ich nur antworten: »Ich dachte, das ist normal und so etwas passiert jedem Menschen ab und zu.«Auch diese Ärzte finden trotz Computertomografie und zahlreichen anderen Tests nicht die Ursache meiner Beschwerden und überweisen mich in das»Christian Medical Hospital«, wo viele der ehemaligen Kollegen meiner Eltern arbeiten. Meine Mutter begleitet mich. Nun beginnen mehrere Wochen voll unangenehmer Tests, voll Ungewissheit und Sorge. Als die Ärzte schließlich einen Verdacht auf Muskeldystrophie äußern, bin ich geschockt. Vor einiger Zeit habe ich erlebt, wie der Bruder eines Klassenkameraden mit 21 Jahren diese Diagnose erhielt. Ich musste mit ansehen, wie ein hübscher, gesunder junger Mann verdorrte wie ein Stück Gemüse. Nach und nach konnte er seinen Körper nicht mehr bewegen, bis hin zur völligen Lähmung und zum Tod. Ich bin jetzt ungefähr im gleichen Alter, und mir vorzustellen, dasselbe Schicksal erleiden zu müssen, ist schlimm.

Weitere schmerzvolle Untersuchungen folgen, die meinen Körper völlig ausmergeln, doch meine Seele ist stark und hält an Gott fest. Ich habe gelernt zu vertrauen, dass alle seine Wege gut sind und mir zum Besten dienen. Auch wenn ich an meiner momentanen Situation nichts Gutes finden kann, halte ich an dieser Wahrheit fest. Immer wieder sitzt meine Mutter mit Tränen in den Augen an meinem Bett. Es ist so schwer für sie, meinen Zustand mit ansehen zu müssen und mir nicht helfen zu können. Ich selbst vermag keine einzige Träne zu vergießen. Mir gehen Gedanken durch den Kopf wie: »Jeder kennt Pinky als diese redselige, sehr aktive, gesunde Person, die nie jemanden um Hilfe bitten muss. Ich möchte nicht, dass irgendjemand sieht, wie mein Körper vertrocknet wie ein Gemüse.« Deshalb beschließe ich, niemandem von meiner Krankheit zu erzählen, doch wieder einmal spricht Gott zu meinem Stolz: »Wenn du niemandem sagst, dass du krank bist, wird auch niemand für dich beten. Dein Stolz ermöglicht es Satan, Gebete zu verhindern und dich zu entmutigen. Er will, dass du deine Situation nicht akzeptierst und dich zurückziehst, anstatt damit nach außen zu gehen.« Noch am selben Tag nehme ich das Telefon und rufe jeden an, den ich kenne. Wirklich jedem erzähle ich von der Situation, in der ich mich befinde, und bitte ihn, für mich zu beten. Meine Freunde verbreiten das Anliegen weiter in ihren Gemeinden und Gebetsgruppen. Ich kann sehr deutlich spüren, dass Menschen im Gebet für mich eintreten. Gottes Gegenwart und Liebe tragen mich durch die nächste Zeit. Noch heute treffe ich manchmal Menschen, die ich nicht kenne und die mir sagen, dass sie damals für mich gebetet haben, als ich so krank war.

73

»Denn wir wissen, dass für die, die Gott lieben und nach seinem Willen zu ihm gehören, alles zum Guten führt.«
Römer 8,28

Hirntumor

Schließlich erhalte ich meine endgültige Diagnose: »Ein Tumor!« Die Ärzte haben mit Hilfe einer speziellen Computertomografie einen gutartigen, doch wachsenden Hirntumor entdeckt, der bereits bis in die Wirbelsäule gestreut hat. Er ist nicht wie eine Kugel geformt, sondern wie eine Alge, die an meinem Hirn und meinen Nerven haftet. Deshalb wurde er erst durch ein Verfahren gefunden, in dem scheibchenweise das Hirn gescannt wird. So verstörend das Ergebnis auch ist, meine Mutter und ich fallen auf die Knie und preisen Gott. Endlich ist die so schwer zu ertragende Ungewissheit überwunden. Endlich wissen wir, was mir fehlt. Obwohl ich geschockt bin, erfüllt mich eine tiefe überirdische Ruhe und Gewissheit: »Egal, was passiert, ich bin errettet und kann nur gewinnen. Sterbe ich, so bin ich bei Gott. Lebe ich, so werde ich auch mit Gott zusammen sein.« Paulus bestätigt, was ich fühle, indem er in Philipper 1, 21 schreibt: »Denn Christus ist mein Leben, aber noch besser wäre es, zu sterben und bei ihm zu sein.« Die Ärzte erklären mir, dass sie mich erst in einigen Monaten operieren können und dass meine Überlebenschancen bei ca. 20 Prozent liegen. Früher ist es nicht möglich, einen OP-Termin zu bekommen, weil so viele Patienten warten und nur im äußersten Notfall jemand vorgezogen wird. Manche Ärzte sagen zu meiner Mutter: »Wollt ihr die OP wirklich machen, eure Tochter ist doch so hübsch und sieht so gesund aus.« Doch für uns alle steht die Entscheidung fest: Wir werden die Operation machen lassen und auf Gott vertrauen. Hätte ich Gott jetzt nicht, würde die Angst mich sicher zerfressen. Doch so verrückt es auch klingen mag, ich bin regelrecht glücklich und fühle mich geborgen in der Hand meines

74

Schöpfers. Ich singe viele Loblieder, lese in der Bibel und fühle mich ermutigt durch viele Menschen, die für mich beten.

Da ich noch vier Monate auf die Operationen warten muss, fahre ich mit meinen Eltern heim. Der Schmerz meiner Familie, mich vielleicht zu verlieren, ist groß. Für meine Mutter ist es besonders schwer. Sie hat während ihres Studiums eine Freundin verloren, die während einer Hirntumor-OP gestorben ist. Meine Schwestern Priscilla und Poornima sind stets an meiner Seite, um mich zu ermutigen und für mich zu beten. Ich weiß, dass sie Angst haben, mich zu verlieren. Mein Bruder ist der Einzige, der nicht bei uns ist, weil er in Nordindien studiert. Als er beginnt, regelmäßig anzurufen, spüre ich, dass auch er sich Sorgen macht. In den letzten Jahren haben wir uns auseinandergelebt und manchmal nicht mehr als einmal pro Jahr miteinander kommuniziert. Jetzt zieht es ihn zu Gott hin und auch zu uns. Mein Vater ist der Starke, Vernünftige der Familie, mit einem scheinbar unerschütterlichen Glauben. Doch einmal bekomme ich mit, wie er zu jemandem sagt, dass er aus meinem Glauben und meiner Überzeugung Kraft schöpft, was diese schweren Tage leichter für ihn werden lässt.

An jedem Wochenende machen sich meine Freunde aus Chennai auf die sechsstündige Reise nach Kolar, um Zeit mit mir zu verbringen und mir Mut zu machen. Besonders freue ich mich auf »meinen kleinen Bruder« Timmy, in dessen Nähe ich mich immer sehr zufrieden und stark fühle. Er vermittelt mir das Gefühl, so sein zu dürfen, wie ich bin, egal, wie es mir gerade geht. Von ihm fühle ich mich besonders gut verstanden, denn als Teenager hat er einen schrecklichen Unfall erlebt. Er weiß, wie es sich anfühlt, wenn man durch Krankheit geht und der Tod zum Greifen nah ist.

Mit seinen Freunden hat er damals auf einem Güterbahnhof gespielt. Auf einmal konnte er sie nicht mehr finden und dachte, sie seien auf ein Zugdach geklettert. Deshalb ist er auch hinaufgeklettert. Dadurch hat er mit seinem Körper das elektrische Spannungsfeld geerdet, was ihn sofort in Flammen gesetzt hat. Sogar die Nähte seiner Kleidung sind durch den Stromschlag aufgerissen. Mit schweren Verbrennungen wurde der unter Schock stehende Teenager ins Krankenhaus gebracht. Keiner der umstehenden Zeugen glaubte, dass der Junge, dessen Haut nur noch in Fetzen an seinem Körper hing, dieses je wieder verlassen würde. Auch die Ärzte hatten sehr wenig Hoffnung, dass er überleben würde. Er war kaum noch bei Bewusstsein. Für die nächsten 48 Stunden hing sein Leben am seidenen Faden, und seine Familie wurde schon darauf vorbereitet, ihn zu verlieren. Doch dann kam er langsam wieder zu sich. Als er schließlich bei vollem Bewusstsein war, konnten die Ärzte ihn operieren. Sie führten vier Hauttransplantationen durch. Timmy musste furchtbare Schmerzen durchleiden, und seinen rechten Arm konnte er nicht mehr heben. Doch in seinem unerschütterlichen Glauben schrie Timmy zu Gott und bat ihn um schnelle Heilung. Zum Erstaunen der Ärzte erholte er sich tatsächlich schneller, als sie es je zuvor bei so schweren Verbrennungen erlebt hatten. Doch seinen Arm konnte er immer noch nicht höher als 90 Grad heben. Die Ärzte bereiteten ihn darauf vor, dass er bald eine weitere OP durchstehen müsse. Timmy wollte das nicht wahrhaben und war überzeugt davon, dass Gott ihn heilen würde. Jeden Tag machte er Übungen und betete in vollem Vertrauen um Heilung. Während eines dieser Gebete spürte er ganz deutlich die Gegenwart Gottes. Sofort konnte er seinen Arm ohne Schmerzen wieder vollkommen normal heben und bewegen. Die Ärzte waren sprachlos. Timmy war überzeugt, dass es für Gott einen Grund gab, ihm dieses zweite Leben zu schenken. Er versprach seinem himmlischen Vater, sich mit ganzer Kraft für das einzusetzen, was er mit ihm vorhabe.

Immer wieder bekomme ich Besuch von Freunden, die mich zu bekannten Pastoren oder zu Menschen mit einer besonderen Gabe, zu heilen, bringen wollen. Ich verstehe nicht, weshalb ich das Gebet einer bestimmten Person brauchen sollte, und erwidere ihnen meist: »Es ist derselbe Gott, zu dem ich bete. Wenn ich meinen himmlischen Vater darum bitte, mich zu heilen, warum sollte er das nicht tun? Warum soll ich zu jemand anderem gehen, damit er zu demselben Gott für mich betet?« Trotzdem gehe ich manchmal mit, um meinen Freunden einen Gefallen zu tun. Sie haben sich so sehr bemüht, einen Termin bei den gefragten Geistlichen für mich zu erhalten. Es muss schlimm sein, eine Freundin zu haben, die vielleicht an Krebs stirbt, und nichts für sie tun zu können. Dennoch ist für mich jedes Gebet gleich viel wert, egal, wer für mich betet.

Gott verherrlichen

Ich selbst bete immer wieder im vollen Vertrauen zu Gott, dass er mich in nur einer Sekunde völlig heilen kann. Ich verstehe einfach nicht, weshalb ich eine Operation durchstehen soll. Eines Tages schlage ich meine Bibel auf und stoße auf die Geschichte von Lazarus, der gestorben ist und von Jesus wieder zum Leben erweckt wurde. Ich habe diese Geschichte schon oft gelesen, doch heute verstehe ich, dass Jesus sich absichtlich erst nach vier Tagen aus einer anderen Stadt auf den Weg zu Lazarus gemacht hat. Er ließ ihn sterben, um ihn zurück ins Leben holen und damit zeigen zu können, dass

Gott sogar die Macht über den Tod hat. Als ich das begreife, sage ich ehrfürchtig zu Gott: »Wenn es dein Wille ist, dass ich durch diese Operation gehe und ich dich damit verherrlichen kann, will ich es tun. Ich bin mir sicher, dass du meinen Weg dazu nutzen möchtest, anderen etwas Gutes zu tun.« Eines Tages ruft mich meine beste Freundin Sheeba an und erzählt mir, dass Timmy in mich verliebt sei und annehme, dass auch ich ihn liebe. Ich falle aus allen Wolken: »Nein«, antworte ich, »auf gar keinen Fall. Timmy ist wie mein kleiner Bruder, er ist mein bester Freund, aber ich habe doch keine Gefühle für ihn!« Weil Timmy gerade bei ihr ist, macht er sich nach dem Telefonat sofort auf den Weg zu mir nach Hause, was für ihn eine fünfstündige Zugfahrt bedeutet. Schweren Herzens erkläre ich ihm, wie viel er mir bedeutet und wie nah ich mich ihm fühle, doch dass er wie ein Bruder für mich ist. Ich hoffe immer noch, eines Tages wieder mit meinem Exfreund zusammenzukommen. Das zu hören, ist sehr schwer für Timmy, denn in seinem Inneren hat er ganz deutlich den Eindruck, ich würde seine Gefühle erwidern. Enttäuscht macht er sich auf den Heimweg. Es tut mir leid, ihm so wehtun zu müssen, und ich hoffe sehr, dass unsere Freundschaft nicht darunter leidet.

Ende August gehe ich schließlich zurück ins Krankenhaus, wo ich eine Zeit lang auf meine Operation vorbereitet werde. An jedem dieser Tage sitze ich mit den anderen Krebspatienten zusammen. Wir beten und singen gemeinsam Loblieder für Gott. Ich erzähle ihnen, dass ich keine Angst habe, zu sterben, weil Jesus den Tod besiegt hat und ich bei ihm sein werde, wenn ich nicht überlebe. Viele Patienten schöpfen dadurch neue Hoffnung und beginnen, an Jesus zu glauben. In meinem Nebenzimmer liegt ein elfjähriger Junge, der wegen eines Hirntumors schon völlig erblindet ist. Viele Male sitzen wir zusammen und singen. Dieser Junge überlebt seine

Operation leider nicht, doch er stirbt in dem Wissen, zu Gott zu gehen. Jetzt weiß ich, weshalb Gott mich noch einmal ins Krankenhaus geschickt hat. Trotz meiner bevorstehenden OP kann ich diese Zeit sogar genießen. Mein Herz ist leicht. Jeden Tag bekomme ich Besuche, Briefe, Nachrichten oder Anrufe von Menschen, die mich ermutigen und mir sagen, dass sie für mich beten.

> »Er wird alle ihre Tränen abwischen, und es wird keinen Tod und
> keine Trauer und kein Weinen und keinen Schmerz mehr geben.
> Denn die erste Welt mit ihrem ganzen Unheil ist für immer ver-
> gangen.«
> Offenbarung 21, 4

Hilflos ausgeliefert

Jemand hat mir einen Walkman geschenkt, und so verbringe ich vor der OP viel Zeit damit, auf meinem Bett zu sitzen und Musik zu hören. Besonders von einem Lied fühle ich mich angesprochen, in dem es heißt: »Du kannst alles nutzen, Gott, du kannst mich nutzen. Gott, nimm meine Hände, nimm meine Füße …« Ich versichere Gott, dass ich ihn auch weiterhin preisen werde, selbst wenn ich einzelne Körperteile nach der OP nicht mehr bewegen kann oder verliere. Seine Antwort ist erstaunlich. Ich habe den Eindruck, Gott würde mit mir schimpfen und sagen: »Pranitha, lass diese defensiven Gebete! Du wirst deine Körperteile nicht verlieren! Bete lieber für Heilung! Es wird dir gut gehen!« Daraufhin ändern sich meine Gebete: »Es ist mir egal, was die Ärzte sagen, du bist mein Schöpfer, und du kannst mich zu 100 Prozent heilen! Wenn ich diese Operation überlebe, will ich dir mein ganzes Leben lang dienen.«

Dann ist er da, der Tag meiner Operation, am zweiten September 1997. Eine ganze Schar lieber Menschen versammelt sich am Krankenhaus, um für mich zu beten. Neben meinen Freunden und meiner Familie sind das auch einige Ärzte des Krankenhauses, mit denen ich mich inzwischen angefreundet habe. Ich werde vorbereitet und umgezogen und um sechs Uhr morgens ruhig und zuversichtlich Richtung OP-Saal gebracht. Laut singe ich: »Gott ist immer gut, er hat ein Loblied in mein Herz gelegt.« Bevor ich den OP erreiche, gibt jeder aus meiner Familie mir einen Kuss. Zum ersten Mal präge ich mir all ihre Gesichter genau ein und denke, dass es vielleicht das letzte Mal sein wird, dass ich sie sehe. Keiner weiß, ob ich die Station jemals wieder lebend verlassen werde. Meine Operation dauert den ganzen Tag. Erst nach zwölf Stunden beenden die Ärzte ihre Arbeit.

Mein Herz hat nicht aufgehört zu schlagen. Abends um 18:30 Uhr erwache ich zum ersten Mal, noch völlig benommen aus der Narkose. Verschwommen erkenne ich meine Eltern, die am Bettrand stehen. Als sie sehen, dass ich die Augen aufschlage, seufzen sie erleichtert auf. Die anderen warten draußen und fallen sich glücklich in die Arme, als sie von der guten Nachricht hören. Ich lebe, was ein absolutes Wunder ist, doch ich fühle mich so miserabel wie niemals zuvor in meinem Leben und leide unter schrecklichem Durst. Immer wieder versuche ich dem Personal deutlich zu machen, dass ich Wasser trinken möchte, doch diese schütteln nur den Kopf. Nach einer Ewigkeit legen sie mir ein Stück getränkte Baumwolle auf die Lippen. Obwohl ich mich noch im

Dämmerzustand befinde, muss ich an Jesus denken – wie er am Kreuz hing und Durst hatte. Schließlich wurde ihm ein Schwamm an einer Stange hinaufgestreckt, der in Weinessig getränkt war. Mich tröstet dieses Bild. Ich sage mir: Wenn es irgendeine Person gibt, die mich in diesem Moment wirklich verstehen kann, ist das Jesus.

Als ich ganz aus der Narkose erwache, erklärt der Arzt mir, dass ich für mehrere Tage nicht in der Lage sein werde, Wasser zu trinken, vielleicht sogar einen ganzen Monat lang. Was er mir damit sagen möchte, begreife ich erst, als ich versuche zu schlucken und es mir einfach nicht gelingt. Meine Nahrung wird mir durch Schläuche in meinem Hals zugeführt. Ich versuche etwas zu sagen, doch auch das gelingt mir nicht. Es ist wie in einem Albtraum. Zuerst denke ich, daran wären die Schläuche schuld, doch nach und nach erklärt der Arzt mir die bittere Wahrheit: Durch die Operation wurden meine Stimmbänder gelähmt, ich werde nie wieder eine Stimme haben. Außerdem haben die Ärzte herausgefunden, dass sich der Tumor schon bis zu meiner Wirbelsäule ausgebreitet hat, sodass in einigen Monaten eine zweite OP notwendig sein wird. Sie konnten nicht alle Krebszellen entfernen. Es ist furchtbar für mich. Ich liege hier wie ein hilfloses Baby, habe Schmerzen und kann mich noch nicht einmal verständlich machen. Auch mein Gehör auf dem rechten Ohr habe ich verloren. Gerade ich, die unabhängige, starke Pranitha, die jedes Problem allein lösen konnte, ist jetzt völlig abhängig von der Versorgung anderer. Man kann mich nicht einmal für ein paar Minuten allein im Zimmer lassen, weil ich täglich unter Erstickungsanfällen leide. Meine Luftröhre ist auch von der Lähmung betroffen, und so ringe ich manchmal minutenlang um Luft. Es fühlt sich an, als würde mich jemand unter Wasser drücken. In diesen Momenten habe ich den Tod unmittelbar vor Augen und denke, ich müsse sterben. Doch jeden dieser Kämpfe gewinne ich, denn trotz aller Schmerzen und dem Gefangensein in einem Körper, der meinen Befehlen nicht gehorcht, will ich leben. Für alles benötige ich Hilfe: wenn ich mich waschen oder umziehen möchte, Nahrung brauche oder auf die Toilette muss. Ich bin viel zu schwach, um allein aufstehen zu können. Das ist so demütigend, doch ich erkenne auch darin Gottes Lektion für mich. Ich musste erst völlig gebrochen werden, um Demut zu lernen und zu akzeptieren, dass es in Ordnung ist, abhängig von anderen zu sein. Menschen zeigen gern ihre Liebe, indem sie helfen, und es ist okay, geliebt zu werden. Neben meiner körperlichen Heilung beginnt also auch ein Heilungsprozess für mein hartes Herz.

»Und ich werde euch ein neues Herz geben und euch einen neuen Geist schenken. Ich werde das Herz aus Stein aus eurem Körper nehmen und euch ein Herz aus Fleisch geben.«

Hesekiel 36, 26

Himmlische Aufgaben

Als ich aus dem Krankenhaus entlassen werde, nehmen meine Eltern mich wieder mit zu sich nach Hause. Meine Genesung schreitet sehr langsam voran. Nach einigen Wochen kann ich tatsächlich wieder schlucken, wenn auch nur mühsam. Mein Schlucknerv funktioniert nicht einwandfrei, sodass ich mich immer wieder verschlucke und lange kämpfen muss, bis ich etwas in meinen Magen bekomme. Mein Essen muss noch monatelang zu Brei zerstampft werden, damit ich überhaupt etwas schlucken kann. Auf meinem Krankenlager habe ich viel Zeit, um nachzudenken, in der Bibel zu lesen und um zu beten. Manchmal denke ich an die Zeit, in der ich Gott noch keinen Raum in meinem Leben gegeben habe. Mir wird deutlich, dass er trotzdem die ganze Zeit seine Hand über mich gehalten hat. Es gab Situationen, in denen ich etwas sehr Dummes tun wollte und mich dann irgendetwas davon abgehalten hat. Gott hat mich vor Drogen bewahrt und davor, mich einem Mann hinzugeben, obwohl viele meiner Freunde vom ersten College vorehelichen Sex hatten.

Wenn ich so in meinem Bett liege, lässt Gott mich immer wieder an bestimmte Menschen denken und zeigt mir, mit welchen Schwierigkeiten sie gerade zu kämpfen haben. Ich beginne für diese Menschen zu beten und ihnen Briefe zu schreiben. In ihren Antwortbriefen fragen sie mich verwundert, woher ich wisse, was sie gerade durchmachten. Ich antworte ihnen, dass ich nichts wisse, aber Gott mir im Gebet Dinge über sie gezeigt und mich dazu ermuntert habe, ihnen zu schreiben.

Aus diesen Briefen und Gebeten entwickelt sich eine Routine, und so bekomme ich bald drei bis fünf Antwortbriefe pro Tag. Außerdem rufen mich täglich mehrere Menschen aus der ganzen Welt an, um mich zu ermutigen oder am Telefon für mich zu beten. Ich kann nicht sprechen, doch ich kann Laute von mir geben und sehr leise flüstern. Es tut mir sehr gut, auf diese Weise mit Menschen in Kontakt zu sein und mich sogar nützlich zu fühlen. Immer wieder bekomme ich Besuch, auch von Menschen, die ich noch nie getroffen habe, die aber von meiner Geschichte gehört haben und für mich beten.

Im März 1998 soll ich zum zweiten Mal operiert werden. Dieses Mal kann ich der OP nicht so gelassen entgegensehen. Ich habe Angst und frage Gott, warum es sein muss, dass ich alles noch einmal durchmachen muss. Er hat mir doch eine so wunderbare Verheißung für mein Leben geschenkt. Wie soll ich jemals den Armen helfen können und Recht sprechen, wenn ich selbst nur ein Häufchen Elend bin, das noch nicht einmal sprechen kann? Ich fühle mich kraftlos und nicht in der Lage, noch einmal gegen den Krebs anzutreten. Doch als ich schließlich deprimiert in einem Rollstuhl in den OP gefahren werde, kommt mir ein Vers aus 2. Chronik 20, 17 in den Sinn: »Ihr werdet diese Schlacht nicht kämpfen müssen. Geht in Stellung; dann verhaltet euch still und seht, wie der Herr siegt.« Ich habe den Eindruck, dass Gott mich fragt: »Pranitha, warum kämpfst du? Habe ich dich darum gebeten? Dieser Kampf gehört mir. Ich möchte nicht, dass du kämpfst. Höre nicht auf, mich zu loben, denn ich werde diesen Kampf für dich kämpfen!« Wieder einmal schafft Gott es, durch den Heiligen Geist mich zu ermutigen. Als ich im OP ankomme, ist meine alte Zuversicht zurückgekehrt. Obwohl ich nur örtlich betäubt werde und alles, was die Ärzte tun, miterlebe, kann ich innerlich ganz ruhig sein und Gottes Perspektive auf meine Situation einnehmen. Die Operation verläuft gut. Trotzdem sagen die Ärzte mir, dass sie nicht alle Krebszellen entfernen konnten und ich in den nächsten Jahren regelmäßig zur Kontrolle kommen müsse, um sicherzugehen, dass der Krebs nicht mehr wächst. Eine Garantie für ein langes Leben könnten sie mir nicht geben, doch vorerst hätten sie alles für mich getan, was in ihrer Macht steht. Auch diesmal folgen danach viele Wochen, in denen ich ans Bett gefesselt bin und Briefe schreibe.

Ich lebe wieder bei meinen Eltern auf dem Krankenhausgelände und freue mich jedes Mal besonders auf die Zeiten, die ich mit

Muniraj verbringen darf. Er ist querschnittsgelähmt, seit er sieben Jahre alt ist. Beim Spielen mit anderen Kindern hat er seine Wirbelsäule an einem scharfen Gegenstand verletzt und ist seither an einen Rollstuhl gefesselt. Er ist sehr weise, und die Gespräche mit ihm helfen mir, neue Perspektiven zu entwickeln. Immer wieder erinnert er mich daran, niemals die Entmutigung über meinen Glauben siegen zu lassen; z. B. führt er mir das Bild eines starken Eichenbaumes vor Augen, der die heftigsten Stürme überstanden hat. Letztlich sind es winzig kleine Termiten, die diesen starken Baum zerstören. Entmutigungen sind genau wie diese kleinen Termiten, die unseren Glauben von innen aushöhlen und uns zu Boden gehen lassen, erklärt er mir. Jedes Mal, wenn ich mit quälenden Schmerzen ringe, erinnere ich mich daran.

Als ich ein bisschen stärker werde, beginne ich kurze Spaziergänge zu machen und in der Kirche von Gottes Güte in meinem Leben zu erzählen, obwohl ich nicht sprechen kann. Dazu lege ich ein Mikrofon an meine Lippen, in das ich leise flüstere. Auf meinem rechten Ohr kann ich mittlerweile wieder ein wenig hören, nachdem mich monatelang ein Tinitus gequält hat.

Schon bald sehne ich mich nach einem richtigen Job. Ich möchte mich nützlich machen und mein eigenes Geld verdienen. Meine Mutter erklärt mich für verrückt. Sie sagt: »Du kannst noch nicht mal deine Nahrung richtig runterschlucken, wie willst du denn arbeiten gehen?« Doch ich bleibe stur und bekomme bald das Angebot, in einem christlichen Buchladen auszuhelfen. Diese Arbeit kann ich auch ohne Stimme tun. Ich brauche den Kunden die gewünschten Bücher nur zu zeigen oder das Geld zu kassieren.

Nach ein paar Wochen werde ich langsam unruhig, weil dieser Job zwar nett ist, jedoch nichts mit der Berufung zu tun hat, die Gott mir in der Kapelle meiner Uni gezeigt hat. Ich weiß, dass Gott einen Plan hat und ich mich für mehr Gerechtigkeit in der Welt einsetzen will. Deshalb bete ich: »Gott, bitte schenk mir einen Job! Du weißt, dass ich kein Vorstellungsgespräch führen kann, weil ich keine Stimme habe, deshalb musst du dich um einen Job für mich kümmern.« Kurz darauf erhalte ich tatsächlich drei verschiedene Angebote. Ein Freund meiner Eltern, der in einem Dienst für an Lepra Erkrankte arbeitet, bietet mir eine Stelle an. Ich erkläre ihm, dass ich nicht mit den Menschen sprechen könne. Er erwidert, es würde völlig ausreichen, wenn ich für sie da wäre und ihnen auf meine Art Trost spenden würde. Dann meldet sich das Krankenhaus, in dem ich operiert wurde. Sie fragen, ob ich als Sozialarbeiterin mit den Hirntumorpatienten arbeiten und ihnen Mut machen möchte, so wie vor meiner Operation. Als Drittes kommt eine Idee von meinem Freund Anand. Während er für mich gebetet hat, kam ihm der Gedanke, dass ich gut für die Arbeit mit Gefangenen und ihren Kindern geeignet wäre, bei einer Organisation, die er kennt. Dort würde ich mich um Kinder von Menschen kümmern, die lebenslänglich im Gefängnis sind. Schließlich stellt er mich den Leitern von »Prison Fellowship« in Karnataka vor, und diese bieten mir eine Stelle an.

Mein erster Job als Sozialarbeiterin

Ich entscheide mich für das dritte Angebot. Obwohl ich mich immer noch nur flüsternd verständigen kann, erhalte ich den Job und ziehe in ein Haus, wo ich mich um 47 schwer traumatisierte Kinder kümmere. Die meisten von ihnen mussten miterleben, wie ihr eigener Vater ihre Mutter ermordete. Die Väter sitzen dafür lebenslänglich im Gefängnis, und die Kinder wurden von ihren Dorfgemeinschaften verstoßen. Ihnen wird nachgesagt, dass sie einmal genauso enden werden wie ihre Eltern. So sind vier- oder fünfjährige Kinder von heute auf morgen auf sich allein gestellt und müssen ums Überleben kämpfen. Wir gehen mit unserem Dienst jeden Mittwoch ins Gefängnis und halten dort einen Gottesdienst. Danach sprechen wir mit den Gefangenen und fragen sie, wo wir ihre Kinder finden können. Wenn uns die Eltern Auskunft gegeben haben, fahren wir in die Dörfer und suchen nach den verstoßenen Kindern. Oft finden wir sie auf der Straße und nehmen sie mit in unser Heim. Eine andere Chance, Fürsorge zu erhalten, haben sie nicht.

Dieser Job ist meine Feuertaufe. Ich bin 23 Jahre alt, habe mich noch nicht vollständig von meinen Operationen erholt und bin ohne Stimme ganz allein für alle Belange des Alltags von 47 traumatisierten Kindern zuständig, 24 Stunden am Tag, sieben Tage die Woche. Ich habe keine Ahnung, wie ich diese Aufgabe meistern soll, und bitte Gott deshalb jeden Tag um Weisheit und Kraft. Ununterbrochen ist das Haus erfüllt von Kindergeschrei, -spielen, -streit, -schritten und ihrem unersättlichen Hunger nach Aufmerksamkeit und Liebe. Mein Direktor Reny George und seine Frau Teena kümmern sich um alle administrativen Aufgaben des Projekts, ein Pastor ist für Einkäufe und Andachten zuständig und einige Ehefrauen von Gefangenen übernehmen die Küchenarbeit.

Ich bewundere meinen Chef und seine Frau sehr. Sie ist eine exzellente Managerin und hält alles zusammen. Er ist selbst ein ehemaliger Gefangener, der 15 Jahre lang eine Strafe verbüßen musste, weil er seinen Onkel und seine Tante ermordet hatte. Nach sechs Jahren im Gefängnis wurde er von einem Bibelvers sehr berührt und hat Jesus in sein Leben gebeten: »Was nützt es einem Menschen, wenn er die ganze Welt gewönne und dabei Schaden an seiner Seele nähme?« (Matthäus 16,26) Die restlichen Jahre im Gefängnis hat er Gott gedient und wurde zu einem großartigen, warmherzigen Mann. Es ist eine Freude, mit diesen Menschen zusammenzuarbeiten. Sie geben mir Halt und ermutigen mich, wenn ich vor lauter Arbeit und Schlafentzug kaum mehr geradeaus gehen kann. In Reny sehe ich deutlich, wie Gott ein Herz verändern kann. Sowohl er als auch seine Frau sind voller Liebe und absolut selbstlos. Ich sehne mich danach, eines Tages wie sie zu sein.

Morgens wecke ich die Kinder und achte darauf, dass jedes einzelne seine Zähne putzt und sich für die Schule bereit macht. Nach dem Frühstück haben wir eine gemeinsame Andacht. Nachmittags helfe ich den Schulkindern bei ihren Hausaufgaben, arbeite künstlerisch mit ihnen, kümmere mich um die Abendtoilette und verbinde ihre Wunden. Viele meiner Schützlinge zeigen starke Verhaltensauffälligkeiten aufgrund ihrer durchlittenen Traumata und sind nur schwer erreichbar. Nach und nach lerne ich, wie ich ihnen am besten zur Seite stehen und helfen kann, ihre Erlebnisse zu verarbeiten. Sie sollen lernen, die Vergangenheit loszulassen und nach vorn zu sehen, um Hoffnung und eigene Ziele im Leben zu entwickeln. Oft werde ich in die Schule gerufen, weil eins der Kinder etwas ausgeheckt hat. Auch für die Teilnahme an Elternabenden bin ich zuständig und dafür, dass alle Kinder das nötige Schulmaterial haben.

Ich leide eigentlich dauernd unter Schlafmangel, weil die Kinder nachts Albträume haben und weinen oder einnässen und frische Kleidung brauchen. Kranke Kinder dürfen bei mir im Zimmer schlafen, sodass ich fast jede Nacht meinen Raum mit mindestens einem fiebernden oder hustenden Kind teile. Doch Gott versorgt mich immer wieder mit der nötigen Kraft und Gelassenheit, um weiterzumachen. Ich erlebe sein überirdisches Eingreifen, was mein Vertrauen in ihn und seine Macht stärkt. Er schenkt mir Liebe für jedes einzelne der mir anvertrauten Kinder, auch wenn viele von ihnen ein abstoßendes Verhalten zeigen. Es ist erfüllend zu sehen, wie die meisten von ihnen von völlig verschreckten, in sich gekehrten Wesen langsam zu ganz normalen Kindern werden: Kinder, die lachen und singen und sich jede Menge Dummheiten einfallen lassen. Wenn sie sich nicht an die Regeln halten, muss ich sie bestrafen. Sie zu schlagen wäre einfach, da sie dies von zu Hause gewohnt sind. Es würde ihnen wenig ausmachen, und sie würden danach einfach da weitermachen, wo sie aufgehört haben. Ich schlage sie aus Prinzip nicht. Als Konsequenz schließe ich sie zum Beispiel für eine Weile vom Spiel aus. Oft betteln sie: »Bitte, Tante, schlag mich, aber lass mich bitte wieder mitspielen!« Wenn es allzu turbulent hergeht und ich mir mit meiner Flüsterstimme kein Gehör verschaffen kann, schreibe ich auf, was ich sagen will, und lasse es von einem der älteren Kinder laut vorlesen. Gott gibt mir eine solche Autorität, dass jedes der Kinder mich respektiert und nicht wagt, meine Anweisungen zu missachten. Die meisten von ihnen haben in ihrem Leben noch keine Erwachsenen kennengelernt, die sie respektieren konnten. Wie schaut man zu einem Vater auf, der seine eigene Frau ermordet? In der Gegend, in der diese Kinder aufgewachsen sind, herrscht viel Kriminalität, Analphabetismus und Armut, was auch dazu führt, dass Eltern nicht wissen, wie sie ihre Kinder wertschätzend erziehen können. Sie wurden in ihrer Kindheit selbst von alkoholkranken Eltern erzogen, denen schnell mal die Hand ausrutschte oder die sie verbal erniedrigt haben. Das Selbstwertgefühl meiner Schützlinge ist gebrochen. Viele von ihnen tragen eine große Unsicherheit und Wut in sich: Wut auf ihre verantwortungslosen Eltern oder Wut auf die Polizisten, die ihre Eltern zum Teil sogar unschuldig haben einsperren lassen. In Indien ist es an der Tagesordnung, dass ein armer Mensch die Straftat eines Reichen verbüßen muss, weil dieser die Polizei bestochen hat.

Ich bringe den Kindern bei, sich selbst wertzuschätzen und ihre eigene Würde kennenzulernen. Immer wieder versichere ich ihnen, dass sie genauso wertvoll sind wie jeder andere Mensch auf der Welt. Egal, welcher Kaste oder Familie sie angehören, sie haben genauso viel Wert wie der Präsident der Vereinigten Staaten oder ihr Lieblingsschauspieler im Fernsehen. Es ist ein langer Prozess, ihr Selbstbewusstsein zu stärken, bei manchen Kindern sogar ein endloser. Doch sie sind dankbar für ihre »Tante Pinky«, die sie liebt und sich nicht von ihnen abwendet, egal, mit wie viel Unfug sie aufwarten. Sie lieben mich und akzeptieren mich, so wie ich bin, ob mit oder ohne Stimme.

Somu*

Eines Tages erfahre ich von einem der Jungen, dass er noch einen älteren Bruder hat. Seine Eltern sind beide im Gefängnis, weil sie einen Nachbarn ermordet haben. Wir wussten bisher nichts von diesem Jungen und fahren zurück in den Ort, wo die Familie gelebt hat, um ihn zu suchen.

Schließlich finden wir tatsächlich einen völlig verstörten Jungen, der sich mehr wie ein scheues Tier verhält als wie ein Sechsjähriger.

Über ein Jahr lang lebt Somu* nun schon allein auf der Straße. Er ist völlig isoliert von den Menschen, die ihn verstoßen haben, hat aufgehört zu sprechen und ernährt sich von Lehm, Sand und Essensresten aus den Mülleimern. Es gab niemanden, der diesen Jungen abends ins Bett gebracht, der sich um ihn gekümmert hat, wenn er krank war, oder ihm auch nur etwas zu essen gegeben hätte. Es ist nicht leicht, ihn davon zu überzeugen, mit uns zu kommen, denn er hat berechtigte Gründe, keinem Menschen zu trauen. Jedes Mal wurde er fortgestoßen oder sogar geschlagen, wenn er sich Hilfe suchend an einen Erwachsenen gewandt hat. Schließlich gelingt es uns, ihn in unser Auto zu locken und zum Heim zu fahren. Dort versuche ich ganz behutsam, ihn an ein normales Leben zu gewöhnen, doch er isst weiterhin jeden Tag Sand und Lehm und zieht sich von den anderen zurück. Es ist kaum möglich, in Kontakt mit ihm zu treten, weil er völlig in sich verschlossen in seiner eigenen Welt lebt. Oft bange ich darum, ihn überhaupt durchzubringen, weil er kein normales Essen anrühren will. Mit viel Geduld bringe ich ihm bei, dass er so sein darf, wie er ist, und ich trotzdem für ihn da sein werde. Ganz langsam gewinnt er schließlich genug Vertrauen, um sich zu öffnen und beginnt wieder zu sprechen. Sein Verhalten ist oft völlig absurd, doch ich kann diesen Jungen einfach nicht bestrafen. Eines Tages finde ich die Sandalen eines anderen Kindes in der Toilette. Das kann nur Somu gewesen sein, denke ich. Ich bete um Weisheit und stelle meinen Schützling zur Rede: »Somu, hast du die Tür abgeschlossen, als du die Sandalen von Kala in die Toilette getan hast?« – »Ja, ich habe die Tür zugemacht, und niemand hat mich gesehen.« Ich muss mir ein Schmunzeln verkneifen. Somu duckt sich, weil er Schläge erwartet, doch ich nehme den verunsicherten Jungen stattdessen auf meinen Schoß und erkläre ihm, dass Kala ihre Sandalen braucht und wir die Toilette jetzt nicht mehr benutzen können. Er lächelt und saugt meine Liebe in sich auf wie ein trockener Schwamm. Wenn jemand versteht, wie es sich anfühlt, Dummheiten zu machen, weil man sich nach Aufmerksamkeit sehnt, bin ich es. Ich spreche mit Somus Lehrern und bitte sie, ihm auch in der Schule zu erlauben, weiterhin Lehm zu essen. Erst als er merkt, dass ihn niemand mehr dazu zwingt, normales Essen zu essen, kann er sich immer mehr darauf einlassen. Nach einigen Monaten intensiver Arbeit mit diesem Jungen erlebe ich, wie er erste vorsichtige Kontakte zu anderen Kindern knüpft, wie er zum ersten Mal lacht und sich immer mehr verhält, wie ein ganz normaler Siebenjähriger. Alle Mühe, alle Kämpfe, alles Verzweifeln war die Mühe wert, und ich kann mir keinen schöneren Lohn vorstellen, als dieses Kind lachen und herumtollen zu sehen.

>>Lasst die Kinder doch zu mir kommen. Hindert sie nicht daran! Denn solchen gehört das Reich Gottes.<<
Lukas 18, 16

Ein perfektes Match?

Wenn ich mit den Kindern allein bin, sehne ich mich manchmal nach einem Partner, der mir zur Seite steht. Gleichzeitig bin ich mir nicht sicher, ob ich heiraten will. Ich möchte keinem Mann eine Ehefrau zumuten, die jederzeit an Krebs sterben könnte. Trotzdem überlege ich mir, welche Eigenschaften mein Partner haben müsste, wenn ich je heiraten sollte: 1. Er soll Jugendpastor sein und einen guten Zugang zu jungen Menschen haben. 2. Er soll Erfahrung mit dem Gebet für Heilung haben. 3. Er soll mich so annehmen, wie ich bin, und mir die Freiheiten einräumen, die ich brauche. Diese drei Kriterien bringe ich auch im Gebet vor Gott. Gleichzeitig glüht in mir immer noch die Hoffnung, eines Tages wieder mit meinem Exfreund Sushir zusammenzukommen. Ich möchte, dass Gott das Unmögliche möglich macht, und kann meine erste große Liebe einfach nicht loslassen. Doch immer wieder muss ich erleben, dass jeder Versuch, Kontakt zu ihm aufzunehmen, zum Scheitern verurteilt ist. Sushir fühlt einfach nicht genau so für mich, wie ich für ihn. Immer deutlicher wird mir dadurch bewusst, dass mich dieses Festhalten nirgendwo hinführen wird, sondern nur Schmerzen verursacht. Es ist nicht leicht, doch ich entscheide mich schließlich, nicht mehr auf ein gemeinsames Leben mit Sushir zu hoffen. Kaum habe ich die Entscheidung getroffen, diese Beziehung endgültig aufzugeben, taucht er auf: der perfekte Partner für meinen Lebensplan. Joshua* ist Jugendpastor. Schon viele Menschen wurden durch seine Gebete von Krankheiten geheilt. Er weiß, dass ich nicht sprechen kann, und nimmt mich trotzdem so an, wie ich bin. Auch ich entspreche seinen Wünschen an eine zukünftige Partnerin: Ich arbeite mit jungen Menschen und setze mich mit ganzer Kraft für Gott ein. Wir sind uns einig, dass wir füreinander bestimmt sein müssen, und erzählen unseren Eltern, dass wir entschieden haben zu heiraten. Nicht, weil wir ineinander verliebt sind, sondern weil unsere Dienste so gut zusammenpassen. Bevor ich Joshuas Eltern kennenlerne, will er ihnen ein Foto von mir schicken und bittet mich, dafür einen traditionellen Sari zu tragen. Das ist ein großes Tuch, das indische Frauen sich so geschickt umwickeln, dass es aussieht wie ein Kleid. Ich werde ein bisschen stutzig. Ich liebe Saris

93

und als Sozialarbeiterin trage ich sie immer auf der Arbeit. Doch anhand der Kleidung über den Charakter und die Persönlichkeit eines Menschen zu urteilen, ist mir unangenehm. Am wohlsten fühle ich mich in modernen Hosen und T-Shirt, was Joshua auch weiß. Wenn er seinen Eltern jetzt eine Sari-Frau »verkaufen« möchte, bedeutet das wohl, dass ich nach unserer Hochzeit für den Rest meines Lebens Saris tragen und mich so verhalten soll, wie sie es von mir erwarten. Außerdem bittet er mich, ihnen nichts von meinem Tumor zu erzählen. Ich fühle mich unwohl bei dem Gedanken, meinen zukünftigen Schwiegereltern erklären zu müssen, dass ich keine Stimme habe, ohne den Krebs zu erwähnen. Diese Dinge lassen einen leisen Zweifel in mir aufkeimen.

94

Geschenke des Himmels

Jeden Morgen, wenn ich aufstehe, lobe ich Gott dafür, dass er mir wieder eine Stimme schenken wird. Ich mache die Stimmübungen, die mir die Ärzte empfohlen haben, doch alles, was ich herausbringe, ist ein Flüstern. Auch fast ohne Stimme singe ich täglich Lieder mit den Kindern und lasse mich nicht entmutigen. Ganz fest bin ich davon überzeugt, dass Gott mir eines Tages wieder eine Stimme schenken wird, auch wenn die Ärzte dies für unmöglich halten. Im Oktober 1999 veranstalte ich ein Picknick mit den Kindern. Wir singen fröhliche Lieder und auf einmal höre ich, wie meine Stimme lauter wird. Sie klingt etwas merkwürdig und ist sehr tief. Von da an wird sie immer wieder lauter, wenn ich singe, und manchmal auch beim Sprechen. In den nächsten Wochen verändert sich diese raue »Männerstimme« und wird etwas höher, doch sie bleibt immer noch recht leise und brüchig. Ich preise dennoch meinen Vater im Himmel und muss an die Verse denken, die er mir in Jesaja 42 zugesprochen hat: »Er wird weder schreien und lärmen noch seine Stimme auf der Straße hören lassen.« Gott reicht eine leise Stimme aus, um mich für seinen Plan zu gebrauchen.

Bei einem Besuch in Chennai erzähle ich all meinen Freunden von Joshua und meiner bevorstehenden Hochzeit – allen außer Timmy. Mir ist klar, dass er es natürlich auch wissen muss, als mein bester Freund und ehemaliger Verehrer, doch irgendetwas sträubt sich in mir, es ihm zu erzählen. Wir gehen gemeinsam in die Kirche, wo ich ihm sage, dass ich ihm etwas erzählen müsse. Nach dem Gottesdienst fragt er, was ich ihm denn sagen wolle, doch ich lenke vom Thema ab. Danach gehen wir zusammen essen. Auch da schaffe ich es einfach nicht, Timmy von Joshua zu erzählen, genauso wenig wie später beim Kaffee. Nachmittags sind wir noch zusammen am Strand, wo die ganze Stadt versammelt ist, um die Übertragung des Finales der Kricket-Weltmeisterschaft zu sehen, doch auch da kann ich ihm einfach nichts von meinen Heiratsplänen sagen. Am nächsten Tag fahre ich unverrichteter Dinge nach Hause. Deshalb schreibe ich ihm schließlich einen langen Brief, in dem ich von Joshua berichte und ihm mitteile, dass wir uns entschieden haben zu heiraten.

Am Sonntag darauf beim Einkaufen sehe ich ein T-Shirt und ertappe mich, wie ich an Timmy denken muss – dieses T-Shirt würde ihm so gut stehen. Ich kaufe es für ihn und muss mich ernsthaft fragen: Warum heirate ich diesen Jugendpastor, den ich nicht liebe, und denke beim Shoppen an meinen guten Freund, der mir so viel

95

mehr bedeutet? Als ich zu Hause ankomme, bete ich: »Gott, wenn Joshua nicht der Mann ist, den ich heiraten soll, mach mir das bitte deutlich.«

Am nächsten Tag kommt Joshua zu mir und sagt: »Pinky, ich glaube, unsere Idee mit der Hochzeit ist nicht von Gott. Wir sollten das sein lassen.« Ich antworte erleichtert: »Stimmt, das glaube ich mittlerweile auch.« Am liebsten würde ich Luftsprünge machen vor Erleichterung.

Am selben Tag erhält Timmy meinen Brief und ruft mich sofort aufgeregt an: »Pinky, ich freue mich so für dich!« Ich erwidere: »O nein, Timmy, das verstehst du jetzt nicht, ich bin nicht glücklich mit Joshua, und ich werde ihn auch nicht heiraten.« Daraufhin wird Timmy richtig wütend: »Erklär mir mal, was bei dir nicht in Ordnung ist! Ich komme sofort, um dich zur Vernunft zu bringen! Du kannst nicht dein Leben lang auf diesen Exfreund hoffen. Hast du denn immer noch nicht begriffen, dass er dich nicht will? Er wird dich niemals heiraten! Vergiss diesen Typen, und bring dein Leben in Ordnung!« Ich bitte ihn: »Nein, komm nicht her, Ich komme am Wochenende sowieso zu einer Hochzeit nach Chennai, da können wir in Ruhe reden.«

Wie Schuppen fällt es mir jetzt von den Augen, dass ich eigentlich schon lange Gefühle für Timmy habe, die ich mir aber nie eingestehen wollte. Er ist zwar kein Jugendpastor, doch er kann super mit jungen Menschen umgehen und lebt sein Leben für Gott. Jugendliche fühlen sich von ihm angezogen und verändern ihr Verhalten, allein indem sie Zeit mit Timmy verbringen. Gott musste erst mein stereotypes Bild von einem passenden Partner aufbrechen, bevor ich diese Gedanken zulassen konnte. Jetzt ist mir klar, dass Jugendpastor sein mehr ist, als von der Kanzel zu jungen Menschen zu predigen. Timmy widmet Gott und den Jugendlichen sein Leben.

Außerdem fühle ich mich mit keinem anderen Menschen auf der Welt so wohl und so verbunden wie mit ihm. Er kennt meine Vergangenheit, meine Krankheit und meine Art, mich ganz in meine Arbeit zu stürzen. Trotzdem nimmt er mich an, wie ich bin, und verlangt nicht von mir, mich zu ändern.

Ich setze mich also ganz aufgeregt über diese neu gewonnene Erkenntnis in den Zug nach Chennai und überlege mir, was ich Timmy sagen soll. Als ich dort ankomme, erfahre ich, dass Timmys Eltern ärgerlich auf ihn sind. Weil ich sie sehr mag, nehme ich ihn mir erst einmal vor und halte ihm eine einstündige Lektion darüber, wie man sich als verantwortungsvoller Sohn zu verhalten habe. Dass er sich um seine Eltern kümmern und auf seine Mutter hören soll und so weiter. Timmy kennt das von mir, weil ich mich schon oft wie seine große Schwester verhalten habe. Als ich fertig bin, werde ich ein bisschen sanfter und frage ihn, ob er sich noch daran erinnert, dass er mal interessiert an mir gewesen sei und ob er es immer noch ist? Timmy schaut mich verdutzt an und sagt: »Nein, Pinky, das bin ich nicht!« Damit habe ich nicht gerechnet. Ich bin so vor den Kopf gestoßen und durcheinander, dass ich einfach anfange zu weinen. Davon wiederum ist Timmy sehr verwirrt. Er hat mich noch nie weinen sehen. Keiner meiner Freunde hat das je. Timmy tritt ein wenig verunsichert von einem Fuß auf den anderen und schaut mich verstohlen an. Schließlich sagt er: »Lass uns morgen früh weiterreden!« und verschwindet. Ich weiß nicht, was ich nun tun soll. Ich hoffe und bete einfach nur, dass er seine Meinung ändern wird, etwas anderes kann ich mir nicht vorstellen. Am nächsten Tag habe ich neuen Mut gefasst und halte ihm eine kleine Ansprache: »Timmy, ich möchte den Rest meines Lebens mit dir verbringen. Ich weiß, dass ich mir das früher nicht vorstellen konnte, doch jetzt ist mir klar geworden, dass ich dich eigentlich

97

die ganze Zeit schon geliebt habe. Du bist der Mensch, mit dem ich mich am wohlsten fühle. Du weißt, dass es keine Garantie für mein Leben gibt, doch ich bin jetzt davon überzeugt, dass ich trotzdem gern heiraten möchte. Bitte denk darüber nach!« Ich drücke ihm das T-Shirt in die Hand, das ich für ihn gekauft habe, und lasse einen völlig verdutzten Timmy zurück, um mich auf den Heimweg zu machen. Es folgen die wahrscheinlich längsten Stunden meines Lebens, in denen ich an nichts anderes denken kann als an Timmy. Am nächsten Tag erlöst mich endlich das Klingeln des Telefons, das ich schon seit geraumer Zeit anstarre. Ich greife nervös zum Hörer. Timmy, der kein Mann großer Worte ist, teilt mir seine Entscheidung mit: »Ich habe es mir überlegt. Ich möchte dich heiraten.« Erleichtert seufze ich auf, bevor ich ihm sage, wie sehr ich mich freue. Ich spüre, wie meine Anspannung weicht und sich langsam ein tiefer Frieden in mir ausbreitet. Von Timmy erfahre ich, dass er schon, seit er mich kennt, in mich verliebt ist. Meine Verrücktheit habe ihn von Anfang an fasziniert. All die Jahre habe er auf mich gewartet und irgendwie innerlich gewusst, dass ich ihn auch mögen würde. Als wir auflegen, rufe ich sofort meine Eltern an, um von unserer Entscheidung zu berichten.

Das ist im Dezember. Weil ich in meinem Job so eingespannt bin und eine weite Distanz zwischen Timmy und mir liegt, sehen wir uns in den nächsten Monaten gar nicht. Im April entscheiden wir schließlich, dass ich meine Arbeit kündigen und nach Chennai ziehen werde. Es fällt mir nicht leicht, die Kinder zu verlassen und mich von meinen Vorgesetzten zu trennen, doch ich spüre deutlich, dass Gott eine neue Aufgabe für mich hat.

Chennai

Timmy arbeitet als Grafikdesigner und Musiker beim »Hindustan Bible Institut« (HBI), einem großen Missionswerk der Evangelischen Kirche Indiens. Unter anderem spielt er als Schlagzeuger in einer Rockband, deren Mitglieder Anbetungslieder für Gott schreiben (A2J – Addicted to Jesus) und Bands für Jugendliche leiten. Während eines Konzertes von A2J stellt mich jemand Dr. Bobby Gupta, dem Geschäftsführer von HBI, vor. Er stellt mir ein paar Fragen, und noch bevor das Konzert zu Ende ist, macht er mir das Angebot, beim HBI ein Programm zur Förderung kindlicher Entwicklung aufzubauen. Gern nehme ich die Stelle an, und so arbeiten Timmy und ich fortan für denselben Arbeitgeber. Wir verhalten uns sehr professionell, sodass unsere Kollegen nichts von unserer Beziehung bemerken. Meine Mutter fühlt sich jedoch nicht wohl mit dem Gedanken, dass wir unverheiratet in derselben Stadt wohnen und zusammen arbeiten. Die Leute könnten über uns reden. In Indien ist es nicht üblich, aus Liebe zu heiraten und sich vor der Hochzeit zu treffen. Sie möchten am liebsten, dass wir sofort heiraten. Timmys Mutter wiederum findet, er sei mit 23 Jahren noch zu jung zum Heiraten. Sie möchte gern, dass wir bis zu seinem 25. Geburtstag warten. Das ist uns aber zu lang, und so beschließen wir im Mai 2000, uns zu verloben. Die Verlobungsfeier findet in meiner Geburtsstadt Yadgir statt. Viele unserer Freunde aus Chennai machen sich extra auf die Tagesreise in meine alte Heimat. Wir feiern schließlich mit 150 Gästen ein ausgelassenes Fest, was für eine indische Verlobung ganz normal ist. Unsere Familien lernen sich kennen, es gibt ein traditionelles Abendessen und Reden werden gehalten. Manche unserer Freunde können noch gar nicht glauben, dass Timmy und ich jetzt ein Paar sind. Sie kennen uns nur als gute Freunde, die sich eher wie Geschwister verhalten. Doch sie beglückwünschen uns zu unserem Schritt und finden, dass wir super zusammenpassen: der stille Timmy, der wie ein Fels in der Brandung wirkt, und die übermütige Pinky, die den Kopf voll verrückter Ideen hat und immer in Aktion ist. Unsere Hochzeit planen wir für das kommende Jahr im Mai 2001.

Leben in einem indischen Dorf

Ich lebe in einer kleinen Einzimmerwohnung auf dem Campus-Gelände vom HBI (Hindustan Bible Institut) mitten in der lauten, chaotischen Metropole. Nach unserer Verlobung kommt meine kleine Schwester Poornima nach Chennai und zieht bei mir ein. Genau wie ich, macht sie ihren Master in Sozialarbeit am »Madras Christian College« und muss jeden Tag über eine Stunde lang zum Unterricht fahren. In mir erwachen alte Große-Schwester-Gefühle und so packe ich ihr morgens ihr Essen ein und bringe sie noch nach draußen. Abends sitzen wir oft zusammen und erzählen uns, was in unseren Leben so passiert. Sie lernt ihren zukünftigen Mann kennen, und ich stürze mich voll und ganz in meine Arbeit. Das HBI arbeitet mit über 5000 Kirchen im ganzen Land zusammen. Da zwei Drittel der indischen Bevölkerung auf dem Land lebt, sind die meisten Kirchen in Dörfern. Ein Großteil der Menschen lebt hier in sehr ärmlichen Verhältnissen und hat gerade genug, um zu überleben. Jedes zweite Kind ist unterernährt. Sie haben gar keine oder eine sehr schlechte Bildung. Jeder vierte Inder ist Analphabet. Die Armen können kein Geld für die Miete einer Wohnung aufbringen. Mit dem, was sie finden, bauen sie sich notdürftige Hütten, aus Lehm, Steinen, Zeltplanen, Wellblech, Palmblättern oder Holz. Etwas besser verdienende Familien können sich kleine Stein- oder Lehmhäuser leisten. So ein Haus besteht nur aus einem einzigen Raum, in dem die ganze Familie zusammen auf der bloßen Erde oder auf Strohmatten schläft. Strom und fließendes Wasser gibt es meist nicht. Häufig haben sie überhaupt keinen Zugang zu sauberem Wasser und müssen kilometerweit laufen, um Wasser aus einem Fluss oder Brunnen zu holen, das sie abkochen. Obwohl Indien genug Nahrung für alle hätte, sterben jährlich mehr als eine Million Kinder an den Folgen von Hunger und Unterernährung. Hunderte Säuglinge überleben nicht einmal ihre ersten Lebenswochen. Der Staat hat den Lebensmittelmarkt fest im Griff. Viele Tausend Tonnen Getreide verrotten in Lagern, weil auf höhere Verkaufspreise spekuliert wird, anstatt Sorge dafür zu tragen, dass alle satt werden und sich auch die Armen genug zum Leben leisten können. Die durchschnittliche Lebenserwartung in Indien beträgt 65,96 Jahre (Anm. der Autorin: was 15 Jahre weniger als in Deutschland sind).

Ihre Notdurft verrichten die meisten Menschen auf den Feldern, denn Toiletten können sie sich nicht leisten. Die wenigsten Dorfbewohner haben feste Jobs. Täglich machen sie sich auf den Weg zu den größeren Straßen, um ihre Arbeitskraft anzubieten. Dort sitzen sie in der prallen Sonne und hoffen auf vorbeifahrende Arbeitgeber, die nach Unterstützung für den Tag oder vielleicht sogar für ein paar Wochen suchen. Oft gehen sie leer aus. Auch aus diesem Grund ist

Alkoholismus sehr stark verbreitet und ein großes Problem bei den Männern der ärmeren indischen Bevölkerung. Wenn tatsächlich mal ein Wagen anhält und den Wartenden einen Job auf den Feldern, Plantagen oder in einer Fabrik angeboten wird, fahren sie dankbar mit, ohne vorher über den Lohn zu verhandeln. Jedes Angebot ist besser als gar kein Angebot. Sie hoffen mit den wenigen Rupien, die sie verdienen, am Abend wenigstens für diesen Tag ihre Familien satt zu bekommen. Der gesetzliche Mindestlohn in Indien liegt bei 125 Rupien für einen Arbeitstag, was umgerechnet knapp zwei Euro sind. Doch die wenigsten Arbeitgeber halten sich daran, sodass die Armen schon froh über einen Euro am Tag sind. Es gibt einfach zu viele potenzielle Arbeitskräfte und zu wenig Arbeit in meinem überbevölkerten Land. Auch weil es kaum Möglichkeiten gibt, die Gesetze zum Arbeitnehmerschutz durchzusetzen und Arbeitgeber zu bestrafen, können sie sich quasi alles erlauben. Wenn es in einem Dorf schwer wird, Arbeit zu finden, ziehen die Familien weiter, um woanders ihr Glück zu versuchen. Manche Familien besitzen eine Kuh oder ein paar Hühner und versuchen mit dem Verkauf von Milch oder Eiern ihren Lebensunterhalt aufzubessern. Die Tiere laufen frei im Dorf herum, zwischen all den bunten Behausungen, dem Müll, der achtlos am Straßenrand liegt, und den Menschen ohne Zukunftsperspektive. Die arme Dorfbevölkerung sieht keinen Sinn darin, ihre Kinder zur Schule zu schicken, oder will ihnen die weiten Fußmärsche nicht zumuten, da es hier keine öffentlichen Verkehrsmittel gibt und sie unterwegs nicht vor Gewalt geschützt sind. Es existiert Schulpflicht in Indien und per Gesetz sollte es pro Quadratkilometer bewohnter Fläche eine Schule geben. Jedes Kind bis 14 Jahre hat laut Verfassung das Recht und auch die Pflicht, kostenlose Schulbildung in Anspruch zu nehmen. Doch diese Versprechen blieben bisher uneingelöst. Papier ist bekanntlich geduldig und wo kein Kläger ist, da ist auch kein Richter. Wenn es überhaupt in erreichbarer Nähe eine Schule gibt, besteht sie meist nur aus einer Baracke mit einem einzigen Klassenraum. Häufig findet der Unterricht auch unter freiem Himmel statt. Kinder von der armen Landbevölkerung, die meist der untersten Kaste angehören oder Kastenlose sind, werden in den Schulen benachteiligt, diskriminiert und zum Teil gar nicht beschult. Manche Eltern lassen ihre Kinder deshalb tagsüber unbeaufsichtigt im Dorf spielen, wo sie schutzlos auf sich allein gestellt sind. Nicht selten passiert es, dass sie Opfer von sexuellem Missbrauch oder Gewalt werden. Die meisten Eltern sind jedoch auf zusätzliche Arbeitskräfte angewiesen und nehmen ihre Kinder mit auf die Felder und in die Fabriken, wo schon die Kleinsten bei der schweren körperlichen Arbeit helfen müssen. So wachsen sie ganz natürlich in den Armutskreislauf hinein und können sich gar kein anderes Leben vorstellen. HBI möchte das durchbrechen und den Kindern durch Bildung ermöglichen, einen anderen Weg einzuschlagen. Ich erinnere mich an die Fahrten mit meiner Familie in die Dörfer und wie traurig ich als Kind über die Verhältnisse war, in denen manche Kinder aufwachsen mussten. Nun ganz praktisch etwas für sie und ihre Zukunft tun zu können, motiviert mich und erfüllt mich mit Dankbarkeit.

Entwicklungszentren für Kinder

Das HBI hat begonnen, Tageszentren für Kinder zu errichten. Doch die finanziellen Mittel machten dies bisher nur in ein paar wenigen Gemeinden möglich.

Eines Tages saß das Team zusammen und überlegte, wie sie die Arbeit weiter ausbauen könnten. Auf einmal kam jemand auf die Idee, keine eigenen Gebäude zu bauen, sondern einfach die Kirchen dafür zu nutzen.

Da die Kirchengebäude nur sonntags und ab und zu abends für Bibelstunden genutzt würden, könnte doch wochentags dort ein Programm für Kinder stattfinden. Diese Idee war genial! Und so begannen sie mithilfe der Pastoren ehrenamtliche Helfer zu suchen und tagsüber die Kinder in den Kirchen zu betreuen. Da diese Arbeit noch keinerlei Struktur hatte, wurde meine Stelle geschaffen, um ein Konzept zu erarbeiten, die Kinder bestmöglich zu fördern und die Arbeit weiter auszubauen.

Mithilfe der Erfahrungen aus meinem letzten Job und einiger Recherchen beginne ich zu schreiben. Immer wieder gelange ich an Grenzen und frage Gott um Rat, der mir auf wunderbare Weise weiterhilft: sei es durch eine gute Idee, Fachliteratur oder durch andere Personen und ähnliche Projekte, die es schon gibt. Ich nenne das Konzept »Child Development Center« (Entwicklungszentrum für Kinder). Die kindliche Entwicklung soll in den Zentren ganzheitlich gefördert werden. Neben schulischer Hilfe sollen sie auch gesundheitliche Versorgung erhalten, soziale und lebenspraktische Verhaltensweisen erlernen, von Gott hören und vor Gewalt geschützt werden.

Als mein Konzept so weit ausgearbeitet ist, dass es in die Praxis umgesetzt werden kann, fahre ich damit von Dorf zu Dorf, um die Verantwortlichen der Zentren zu unterrichten. Das ist eine spannende Angelegenheit, denn indische Pastoren akzeptieren keine Frauen über sich. Deshalb warten meine Freunde und Vorgesetzten gespannt ab, was ich von meinen Reisen berichten werde.

In manchen Dörfern weigern sich die Pastoren tatsächlich, mich zu akzeptieren, als sie merken, dass eine Frau geschickt wurde, um sie zu unterrichten. Mit Strenge und Beharrlichkeit muss ich mir ihren Respekt erarbeiten. Timmys bester Freund Paul ist beeindruckt: »Pinky, ich habe mich echt gefragt, wie du es als kleines städtisches Mädchen anstellen wirst, mit den Pastoren zu arbeiten. Die denken doch: Was will die uns denn sagen? Was hat sie schon für eine Ahnung von den harten Lebensbedingungen hier im Dorf? Es ist wirklich beeindruckend, zu sehen, wie Gott durch dich wirkt. Ich weiß ja, dass du eine smarte Frau bist und mehr in dir steckt, als man auf den ersten Blick erkennt, doch dass die Leute dir mit deiner leisen Stimme überhaupt zuhören, muss Gottes Wirken sein.«

Schließlich bringe ich den Pastoren, Lehrern und ehrenamtlichen Helfern bei, wie sie den Tag für die Kinder am besten strukturieren und welche Inhalte sie ihnen beibringen sollen. Auch eine warme Mahlzeit pro Tag sollen die Kinder erhalten, um Unter- und Mangelernährung entgegenzuwirken.

Schon allein wegen der Mahlzeiten und weil die Kindern in den Zentren nicht mehr allein und schutzlos im Dorf spielen müssen, nehmen viele Familien das Angebot dankbar an. Es spricht sich schnell herum, sodass sich in den Kirchen bald eine bunte Mischung von Kindern aus hinduistischen, muslimischen, buddhistischen und christlichen Familien tummelt. Es wird gesungen, gemalt, gerechnet, musiziert und vieles mehr. Abends erzählen die

Kinder ihren Eltern, was sie tagsüber gelernt und erlebt haben. Ihre strahlenden Augen und ihr verändertes Sozialverhalten machen die Eltern neugierig, sodass auch immer wieder Erwachsene den Kopf zur Kirchentür hereinstecken oder sonntags die Gottesdienste besuchen. Schon bald gründe ich deshalb auch Gruppen für Eltern, um sie z. B. darin zu unterrichten, ihre Kinder ohne Gewalt zu erziehen und ihre Behausungen sauber zu halten. Ich wecke in ihnen die Hoffnung, dass ihre Kinder einmal ein besseres Leben führen können, wenn sie ihnen Zugang zum Bildungssystem ermöglichen. Sie sollen sie nicht nur als zusätzliche Arbeitskräfte oder hungrige Mäuler sehen, sondern als Hoffnungsträger für die Dorfgemeinschaften. Einige der Mütter und Väter beginnen sich ehrenamtlich in den Zentren zu engagieren. Viele Familien finden durch das Programm zum christlichen Glauben. Sie erleben die Kirchen nicht mehr nur als Institution, sondern als Dienst an der Gemeinschaft, durch den ihr alltägliches Leben an Qualität gewinnt. Durch die Arbeit mit den Kindern verändern sich also langsam ganze Dörfer. Kinder werden respektvoller behandelt und Menschen erleben, wie zufrieden es macht, sich für eine gute Sache zu engagieren. Immer mehr Kinder erlangen höhere Schulabschlüsse und erarbeiten sich dadurch Möglichkeiten auf bessere Arbeitsstellen.

Ich entwerfe ein System, wie die Mitarbeiter für jedes einzelne Kind Entwicklungsberichte führen können, um sie dem HBI vorzulegen. Wenn ein Kind mit seiner Familie in ein anderes Dorf zieht, wird der Bericht an die dortigen Mitarbeiter weitergegeben, sofern in dem anderen Dorf auch ein Zentrum existiert. Die Berichte werden mit Fotos ergänzt. So erhalten wir bald verlässliche Zahlen darüber, wie viele Kinder wieder die Schulen besuchen oder sogar ein Studium antreten. Anfangs unterstützt das HBI jedes Zentrum finanziell, mit dem Ziel, dass die »Child Development Center« (CDC) nach fünf Jahren auf eigenen Beinen stehen und sich finanziell selbst tragen können. Das gelingt in einigen Gemeinden, da auch die Mitgliederzahlen durch das Programm steigen und die Kirchen deshalb mehr Geld zusammenlegen können. In anderen Gemeinden ist es schwierig, sodass die Förderung verlängert werden muss oder die Zentren ihre Arbeit einschränken.

Hochzeitsvorbereitungen

Neben der Arbeit kümmere ich mich um die Organisation unserer Hochzeit. Eine Hochzeit zu planen ist ohnehin schon anstrengend, doch in Indien ist es eigentlich ein Fulltime-Job. Allein die Ausarbeitung der Gästeliste erfordert Tage, weil wir auf keinen Fall jemanden vergessen dürfen. Die Vorgesetzten und Kollegen unserer Eltern müssen bedacht werden. Timmys Mutter ist Schulleiterin und hat viele Kollegen. Dazu kommen die Mitglieder des Missionswerks meiner Eltern. Viele dieser Menschen habe ich noch nie in meinem Leben getroffen. Doch um die Ehre unserer Familien zu wahren und die Arbeitsstellen unserer Eltern nicht zu gefährden, müssen alle eingeladen werden. Nach zahlreichen Telefonaten und nächtlichen Sitzungen haben wir eine Liste von rund 1500 Personen zusammengestellt, was hier eine ganz normale Größenordnung ist. Timmy gestaltet die Einladungskarten, und ich bin dafür verantwortlich, mich um Unterkünfte für all die Gäste zu kümmern, die nicht in Chennai leben.

Die nächste Herausforderung ist es, ein Programm für den Gottesdienst und das Fest zu erarbeiten, weil wir aus unterschiedlichen Gemeindehintergründen kommen, die verschiedene Traditionen haben. Alle fünf Kirchenoberhäupter, mit denen mein Vater zusammenarbeitet, müssen in die Gottesdienstgestaltung einbezogen werden. Einen Bischof teilen wir für die Begrüßung der Gäste ein, einen anderen für die Trauung und einen dritten für das Gebet. Durch Timmys familiäre Herkunft fließen auch englische und niederländische Hochzeitsbräuche mit in unsere Überlegungen ein. Wir entschließen uns z. B. Anbetungslieder im Traugottesdienst zu singen, was in Indien nicht üblich ist, und auch Eheringe zu tauschen. Indische Tradition ist es stattdessen, dass der Bräutigam der Braut einen Tali, ein goldenes Amulett an einer gelben Schnur, um den Hals legt.

Obwohl ich als drittes Kind geboren wurde, bin ich die erste von meinen Geschwistern, die heiratet. Meine ältere Schwester Priscilla ist mit einem acht Jahre jüngeren Mann verlobt. Die beiden müssen noch warten, bis er 21 Jahre alt wird, um vor dem indischen Gesetz heiraten zu dürfen.

Die meisten indischen Bräute heiraten in einem Sari, was meiner Mutter und meinem Großvater auch für meine Hochzeit sehr wichtig ist. Ich würde lieber ein klassisches weißes Kleid tragen. Deshalb entscheide ich mich für einen Kompromiss. In der Kirche trage ich weiß und für den Abend suche ich mir einen roten Sari mit Goldverzierungen aus.

Natürlich ist es meinen Eltern mit ihren knappen Gehältern nicht möglich, die gesamte Hochzeit zu finanzieren. Timmys Eltern tragen einen Teil bei, und auch wir legen unsere Ersparnisse zusammen. Um die Raummiete möglichst gering zu halten, buchen wir für unsere Feier am Abend die Aula der Schule, in der Timmys Mutter unterrichtet, und investieren unser Geld in das Hochzeitsessen.

Je näher der große Tag rückt, desto drückender und heißer wird das Wetter in Chennai. Immer weniger Leben findet auf der Straße statt. Wann immer es möglich ist, hält man sich in geschlossenen Räumen mit eingeschalteten Ventilatoren oder brummenden Klimaanlagen auf. Vor dem 26. Mai nehme ich mir eine Woche Urlaub und stürze mich in die abschließenden Vorbereitungen: Essen, Dekoration, Anreise der Gäste. Eigentlich will meine Mutter ein paar Tage vor der Hochzeit kommen, um mich zu unterstützen, doch sie fällt und bricht sich ein Bein, weshalb sie zu Hause bleiben muss.

Bis zur letzten Minute vor dem Traugottesdienst bin ich an meinem Handy, um alles zu koordinieren.

Der große Tag

Als ich schließlich am 26.05.2001 in die festlich mit Blumen geschmückte Kirche trete, blicke ich in Hunderte erwartungsvolle Gesichter. In der Luft liegt ein Knistern. Überwältigt von der Vielzahl geliebter Menschen, die teilweise von weit her angereist sind, muss ich erst einmal tief durchatmen und mir bewusst machen, dass ich mich gerade auf meiner eigenen Hochzeit befinde. Das Ziel all der Mühen und schlaflosen Nächte der letzten Wochen ist erreicht. Mein Vater führt mich andächtig zum Altar, wo er mich dem stolzen Bräutigam übergibt. Endlich dürfen wir öffentlich zeigen, dass wir ein Paar sind, und uns an den Händen halten.

Während des Gottesdienstes gelingt es mir, mich für ein paar Momente zu entspannen und die musikalischen Beiträge unserer Freunde zu genießen. Danach beginnt einer der anstrengendsten Tage meines Lebens. Unsere 1500 Gäste müssen alle persönlich begrüßt werden. Ich bemühe mich, möglichst mit jedem oder wenigstens mit den Arbeitskollegen unserer Eltern ein paar freundliche Worte zu wechseln und mich für ihre Geschenke zu bedanken. Die Bühne ist in Blau und Weiß geschmückt. Meine beste Freundin Sheeba hält die Eröffnungsrede. Sie erzählt von Erlebnissen mit mir und wie überrascht alle waren, als Timmy und ich verkündet haben, dass wir heiraten werden. Mittlerweile könne sie sich keine bessere Ergänzung für mich vorstellen und sie wünsche uns allen Segen des Himmels. Timmy erwidert ihre Rede. Einige der Gäste haben meinen schweigsamen Bräutigam wahrscheinlich noch nie so viele Sätze am Stück reden hören. Auch wenn er absolut nicht der Typ ist, der gern vor einer Menschenmenge spricht, erfüllt er seine Aufgabe mit Bravour. Ich bin ganz gerührt und stolz auf ihn. Es ist typisch für Timmy, in entscheidenden Momenten die Qualität zu entwickeln, genau das Richtige zu tun. Danach folgt einer der Höhepunkte des Abends. Timmys Band spielt für uns einen unserer Lieblingssongs, »Beyond belief« von Petra. Der Bräutigam sitzt höchstpersönlich hinter dem Schlagzeug. Die Hochzeitstorte wird bei indischen Hochzeiten von einer Person angeschnitten, die eine besondere Rolle im Leben des Brautpaares spielt. Wir haben uns entschieden, Reny George, meinen ehemaligen Chef von »Prison Fellowship«, zu fragen, der seine Aufgabe stolz ausführt. Nach dieser feierlichen Zeremonie füttern Timmy und ich uns gegenseitig mit Torte und laden auch die Gäste zu einem Stück des zuckersüßen Sahnekunstwerkes ein. Normalerweise würden wir nun noch mit jeder eingeladenen Familie ein

Foto schießen, doch es ist schon sehr spät und sieht nach Regen aus. Deshalb schaffen wir es nur noch mit der Hälfte der Gäste Fotos zu machen. Auch das ist eine Herausforderung, weil von uns ein Dauerlächeln gefordert ist.

An langen Tischen erhalten unsere Gäste schließlich das traditionelle indische Hochzeitsessen, das aus Reis mit Hühnchen und verschiedenen Soßen besteht. Gegessen wird selbstverständlich mit der rechten Hand. Ein munteres Plaudern und Schmatzen erfüllt den Raum, der nach indischen Gewürzen duftet. Wenn eine Gruppe die Mahlzeit beendet hat, setzt sich die nächste an die Tische. An einem Ende des Raumes stehen lange Waschbecken mit vielen Wasserhähnen, weil sich jeder vor und nach dem Essen die Hände wäscht. Nur ich komme den ganzen Tag nicht dazu, irgendetwas zu mir zu nehmen; dafür bin ich viel zu nervös und beschäftigt. Jetzt gibt es auch Wein für die Gäste, und die Stimmung wird immer ausgelassener. Spät in der Nacht fallen wir vollkommen erschöpft ins Bett eines beliebigen Hotels, das ich gerade noch rechtzeitig für uns reservieren konnte. Beinahe hätte ich dieses Detail bei meinen Hochzeitsvorbereitungen vergessen.

Flitterwochen

Am nächsten Morgen erwache ich mit Verspannungen im Gesicht. Auch der Rest meines Körpers fühlt sich an, wie nach einem Marathonlauf. Halb träumend, halb wach ziehen die bunten Bilder des gestrigen Ereignisses vor meinen inneren Augen vorbei, bevor ich sie langsam öffne. Neben mir dreht sich mein frischgebackener Ehemann noch einmal um. Ab jetzt ist mein Name nicht mehr nur Pranitha Christina, denn ich habe zum Zeichen meiner Liebe Timmys Vornamen als meinen Nachnamen angenommen. Eigentlich hatte ich mir vorgenommen, mein Leben lang nur Pranitha Christina zu heißen, doch jetzt gefällt mir der Gedanke, dass jeder schon an meinem Namen erkennt, zu wem ich gehöre. »Pranitha Christina Timothy«, flüstere ich leise, um mich daran zu gewöhnen. Timmy heißt weiterhin nach seiner Familie »Timothy Vanderputt«. Unsere Familien haben unterschiedliche Traditionen der Namensgebung. Vorsichtig setze ich mich auf und atme erst einmal tief durch. Ich kann mein Glück kaum fassen, nun endlich die stressige Zeit der Hochzeitsorganisation hinter mir lassen und ein paar freie Tage mit Timmy genießen zu dürfen. Das Einzige,

wofür ich vor der Hochzeit keine Zeit gefunden habe, ist die Organisation unserer Flitterwochen. Als auch Timmy erwacht, begeben wir uns noch etwas benommen zum Frühstück in das Hotelrestaurant. Nach einem starken indischen Kaffee erwachen langsam neue Lebensgeister. Ohne viel zu überlegen, schnappen wir uns die gepackten Reisetaschen und machen uns auf den Weg zum Busbahnhof. Dort angekommen, kaufen wir zwei Fahrscheine für den nächstbesten Bus, der Chennai verlässt. Doch ein Fahrschein für einen indischen Reisebus garantiert noch lange keinen Sitzplatz und so müssen wir feststellen, dass nur noch ein einziger Platz im Bus frei ist. Ich sitze also in den ersten Stunden auf Timmys Schoß, was mir nicht besonders viel ausmacht, und ergattere beim nächsten Halt einen eigenen Platz. Der Bus bringt uns hinauf in die Berge, die mit den herrlichsten Arten von Rosen bepflanzt sind. Schöner hätten wir uns den Ort für unsere Hochzeitsreise nicht vorstellen können. Es gibt Wälder und Seen, die Aussicht ist atemberaubend, und die frische, kühle Luft ist eine wohltuende Abwechslung zu der drückenden, schweren Hitze der letzten Wochen. Wir finden eine hübsche kleine Pension und verbringen die nächsten drei oder vier Tage mit Wandern und Radfahren. Unsere Abenteuerlust erproben wir auf rasanten, ungesicherten Wegen bergabwärts. Neben uns klafft ein Abhang, der viele Meter in die Tiefe führt. Unten angekommen, sind wir die letzten zwei freien Tage mit einem Freund von Timmy zusammen. Ich kann mich nicht erinnern, wann ich das letzte Mal ausschlafen durfte und machen konnte, wozu ich Lust hatte. Es ist wunderbar. Habe ich schon erwähnt, dass Timmy und ich uns auf Englisch unterhalten? Da es in Indien so viele verschiedene Sprachen gibt, sind wir mit unterschiedlichen Sprachen aufgewachsen. Um die Verständigung zu erleichtern, wird an den großstädtischen Schulen, Universitäten und auch in vielen Kirchen Englisch gesprochen, was sozusagen unsere gemeinsame Landessprache ist.

Zurück in Chennai zieht Timmy zu mir in mein Einraum-Appartement. Poornima ist vor der Hochzeit ausgezogen, weil sie in ein Studentenwohnheim ziehen konnte und sich somit die zwei Stunden Fahrt jeden Tag erspart. Die Wohnung ist klein und dunkel, doch das macht uns nichts aus. Wir genießen die neu gewonnene Zweisamkeit und intensivieren unsere Freundschaft, die zur Liebe geworden ist. Auf dem Gelände leben auch einige Studenten, und es gibt Zimmer für Feriengäste. Sogar ein paar Grünflächen, die in unserer Stadt sehr rar sind, laden zum Sportmachen oder abendlichen Zusammensitzen ein.

Neben dem Gelände fließt der berühmte Couumfluss, der von den Städtern leider als Müllkippe missbraucht wird und nur im rötlichen Abendlicht ein wenig romantisch anmutet. Eingehüllt in die

Geräuschkulisse einer typischen indischen Großstadt würden die Menschen hier wahrscheinlich erschreckt zusammenzucken, wenn das Knattern der Mopeds und das Hupkonzert auf den Straßen auch nur für einen Moment unterbrochen würde. Für Besucher hingegen muss es sich wie ohrenbetäubender Lärm anhören. Überall an den Straßenrändern türmen sich übel riechende Müllberge. Die Ärmsten der Armen, die sogenannten »scavengers-Frauen«, tragen die Exkremente der etwas weniger Armen aus ihren Innenhöfen und Verschlägen in Bastkörben zusammen und werfen sie auf diese Müllhaufen am Straßenrand. Noch immer hat knapp die Hälfte aller Inder keine Toiletten. Andere scavengers bringen den gesamten Müll auf größere Müllkippen. Dort suchen wieder andere von ihnen nach Brauchbarem, was sie noch verkaufen können. Stromausfälle gehören genauso zum Alltag wie stundenlanges Warten zur Rushhour im Straßenverkehr. Wir Inder sind das Warten von klein auf gewohnt, was es zu einer unserer Königsdisziplinen macht. Wozu sollte es auch nützen sich aufzuregen, wenn man sowieso nichts an einer Situation ändern kann?

Früchte meiner Arbeit

Regelmäßig besuche ich die 15 Dörfer, in denen während der letzten drei Jahre Child Development Centers entstanden sind. Stets werde ich von den Menschen begeistert mit »Pranitha Madam« begrüßt. Auch die Pastoren behandeln mich mittlerweile mit viel Respekt und sind dankbar für alles, was ich für sie und ihre Dorfgemeinschaften getan habe. Für insgesamt 40 Dörfer bereite ich die Planung von CDCs vor, bevor ich schließlich das HBI verlasse.

Jahre später bin ich beruflich im Gericht in einem der Dörfer beschäftigt. Auf einmal spricht mich ein junger Anwalt an und fragt: »Pranitha Madam, kennen Sie mich noch?« Ich muss verneinen, und da erzählt er mir freudestrahlend: »Ich bin einer der Jugendlichen, die Sie vor vierzehn Jahren im CDC unterrichtet haben. Ich bin Ihnen so dankbar!« Berührt höre ich mir seine Geschichte an:

Ich war ungefähr 17, als Sie in meinem Ort ein Child Develop Center gegründet haben. Damals hing ich den ganzen Tag mit meinen Freunden rum, wusste nichts mit mir anzufangen und ging nur in die Schule, wenn ich gerade Lust hatte. Einen Plan für mein Leben hatte ich nicht. Mit meiner Familie wohnte ich in einem kleinen, heruntergekommenen Lehmhaus ohne Strom und Wasser. Als sich herumsprach, dass immer mehr Kinder und Jugendliche in dieses Zentrum gingen, war ich neugierig und habe mir das mal angeschaut. Es hat Spaß gemacht, den Geschichten zuzuhören und zu lernen. Deshalb bin ich immer regelmäßiger hingegangen. Es gab dort Mitarbeiter, die sich für mich interessiert haben und denen es wichtig war, wie es mir ging. Sie haben mir beigebracht, mir selbst Ziele zu setzen und Verantwortung zu übernehmen. Dadurch habe ich angefangen das Leben aus einer ganz neuen Perspektive zu sehen. Auf einmal wurden mir sogar Werte wie Ehrlichkeit oder Pünktlichkeit wichtig. Irgendwann war es mir nicht mehr egal, was aus meinem Leben wird, ich wollte gern eine angesehene Stellung in der Gesellschaft haben. Deshalb bin ich wieder regelmäßig zur Schule gegangen und habe gelernt. Nach meinem Abschluss hat mich das Zentrum finanziell bei meinem Jurastudium unterstützt und mir Studienmaterial gekauft. Weil es im Haus meiner Familie kein Licht gab, durfte ich abends im CDC lernen und auch nachts dort schlafen. Jetzt bin ich Anwalt für Zivilrecht. Viele meiner Freunde von damals sind mittlerweile dem Alkohol verfallen und leben immer noch ohne Ziel in den Tag hinein. Aus mir hat das CDC einen anderen Menschen gemacht, und das möchte ich jetzt gern an die Jüngeren weitergeben. Deshalb gebe ich Kindern der 5. bis 12. Klasse an zwei Abenden in der Woche Nachhilfeunterricht und ermutige sie, etwas aus ihrem Leben zu machen. Alle, die heute ehrenamtlich im Zentrum mithelfen, sind ehemalige Kinder des Programms. Unsere Kirche ist durch das CDC so sehr gewachsen, dass wir ein größeres Gebäude gebaut haben, was allein durch Spenden der Gemeindemitglieder finanziert werden konnte. Leider haben wir nicht die Mittel, das Zentrum den ganzen Tag zu öffnen, sodass wir nur noch abends eine Hausaufgabenbetreuung für Schulkinder anbieten. Rund 80 Kinder kommen regelmäßig zu uns. Im ganzen Dorf kann man die Auswirkungen des Zentrums erleben. Mittlerweile haben die früheren CDC-Kinder selbst Kinder, die viel disziplinierter sind, als wir es früher waren. Sie gehen regelmäßig zur Schule und haben eigene Interessen. Auch die Häuser sind ordentlicher, und der Umgang in den Familien ist wertschätzender geworden.

Rajesh Pandiyan, 31

Gelegentlich treffe ich mich auch heute noch mit Malini, der Leiterin vom HBI, obwohl ich mittlerweile bei einem anderen Träger angestellt bin. Sie ist eine weise Frau, die mich immer ermutigt und an mich geglaubt hat. In meiner Arbeit hat sie mir viele Freiheiten gegeben. Wir tauschen uns über die neuesten Entwicklungen aus. Es ist mir wichtig, dass die verschiedenen sozialen Organisationen in meiner Stadt miteinander kooperieren und voneinander lernen. Es muss ja nicht jeder das Rad neu erfinden. Bei einem unserer letzten Treffen erzählt Malini mir:

Ungefähr vor drei Jahren haben wir etwas Neues begonnen. Weil wir die positive Entwicklung der Kinder aus den CDCs erlebt haben, haben wir ähnliche Zentren an Orten gegründet, wo es viele Straßenkinder, Müllsammler und Kinder von Prostituierten gibt. Dort unterrichten wir sie tagsüber und erzählen von unserem Glauben. Auch immer mehr Mütter besuchen mittlerweile diese Anlaufstellen und wollen etwas über Jesus erfahren, weil ihre Kinder ihnen die Geschichten weitererzählt haben. Eine Mutter hatte eine schwere Krankheit, mit der sie schon oft beim Arzt war, aber nicht geheilt werden konnte. Als sie in unser Zentrum kam, wurde gerade erzählt, wie Jesus Jairus' Tochter vom Tod auferweckt hat. Am nächsten Tag kam sie zurück und hat uns gefragt: »Können eure Lehrer auch in mein Haus kommen und für mich beten?« Es ist dann tatsächlich eine unserer Mitarbeiterinnen zu ihr gegangen. Diese Mitarbeiterin hat einen anderen Glauben, glaubt aber auch an Jesus. Sie ist also zu dieser Frau nach Hause gegangen und hat im Namen Jesu für sie gebetet. Noch während sie gebetet hat, wurde die Frau von ihrer Krankheit geheilt. Sie kommt jetzt jeden Tag, bevor das Zentrum öffnet, um sicherzustellen, dass alles sauber ist. Mittlerweile hat sie schon viele andere Mütter mitgebracht und ihnen erzählt, wie Gott ihr Leben verändert hat.

Nachdem ich drei Jahre beim HBI bin, will Timmy sich gern beruflich weiterentwickeln. Es macht ihm Spaß, musikalisch mit jungen Menschen zu arbeiten und auch Flyer und Internetseiten für das Institut zu gestalten, doch er hat den Eindruck, nicht genug zu tun zu haben. Deshalb entscheidet er sich zu kündigen und an einem dreimonatigen Training für Anbetungsmusiker in den USA teilzunehmen.

Ich unterstütze ihn natürlich in seinem Wunsch, doch bin ich etwas überrumpelt vom Zeitpunkt seiner Entscheidung. Finanziell können wir es uns gerade eigentlich nicht leisten, auf sein Einkommen zu verzichten. Unsere Gehälter sind sowieso schon knapp, und mit jeder Rupie, die wir übrig haben, bessern wir die schmale Rente von Timmys Eltern auf, die ihnen sonst nicht zum Leben reichen würde. Auch das HBI ist nicht begeistert über Timmys Kündigung, was ich jeden Tag auf der Arbeit zu spüren bekomme. Sie gehen sogar so weit, mich zu bitten, aus der Wohnung auf dem Campus auszuziehen. Da ich mir keine eigene Miete leisten kann, quartiere ich mich bei Timmys Eltern ein. Weil die Stimmung auf der Arbeit jetzt nicht mehr angenehm ist und ich eigentlich auf einen höheren Lohn angewiesen bin, beginne ich für einen neuen Job zu beten. Ich finde schließlich eine Stelle bei einem großen sozialen Träger. Weil ich meine Arbeit eigentlich sehr liebe, verlasse ich das HBI nur sehr ungern. Die neue Arbeit gefällt mir gar nicht, und so bete ich schon nach wenigen Tagen wieder inständig für einen neuen Job.

Am selben Tag ruft mich mein Freund Anand an, der mich damals zu »Prison Fellowship« gebracht hat: »Pinky, hast du gehört, dass die Menschenrechtsorganisation ›International Justice Mission‹ (IJM) vor zwei Jahren in deiner Straße ein Büro gegründet hat und noch Mitarbeiter sucht? Ich glaube, die Arbeit würde gut zu dir passen.« Ich bin wieder einmal überwältigt von Gottes prompter Gebetserhörung. Sofort besorge ich mir das Buch »Good news about injustice« vom IJM- Gründer Gary Haugen, in dem auch die Arbeit von IJM beschrieben wird.

Moderne Sklaverei

Für meine Bewerbung beschäftige ich mich ausführlich mit dem Problem der modernen Sklaverei in Indien, gegen die IJM vorgeht. Heute gibt es mehr Sklaven als jemals zuvor in der Geschichte der Menschheit. Natürlich leben auch mehr Menschen auf der Erde, was den prozentualen Anteil ein wenig geringer macht, jedoch das Leid jedes einzelnen Betroffenen nicht schmälert. Weltweit sind vier Milliarden Menschen nicht von ihren jeweiligen Rechtssystemen vor Unrecht geschützt. Die Würde und Menschenrechte von geschätzten 35,8 Millionen Menschen (Global Slavery Index 2014) wird tagtäglich im schwersten Maße verletzt. Knapp die Hälfte aller Betroffenen lebt in meinem Land. 1948 hat sich auch der Staat Indien zur UN-Menschenrechtscharta bekannt. Im ersten Satz heißt es: »Alle Menschen sind frei und gleich an Würde und Rechten geboren.« Es erscheint mir wie Hohn, diese wunderbaren Rechte zum friedlichen und würdevollen Zusammenleben der Menschen mit der Realität in Indien zu vergleichen. Die Rechte der Armen werden hier mit Füßen getreten, um den Geldbeutel der Reichen und Mächtigen noch größer zu machen. Unter der britischen Besatzungsmacht wurden so hohe Steuern eingetrieben, dass viele Arme auch noch das letzte bisschen eigenes Land verloren und somit in die Sklaverei gezwungen wurden. Sklaverei ist heute nicht so sichtbar wie noch vor ein paar Hundert Jahren, als Menschen, in Ketten gelegt, auf dem Marktplatz zum Kauf angeboten wurden. Moderne Sklaverei ist meist versteckt hinter Mauern und hat viele Gesichter. Ich spreche nicht von ausbeuterischer Arbeit zu Dumpingpreisen, wie es sie in vielen Nähfabriken gibt, denn dann müssten die Zahlen um ein Vielfaches höher sein.

Moderne Sklaven sind Menschen, die unfreiwillig als Ware gehandelt und gewaltsam ausgebeutet werden. Man unterscheidet zwischen Arbeitssklaven, die viele Stunden am Tag zu Schwerstarbeit gezwungen werden, und Sexsklaven, die mehrfach täglich sexuell missbraucht werden. Achtzig Prozent moderner Sklaven sind Frauen, ein Viertel davon sind Minderjährige, von denen rund zwei Millionen in der Sexindustrie ausgebeutet werden. Gegen ihren Willen werden sie durch Anwendung oder unter Androhung von Gewalt, Strafe oder Ausnutzung von Hilflosigkeit dazu genötigt. Es trifft die Armen, weil sie nichts haben, sich nicht wehren können und durch das Rechtssystem nicht geschützt sind. In Indien gibt es zum Beispiel unterschiedliche Polizeistationen. Die besser ausgebildeten Polizisten sind für die Reichen zuständig. Auch Schutz ist ein käufliches Gut. Was nützt es, wenn in einem Dorf eine Schule gegründet oder ein Brunnen gegraben wird, wenn die Frauen und Kinder auf ihren Wegen nicht vor Gewalt geschützt sind? Straftaten an Armen werden nicht verfolgt und gehören somit zur Tagesordnung. Arme Menschen hingegen würden niemals freiwillig zur Polizei gehen, weil sie dort befürchten müssen, misshandelt oder für die Tat eines anderen festgenommen zu werden. Wenn sie es dennoch wagen, ein Verbrechen anzuzeigen, passiert es häufig, dass sie wieder nach Hause geschickt oder so stark unter Druck gesetzt werden, dass sie sich gegen eine Anzeige entscheiden. Zu oft gilt: Wer Geld hat, hat Recht, wer nicht zahlen kann, hat keins. Viele Inder haben kein Vertrauen in die Polizei und Justiz unseres Landes. Deshalb kommt es immer noch vor, dass manche Betroffenen oder ihre Familien Selbstjustiz anwenden, um sicherzugehen, dass ein Täter wirklich bestraft wird.

Menschenhandel ist nach Drogen- und Waffenhandel weltweit der lukrativste Geschäftszweig. Der globale Marktwert von illegalem Menschenhandel wird auf jährlich 24 Milliarden Euro geschätzt.

Dennoch sinkt der Einkaufspreis der »Ware Mensch« wegen des steigenden Angebots ständig. Zu Zeiten von William Wilberforce (im 18. Jahrhundert) war die Anschaffung eines Sklaven eine wohl überlegte Investition. Ein Mensch hat umgerechnet zwischen 1100 und 14000 Euro gekostet. Man hat seine Sklaven in den meisten Fällen gut behandelt und versorgt, um möglichst lange einen Gewinn durch sie zu erzielen. Heute liegt der Durchschnittspreis für einen Menschen bei 75 bis 85 Euro. Weshalb sollte man sich also die Mühe und Kosten aufbürden, ihn zu einem Arzt zu bringen, wenn er lebensbedrohlich erkrankt? Weshalb sollte man darauf achten, dass er eine ausgewogene Ernährung und genug Schlaf erhält, wenn man ihn doch zu einem viel günstigeren Preis nach ein paar Jahren Ausbeutung ganz einfach ersetzen kann? 1984, nach der Regierungszeit von Premierministerin Indira Gandhi, waren 75 Prozent aller Landarbeiterhaushalte verschuldet und damit anfällig dafür, in die Falle von Sklaverei zu geraten. Sie hatten nur die Wahl zwischen Verhungern oder Sklavenarbeit. Ganze Familien werden noch heute in Steinbrüchen, Ziegeleien oder Fabriken festgehalten und viele Stunden pro Tag zu schwerster Knochenarbeit gezwungen. Sie ernten und verarbeiten Reis, stellen von Hand Kieselsteine und Sand her oder basteln Feuerwerkskörper. Nachdem Indien sich 1991 für den Welthandel geöffnet hat, wächst seine Wirtschaft nach China weltweit am zweitschnellsten. Dass der Erfolg Indiens als aufstrebender Wirtschaftsmacht ohne die Arbeit von Sklaven gar nicht möglich wäre, wird offiziell gern ausgeblendet. Als manuelle Arbeitskräfte, die keinen realen Lohn erhalten, sind sie für ihre Ausbeuter günstiger als Maschinen und verhelfen ihnen zu explosionsartig steigenden Gewinnen. Dass sie nicht davonlaufen oder für ihre Rechte eintreten, wissen sie durch geschickte Ausübung von Gewalt sicherzustellen. Denn selbst ein Sklavenhalter, der seine Arbeiter zu Tode prügelt oder regelmäßig vergewaltigt, braucht in Indien keine Bestrafung zu fürchten, solange er die richtigen Beziehungen und Geld hat.

International Justice Mission

Gary Haugen ist Jurist in den USA. Von den Vereinten Nationen wurde er 1994 zum Chefermittler ernannt, um Verbrechen im Zusammenhang mit dem Völkermord in Ruanda aufzuklären. Was er während dieser Ermittlungsarbeiten sah, schockierte ihn zutiefst: Blutbäder, komplett verwüstete Dörfer, Kindersoldaten und Leichenberge unschuldiger Opfer. Geprägt von diesen Eindrücken und als Reaktion auf eine Studie, die unter 65 internationalen Hilfsorganisationen durchgeführt wurde, gründete er 1997 die »International Justice Mission« (IJM). Ergebnis der Studie war, dass den meisten Organisationen in ihrer Entwicklungszusammenarbeit zwar Fälle von schwerem Machtmissbrauch bekannt waren, sie jedoch keine Möglichkeit sahen, einzugreifen. Mit der IJM schaffte Haugen eine Organisation, die sich aktiv für die Rechte der Armen und gegen Menschenrechtsverletzungen einsetzt. Denn er sieht es als Gottes Auftrag, sich als Christ für Gerechtigkeit in der Welt einzusetzen. Hierzu gibt es zahlreiche Bibelstellen, von denen er Jesaja 1, 17 als Leitvers gewählt hat: »Lernt Gutes zu tun. Schafft Recht, weist Übeltäter zur Ordnung. Verhelft den Waisen zu ihrem Recht. Tretet für die Witwen ein.« Mit einheimischen Experten wie Anwälten, Ermittlern und Sozialarbeitern setzt sich IJM in Entwicklungs- und Schwellenländern dafür ein, arme Menschen vor Gewalt zu schützen und ihre Rechte durchzusetzen. Das geschieht in Zusammenarbeit mit der Regierung und der ortsansässigen Polizei. Gemäß einer Studie der Vereinten Nationen für Drogen- und Verbrechensbekämpfung (UNDOC) können 40 Prozent der untersuchten Länder keine einzige Verurteilung von Tätern aus dem Bereich Menschenhandel und Sklaverei nachweisen. Durch die Arbeit von IJM werden Menschen befreit, Täter zur Verantwortung gezogen und Rechtssysteme verändert. Indien arbeitet nach dem englischen Rechtssystem. Das heißt, jedes Rechtsurteil ist bindend für den gesamten Staat. Wenn demnach ein bestimmter Verstoß gegen die Menschenrechte zum Beispiel mit einer Gefängnisstrafe von zwei Jahren geächtet wird, muss bei ähnlichen Fällen dasselbe Strafmaß angewandt werden. Je näher ich mich mit dem Buch und der Arbeit von IJM beschäftige, desto aufgeregter werde ich und beginne von meiner neuen Arbeitsstelle zu träumen. Es scheint, als wäre die Organisation exakt auf meine Berufung von Gott zugeschnitten. Betend schreibe ich eine Bewerbung: »Gott, ich kann nicht glauben, dass es in meiner Straße eine Organisation gibt, die sich ausschließlich mit Menschenrechten beschäftigt. Das ist genau, wofür ich mein Leben einsetzen möchte.« Als ich meine Bewerbung abgegeben habe, höre ich nicht auf zu beten, bis der erlösende Anruf kommt: »Frau Timothy, Sie haben einen interessanten Lebenslauf. Kommen Sie doch zum Vorstellungsgespräch vorbei!«

123

»Lernt Gutes zu tun. Schafft Recht, weist Übeltäter
zur Ordnung. Verhelft den Waisen zu ihrem Recht.
Tretet für die Witwen ein.«
Jesaja 1, 17

Vorstellungsgespräch

John Richmond ist aus der IJM-Zentrale in den USA nach Chennai abgesandt, um hier für ein paar Jahre ein neues Büro aufzubauen und die gesamte Arbeit zu organisieren. Mit ihm treffe ich mich zum Vorstellungsgespräch. Für Außenstehende müssen wir ein amüsantes Bild abgeben, der große, blonde Amerikaner und die zierliche, kleine Inderin. Doch so sehr wir uns auch äußerlich unterscheiden, wir verstehen uns auf Anhieb prächtig. Richmond erklärt mir, dass das neue Büro in Chennai vor allem zur Bekämpfung von Schuldknechtschaft gegründet wurde. Es gibt schon andere Büros in Indien, die sich mit Zwangsprostitution Minderjähriger beschäftigen. Doch Schuldknechtschaft ist die meistverbreitete Form moderner Sklaverei hier in der Gegend. Weil arme Menschen keinerlei soziale Absicherung haben, geraten sie schnell in die Falle von Schuldknechtschaft. Sie wissen nicht, wo sie Hilfe herbekommen sollen, wenn sie aufgrund einer Notlage dringend Geld brauchen: z. B. um Medikamente für ein krankes Kind zu kaufen oder eine Beerdigung zu finanzieren. Niemand würde einem Armen etwas leihen. Spezielle Geldverleiher nutzen diese Hilflosigkeit aus und verlangen hohe Risikoaufschläge. Die monatlichen Zinsen betragen 35 bis 45 Prozent. Doch weil das ihre einzige Chance ist, an Geld zu kommen, greifen viele verzweifelte Menschen auf diese Möglichkeit zurück. Sie leihen sich meist nur kleine Beträge von wenigen Hundert Rupien (5 bis 20 Euro). Wenn sie am Ende des Monats den geforderten Betrag nicht zurückzahlen können, wachsen ihre Schulden rapide an, und die Wahrscheinlichkeit, dass sie sie jemals begleichen können, wird immer geringer. Die Geldverleiher haben

dieses Risiko schon eingeplant. Deshalb arbeiten sie mit Fabrikbesitzern zusammen, von denen sie sich die Schulden begleichen
lassen. Dafür verkaufen sie den Besitzern die Schuldner. Sie sagen
den armen Menschen, dass sie die Schulden problemlos innerhalb
von zwei oder drei Wochen bei einem Freund in einer Ziegelei oder
Reismühle abarbeiten könnten. Am besten sollte die ganze Familie
helfen, damit es noch schneller ginge. Die Armen sind froh über
diese Möglichkeit und nehmen jedes Angebot an, um aus der Schul-
denfalle wieder herauszukommen. Manchmal sind es auch die Fabrikbesitzer selbst, die ihnen Geld leihen mit dem Angebot, es in
der Fabrik abarbeiten zu können. Was ihnen jedoch verschwiegen
wird: Sie müssen auch innerhalb der Fabrik wohnen und dürfen das
Gelände nicht verlassen. Der Besitzer schreibt ihnen zwar 30 bis
40 Rupien (20 bis 30 Cent) Lohn pro Tag gut, berechnet jedoch 50
Rupien (35 Cent) für Kost und Logis, plus Zinsen. Dadurch steigt die
Summe ihrer Schulden immer weiter an. Von dem Tag an, an dem
sie mit ihrer Familie eine Fabrik betreten, sind sie darin gefangen
und können sie nie wieder verlassen. Da die meisten von ihnen
Analphabeten sind, merken sie nicht, wie sie hinters Licht geführt
werden. Sie können den Berechnungen ihrer Besitzer nichts entge-
genhalten und fügen sich in ihr Schicksal. Sie meinen sogar, es sei
rechtmäßig, dass sie lebenslang arbeiten müssen, um ihre Schulden
zu begleichen. Keiner hat ihnen erzählt, dass die Umstände, unter
denen sie festgehalten werden, verfassungswidrig sind. Viele Kinder
werden in eine solche Situation geboren und lernen nie ein Leben
in Freiheit kennen. IJM möchte sie befreien und dafür sorgen, dass
Fabrikbesitzer, die mit solchen Methoden arbeiten, strafrechtlich zur
Verantwortung gezogen werden.

Nach dem Gespräch erklärt Richmond mir, ich müsse mich
auch noch drei anderen Kollegen und einem Anwalt aus England

vorstellen, bevor eine Entscheidung über eine mögliche Einstellung getroffen werden könne. Voll Zuversicht gehe ich in dieses zweite Gespräch. Die Männer stellen mir Fragen zu meinen bisherigen Arbeitserfahrungen. Mit keiner Silbe erwähnen sie meine brüchige Stimme, und so frage ich irgendwann leicht verunsichert: »Kommen Sie eigentlich mit meiner leisen Stimme zurecht?« – »Na klar«, antworten sie, »es ist alles okay mit Ihrer Stimme.« Innerlich atme ich auf, doch dann kommt der Schock. Nach dem Gespräch nimmt mich der Anwalt aus England zur Seite und sagt: »Sie werden den Job nicht bekommen.« Mit diesen Worten verlässt er den Raum. Enttäuscht trete ich den Heimweg an. So viele Hoffnungen habe ich in dieses Gespräch gelegt und mit so viel Herzblut würde ich bei dieser Organisation arbeiten. In meinem Kopf drehen sich Gedanken wie: »Was hab ich bloß Falsches gesagt? Wahrscheinlich kommen sie mit meiner Stimme doch nicht klar. Oder nehmen sie mich nicht ernst, weil ich eine Frau bin?« Zu Hause angekommen, fasse ich mir ein Herz und greife zum Telefon: »Entschuldigung, Sie sind einfach gegangen, ohne mir zu erklären, warum ich den Job nicht bekomme.« Der Mann am anderen Ende bricht in Gelächter aus: »Frau Timothy, ich habe doch bloß einen Witz gemacht. Schon nach Ihrem Gespräch mit John Richmond war uns allen klar, dass Sie eine Stelle bei IJM bekommen werden.« Auch wenn ich mich an diese Art Humor wohl noch gewöhnen muss, bin ich erleichtert. Ich habe den Job! Nächste Woche, am 15. 09. 2003, soll mein erster offizieller Arbeitstag sein. Viele meiner Freunde und Bekannten erklären mich für verrückt, als ich ihnen erzähle, was ich bei meinem neuen Arbeitgeber vorhabe: »Sklaven befreien? Pinky, du weißt doch, dass so etwas in Indien nicht funktioniert. Verschwende doch nicht deine Zeit!« Timmy ist immer noch in den USA und reagiert auch skeptisch, als ich ihm von meiner neuen Arbeit berichte, vor allem was die Zusammenarbeit mit der Polizei betrifft. Doch er kennt mich und weiß, dass ich niemals nachgeben werde, wenn ich mir eine Sache in den Kopf gesetzt habe. Er weiß auch, dass ich von Gott berufen bin, für das Recht der Armen zu kämpfen, und vertraut mir, dass ich nichts Unüberlegtes tun werde.

Mein erster Einsatz

Zwei Tage vor Arbeitsbeginn ruft John Richmond mich an: »Frau Timothy, ich brauche Sie für einen Einsatz. Können Sie bitte morgen Abend um sechs zum Hauptbahnhof kommen! Wir treffen uns auf Gleis zwei. Richten Sie sich mal auf eine Zwei- bis Dreitagesreise ein!« Kaum stimme ich etwas überrumpelt der Anfrage zu, hat er schon wieder aufgelegt.

Ohne die leiseste Ahnung, was mich erwarten wird, stehe ich mit gepackter Tasche zur vereinbarten Zeit am Bahnhof. Alles, wie besprochen, nur von meinem zukünftigen Vorgesetzten gibt es weit und breit keine Spur. Immer wieder blicke ich mich zu allen Seiten um und halte Ausschau nach einem großen, hellhäutigen Mann mit blondem Haar. Hier im Getümmel auf Chennais Hauptbahnhof kann man leicht mal jemanden übersehen. Doch so voll es auch sein mag; ein alle Köpfe überragender Amerikaner in westlicher Kleidung würde einem dennoch ins Auge fallen. Der Zeiger der großen Bahnhofsuhr schreitet erbarmungslos vorwärts. Noch drei Minuten bis zur Abfahrt des Zuges auf Gleis zwei. Langsam begin-

ne ich mich zu fragen, ob auch die Bitte zu diesem Treffen wieder
nur ein Scherz gewesen sein könnte. Bisher hatte ich noch keine
Gelegenheit, mich tiefer mit der Mentalität und dem Humor von
Amerikanern zu beschäftigen. Doch gerade als ich überlege, ob ich
trotzdem in den Zug steigen oder den Heimweg antreten soll, sehe
ich ihn. Mit wehendem Haar gräbt John Richmond sich eine Schneise durch die wartenden Inder auf dem Bahnsteig. Erleichtert und
schmunzelnd stelle ich fest, dass er sich erstaunlich schnell unserer
Kultur angepasst hat. Wer in dieser überbevölkerten Stadt überleben
will, muss ganz schnell den Gebrauch seiner Ellenbogen trainieren.
Genau eine Minute vor Abfahrt springt mein Vorgesetzter in den
Zug. Als wir einen Platz gefunden haben, streckt er mir noch ganz
außer Atem seine Hand entgegen: »Frau Timothy, wie schön, dass
Sie es möglich machen konnten. Herzlich willkommen bei IJM. Wie
wäre es, wenn wir uns beim Vornamen nennen? Ich bin John.« Mit

einem Grinsen ergreife ich die mir angebotene Hand und willige
ein: »Pranitha, angenehm. Ich freue mich, in deinem Team zu sein.
Ich bin auch froh, dass du es noch geschafft hast.« Die Reise führt
uns in ein Dorf im Süden Indiens. Auf der Fahrt erklärt John mir,
was wir vorhaben. Es habe Hinweise gegeben, dass ein Ehepaar
unrechtmäßig als Schuldknechte in einem Steinbruch festgehalten
werde. Ein Mitarbeiter hat sich der Sache angenommen und Beweise dafür gefunden, dass sie tatsächlich gezwungen werden, 16 bis
18 Stunden am Tag von Hand Steine aus einem Felsen zu schlagen
und in Stücke zu hauen. Mit diesem Mitarbeiter, Joel*, würden wir
uns im Büro der ansässigen Polizeistation treffen und das weitere
Vorgehen besprechen, um das Paar zu befreien.

Als wir in besagtem Büro eintreffen, rollt Joel bei meinem Anblick mit den Augen und sagt zu John: »Was sollen wir denn mit
diesem zarten Großstadtmädchen anfangen? Weiß sie überhaupt,

wie man in einem indischen Dorf überlebt?« John findet seinen Kommentar offensichtlich amüsant und gibt Joel einfach die Gelegenheit, mich besser kennenzulernen. Die gesamten drei Tage unseres gemeinsamen Einsatzes stellt Joel mir komplizierte Fragen, um zu beweisen, dass ich für einen solchen Job nicht geeignet bin. Da ich nicht auf den Mund gefallen bin und von klein auf trainiert habe, meine geringe Körpergröße mit einem schnellen Mundwerk auszugleichen, drehe ich den Spieß einfach um und gebe die Fragen an Joel zurück. John fühlt sich bestens unterhalten. Er klopft Joel auf die Schultern und sagt: »Na, da hast du wohl eine ebenbürtige Gegnerin im Ring gefunden, was? Findest du immer noch, dass wir das Mädchen zurück in ihre Großstadtwohnung schicken sollten?«

Joel gibt keine Antwort, doch er ist zumindest so weit, die Zusammenarbeit mit mir nicht mehr zu verweigern.

Gemeinsam mit der Polizei und einem Abgeordneten der Regierung fahren wir zum Steinbruch. Menschen mit gekrümmten Rücken schlagen mithilfe primitiver Werkzeuge auf Felsbrocken ein. Weder vor der sengenden Sonne noch vor splitternden Steinen oder vor dem Feinstaub, der sich in ihre Lungen frisst, sind sie geschützt. Jeden Tag stellen sie kiloweise Kies zum Bauen neuer Straßen her und schleppen ihn auf die Lastwagen. Nachdem wir das junge Paar identifiziert haben und der Regierungsabgeordnete festgestellt hat, dass nur diese beiden ohne offizielle Arbeitsverträge im Steinbruch festgehalten werden, fragen wir sie, ob sie gern gehen möchten. Etwas überrascht und ungläubig nicken sie und schauen sich ängstlich nach ihrem Besitzer um. Auch wenn es ihn ärgert, kann er nichts dagegen tun, dass wir das Paar zum Büro der Regierung bringen. Sie sind erst Mitte zwanzig, sehen aber aus wie vierzig oder fünfzig: abgeschlagen und mit leerem Blick. Ihre Körper sind ausgemergelt und die von der Sonne dunkelbraun gegerbte Haut hat eine Konsistenz wie Leder. Ihre Hände sind übersät von Schwielen und mit Schorf verkrusteten Verletzungen. Ich gebe ihnen etwas zu trinken und erkläre, dass sie unbedingt die Wahrheit sagen sollen und keine Konsequenzen zu fürchten haben. Schließlich lächle ich ihnen noch einmal aufmunternd zu, bevor wir das Zimmer des Regierungsabgeordneten betreten. Dieser soll feststellen, ob sie tatsächlich gesetzwidrig als Schuldknechte festgehalten wurden. Ich bin erschrocken, wie viele Fragen ihnen gestellt werden, um sicherzugehen, dass ihnen tatsächlich Unrecht widerfahren ist. Zudem fällt mir auf, dass das erschöpfte Paar dem sitzenden Beamten die ganze Zeit gegenüberstehen muss. Das ist nicht ungewöhnlich, doch ich finde es nicht richtig, dass man ihnen noch nicht mal einen Stuhl anbietet. Sie sollen Fragen darüber beantworten, mit welchen Mitteln sie bestraft wurden, wie lange sie schlafen durften, was sie zu essen bekommen haben, wie viel ihnen bezahlt wurde,

ob sie das Gelände verlassen durften und ob es einen Arbeitsvertrag gegeben habe. Nachdem sich der Beamte hinlänglich davon überzeugt hat, dass es sich um Schuldknechte handelt, wird den beiden ein Zertifikat ausgestellt. Darauf wird bestätigt, dass sie schuldenfrei sind und ein Recht auf Entschädigung durch die indische Regierung haben, da sie Opfer schwerster Menschenrechtsverletzungen gewesen sind. Sie erhalten Eintausend Rupien (knapp 15 €), um die erste Woche in Freiheit überleben zu können. Später werden sie insgesamt 20 000 Rupien (knapp 300 €) erhalten, um sich z. B. eine Hütte bauen oder eine Kuh kaufen zu können. Eine kleine Starthilfe in ein freies Leben.

Wir bringen die beiden erschöpften Klienten zurück in das Dorf, in dem sie früher gelebt haben, und verabschieden uns von ihnen, bevor wir die Heimreise antreten. Sie wirken dankbar und zugleich ein wenig verstört und orientierungslos.

Erste Schritte

Trotz aller Freude über die gelungene Befreiung breitet sich in meinen Gedanken ein bitterer Nachgeschmack aus. Wie sollen die beiden denn jetzt allein zurechtkommen? So, wie ich sie erlebt habe, brauchen sie dringend Menschen, die ihnen helfen, eine neue Existenz aufzubauen. In den letzten Jahren mussten sie sich fremdsteuern lassen. Es wurde über sie bestimmt, wann sie aufzustehen und schlafen zu gehen hatten, wann und was sie essen durften und welche Arbeit sie wann zu tun hatten. Wenn sie sich widersetzten, wurden sie angeschrien und geschlagen. Ihr eigener Wille und die Wahrnehmung eigener Bedürfnisse wurden ihnen kategorisch ausgetrieben.

Als ich meine Gedanken mit John teile, erklärt er mir, dass IJM aus genau diesem Grund ein Programm zur Nachsorge von Befreiten entwickeln möchte. Da es keine sozialen Organisationen gebe, die sich mit der Betreuung traumatisierter Schuldknechte auskenne, könne man die befreiten Klienten nirgendwohin vermitteln. Andere Büros würden mit Nachsorgeeinrichtungen zusammenarbeiten, in denen sie die aus Zwangsprostitution befreiten Mädchen weiter betreuen lassen würden. So etwas sei hier aber nicht möglich. Deshalb wolle IJM eine geeignete Person finden, die ein Nachsorgekonzept erarbeiten könne. Die Nachsorge solle dann von IJM-Mitarbeitern selbst übernommen werden.

Die nächsten Wochen vergehen wie im Flug. Timmy ist mittlerweile voll Motivation aus den USA zurückgekehrt und auch bei seinen Eltern eingezogen. John, ich und ein paar wenige Kollegen bilden das Pilotteam des Büros in Chennai. Als Erstes müssen wir die offiziellen Wege für unsere Arbeit bahnen. Ich lebe im größten demokratisch regierten Land der Welt, doch es wird wohl noch lange dauern, bis wir so weit sind, uns tatsächlich um das Wohlergehen aller Bürger kümmern zu können. Am 25. Oktober 1976 wurde unter Premierministerin Indira Gandhi ein Gesetz zur Abschaffung von Zwangsarbeit in Indien verabschiedet. 1982 stellte der gesellschaftspolitisch engagierte Verfassungsrichter P.N. Bhagwati jedoch fest, dass die Sklaverei nur theoretisch abgeschafft wurde. In einem Urteilsspruch entschied er, die Regierung müsse aktiver gegen Sklavenhalter vorgehen. Jedoch definierte er Sklaverei sehr weit und fasste darunter alle Menschen, die aufgrund wirtschaftlicher Not oder Schulden für weniger als den gesetzlichen Mindestlohn arbeiten würden. Damit müsste die indische Regierung drei Viertel aller Arbeitnehmer aus Sklaverei befreien. Das sind eine halbe Milliarde Menschen. Praktisch ist das Urteil also gar nicht umsetzbar. 600 Millionen Inder müssen mit weniger als zwei Euro am Tag auskommen, 260 Millionen mit weniger als einem Euro. Das Bhagwati konkret gefordert hatte, Menschen aus Ziegeleien und Bergwerken zu befreien, wurde bisher leider nur an wenigen Stellen umgesetzt. Trotz der Gesetze gegen Sklaverei können wir nicht einfach an die Türen der Abgeordneten klopfen und sagen, dass wir morgen Unterstützung bei einer Befreiungsaktion benötigen. Für eine gute Zusammenarbeit ist es nötig, dass wir monatelang, manchmal jahrelang Beziehungen aufbauen. Deshalb machen John und ich uns immer wieder auf den Weg zu den Büros der Regierungen, um auf das Unrecht der Sklaverei aufmerksam zu machen und vorzuschlagen, gemeinsam dagegen vorzugehen. Uns ist dieses Anliegen so wichtig, dass wir dafür sogar drei Tage lang vor einer Tür warten, wenn es sein muss. Doch die Beamten wollen einfach nicht wahrhaben, dass so etwas wie Schuldknechtschaft überhaupt existiert. Die britischen Besatzungsmächte erklärten bereits 1926 die Sklaverei in Indien offiziell für beseitigt, was sich auch heute in öffentlichen Berichten so widerspiegelt. Allenfalls wird dort von Armut und ausbeuterischer Arbeit gesprochen. Immer und immer wieder müssen wir den Beamten erklären, dass es sich bei Schuld-knechtschaft um Sklaverei handelt und die Menschen nicht freiwillig unter unmenschlichen Bedingungen ihre Schulden abarbeiten. Wir berichten von konkreten Fällen und machen ihnen deutlich, dass es ihre Pflicht ist, Menschen aus Sklaverei zu befreien und die Täter strafrechtlich zu verfolgen. Doch viele Beamte sind skeptisch und äußern ihre Bedenken: »So, wie Sie sich das vorstellen, wird das nicht funktionieren.« Trotzdem bleiben wir dran, bis eine Zusammenarbeit zustande kommt. Ich bin angetrieben von meiner Empörung darüber, was Menschen anderen antun können, ohne dafür zur Rechenschaft gezogen zu werden. Und von der Bestür-zung über die Verwundbarkeit der Armen, denen kein Anwalt der Welt zur Seite steht. In Indien gibt es 13 Richter für eine Million Menschen. Anwälte haben nicht selten 7 000 Fälle und mehr auf ihrem Schreibtisch. Man kann sich ausrechnen, wie viele Jahre es dauert, bis Fall Nummer 4 765 an die Reihe kommt. In den Dörfern nehmen die Bewohner die Rechtsprechung selbst in die Hand. Es gibt die sogenannten Kastenräte oder Räte der Dorfältesten, die in der Regel aus Männern höherer Kasten bestehen. Wenn es zu einem Streitfall kommt, fällen diese im Namen der Dorfgemeinschaft ihre Urteile. Ohne jegliche gesetzliche Grundlage sprechen sie sogar Todesurteile aus, wenn zum Beispiel eine Frau und ein Mann aus unterschiedlichen Kasten ohne ihre Zustimmung geheiratet haben. Wer sich dem Willen der Dorfältesten nicht fügt, wird verstoßen und aus der Dorfgemeinschaft ausgeschlossen.

Unberührbare

Kaum ein offizieller Regierungsbeamter ist begeistert von der Idee, nun auch noch Fälle zu öffnen, in denen für das Recht auf Schutz und Unversehrtheit der Armen gestritten wird. Ausgerechnet für das Recht der Armen, die nach der Auffassung eines Großteils der indischen Bevölkerung selber schuld sind an ihren schlechten Lebensbedingungen und in ihrem Denken eher unter die Kategorie Tiere fallen. Die meisten Armen sind Angehörige der »dalits«, der sogenannten »Unberührbaren« oder »Niedergetretenen«, die im Hinduismus die unterste Kaste bilden. Laut hinduistischem Glauben haben Angehörige der dalits in ihren vorherigen Leben derart schlechtes Karma gesammelt, dass sie nun als »Untermenschen« wiedergeboren wurden. Sie machen ca. 17 Prozent der Gesamtbevölkerung aus. Viele von ihnen haben sich mittlerweile vom Hinduismus abgewandt. Sie gehören Naturreligionen an, sind Buddhisten oder zum Christentum übergetreten. Noch schlechter geht es den »adivasi«, den Ureinwohnern, die sich aus verschiedenen indigenen Völkern Indiens zusammensetzen. Sie leben seit über fünftausend Jahren ihre eigenen Traditionen, Kulturen, Sprachen und gesellschaftlich-religiösen Ordnungen. Jeder einzelne Stamm hat eine eigene ethnische Identität und folgt auch einem Kastensystem. Viele adivasi wurden aufgrund von Bodenschätzen oder Bauvorhaben aus ihren Dörfern vertrieben und in die Slums der Großstädte geschwemmt. Der hinduistischen Mythologie zufolge haben sowohl dalits als auch adivasi keinen göttlichen Ursprung, weshalb sie als unerwünscht, unrein und unwürdig gelten. Viele Inder meiden den direkten Kontakt mit ihnen, da sie Angst davor haben, sich zu verunreinigen. 90 Prozent von ihnen müssen unter der Armutsgrenze leben. Obwohl die indische Verfassung ihnen Minderheitenrechte einräumt und 1949 die Praxis der »Unberührbarkeit« offiziell abgeschafft wurde, werden sie noch immer als Ausgestoßene behandelt. Laut Verfassung gelten alle Inder als gleichwertig, doch bei 69 Prozent der Bevölkerung ist das Kastensystem noch immer fest in den Köpfen verankert und beeinflusst ihr Handeln. Bis heute werden unter den dalits Zwangssterilisierungen durchgeführt, die 1975 unter dem Vorwand, die Armut abschaffen zu wollen, von Indira Gandhi eingeführt wurden. Sie dürfen keine Tempel betreten, müssen oft außerhalb der Dorfgemeinschaften leben und niedere Arbeiten, wie Straßenreinigung, ausführen. Dalit- und Adivasikinder werden in den Schulen stark diskriminiert. Sie müssen in der letzten Reihe sitzen, dürfen nicht mit den anderen Kindern zusammen essen oder aus demselben Brunnen trinken. Viele von ihnen besuchen gar keine Schulen, sondern helfen ihren Eltern, den Lebensunterhalt der Familie zu verdienen.

Und genau aus diesem Grund klopfen wir immer und immer wieder an die Türen der Menschen, die in unserem Land Entscheidungsträger sind. Ich will den Glauben einfach nicht aufgeben, dass sich eines Tages etwas bewegen wird. Jedes Mal, bevor wir losfahren, bitten wir Gott um ein Wunder. So lange, bis einzelne Beamte von kleinen Bezirksregierungen tatsächlich einwilligen, mit uns zusammenzuarbeiten. Sie erkennen die Diskrepanz zwischen der Verfassung und der Realität in Indien an und wollen sich dafür einsetzen, mehr Demokratie herzustellen. Wir schließen Rahmenverträge, in denen festgehalten wird, dass wir gemeinsam gegen Schuldknechtschaft vorgehen werden. Nachdem wir die ersten Fälle erfolgreich bearbeitet haben, wird es ein wenig einfacher, die Regierungen zur Zusammenarbeit zu motivieren, weil wir Referenzen vorweisen können. Die Beamten sehen, dass IJM tatsächlich qualifizierte Arbeit leistet und die Befreiten nicht etwa zum Christentum konvertieren will oder andere amerikanische Interessen verfolgt. Wir handeln zwar aus Motiven christlicher Nächstenliebe, doch unsere Arbeit soll Menschen aller Nationalitäten und Religionen gleichermaßen zugutekommen. Niemals würden wir einen Klienten, den wir gerade aus Schuldknechtschaft befreit haben, davon überzeugen wollen, den christlichen Glauben anzunehmen. Aus Dankbarkeit und auch weil ihm in Gefangenschaft sein eigener Wille und die Fähigkeit zu reflektieren geraubt wurden, würde er vermutlich jeder Religion beitreten.

Ermittlungen

Anfangs bin ich in allen Arbeitsbereichen von IJM tätig.

Regelmäßig erhalten wir Hinweise über Fälle von Schuldknechtschaft, z. B. durch andere NGOs, Familienangehörige oder ehemalige Schuldknechte. Ich lasse mich zu den Fabriken bringen, um mich selbst davon zu überzeugen, dass Menschenrechtsverletzungen vorliegen. Meine Ergebnisse lege ich später den Regierungsabgeordneten vor mit der Bitte, dass sie die betroffenen Menschen aus der Sklaverei befreien. Diese Arbeit ist für eine Frau in Indien nicht ungefährlich, doch sie ist mir so wichtig, dass ich ein Risiko in Kauf nehme. Gefährlich wird es vor allem, wenn mich die Besitzer von Reismühlen oder Ziegeleien später bei den Befreiungsaktionen wiedererkennen. Denn dann werden sie wütend und wollen sich rächen. Doch ich vertraue völlig darauf, dass Gott bei mir ist und mir hilft. Meine ganze Hoffnung, mein Mut und meine Sicherheit kommen von ihm. Ohne Gott wäre ich völlig untauglich und könnte mir diese Arbeit nicht vorstellen. Weil seine Gegenwart in mir stärker ist als die Angst zu sterben, kann ich immer wieder ohne Furcht in die Dörfer gehen. Mir ist klar, dass ein Mensch mir nichts Schlimmeres antun kann, als mich zu töten. Was kann er darüber hinaus tun? Manchmal denke ich, dass mir die Zeit meiner Krankheit und die Schmerzen, die ich durchgemacht habe, jetzt helfen, stark zu sein und diesen Job zu machen. John ist ein gutes Vorbild für mich, denn er würde sich durch mögliche Gefahren niemals davon abbringen lassen, für Gerechtigkeit einzutreten. Selten habe ich einen so furchtlosen Mann getroffen, der seine scheinbaren Schwächen als Stärken nutzt. Auch er führt Ermittlungen durch, bei denen das oberste Ziel ist, unerkannt zu bleiben. Man sollte meinen, dass es hierfür keine schlechtere Besetzung gibt als einen großen, blonden Ausländer. Doch John marschiert einfach zu den Fabriken, klopft an die Türen und tischt den Besitzern irgendeine Geschichte auf: »Hallo, ich bin Professor für Wirtschaft an der Universität in Chennai. Ich habe gehört, dass Sie hier gute Umsätze machen und würde gern mal Ihre Reismühle besichtigen.« Er macht das so authentisch, dass ihm stets die Türen geöffnet werden und er ganz einfach hineinspazieren und die Informationen bekommen kann, die er sucht. Ein Sklavenhalter erzählte ihm stolz, wie sie seit Jahrzehnten ihre Geschäfte mit Schuldnern machen. Die Arbeiter würden niemals in der Lage sein, ihre Schulden zurückzuzahlen, und müssten deshalb für immer in der Fabrik bleiben und für sie arbeiten.

Wenn wir bei einer Befreiungsaktion auf einem Gelände eingetroffen sind, geht John immer sehr zügig vor. Während die Arbeiter von Regierungsabgeordneten befragt werden, kümmere ich mich um ihre Bedürfnisse und führe eine Anamnese von jeder einzelnen Familie durch. Gleichzeitig fragt John mich: »Pranitha, wie viele Männer, Frauen und Kinder sind es genau?« Ich bin überfordert, weil ich neben dem Sammeln von Informationen damit beschäftigt bin, den Arbeitern zu essen zu geben und das Tor im Auge zu behalten, um sicherzustellen, dass sich keine wütende Menschenmenge versammelt, die sich an uns rächen will. Die Säuglinge müssen Milch bekommen, Verletzungen müssen versorgt werden. John will die Zahlen trotzdem sofort haben, was unmöglich für mich ist, weil wir keine Laptops dabeihaben. Deshalb entwickle ich ein Formular, in das alle notwendigen Informationen mit wenig Aufwand eingetragen werden können. Trotzdem schaffe ich es nicht, mich um alles zur selben Zeit zu kümmern. Wir entwickeln schließlich Rollen und stellen einen genauen Zeitplan auf, wer wann und wo zu sein hat und welche Aufgaben übernehmen soll. Auch konkrete Fragen für die Regierungsabgeordneten entwickle ich, weil sie häufig zum ersten Mal mit uns arbeiten und nicht wissen, wie sie am effektivsten vorgehen sollen.

»Ich sage dir: Sei stark und mutig! Hab keine Angst und verzweifle nicht. Denn ich, der Herr, dein Gott, bin bei dir, wohin du auch gehst.«
Josua 1, 9

Gefährliche Wut

Ich beobachte, dass die Korruption in meinem Land ein Geflecht aus äußerst komplexen Zusammenhängen ist. Es gibt reiche Menschen, die ihre Macht ausnutzen und Hilflose unterdrücken, um an noch mehr Geld zu kommen. Andere spielen ihnen die Bälle zu, um auch ein Stückchen vom »Kuchen« zu erhalten. Ihre Mittel der Wahl sind Gewalt und kostenpflichtiger Schutz vor Gewalt. Natürlich wollen sie sich ihre gut laufenden Geschäfte und Beziehungen nicht ruinieren lassen. Einmal sitze ich in der Nähe von Bangalore mit einem Polizeibeamten im Wagen auf dem Weg zu unserem Einsatzort. Ihm ist nicht bewusst, dass ich seine Sprache verstehe, und so bekomme ich mit, dass er den Fabrikbesitzer anruft und ihm erzählt, dass wir zu ihm unterwegs sind, um eine Befreiung durchzuführen. Ich vermute, dass er für diesen Anruf vom Fabrikbesitzer bezahlt wird. Sofort rufe ich John an, der in einem anderen Wagen sitzt, und teile ihm mit, was ich verstanden habe. Spontan entschließen wir uns, den Ort der heutigen Befreiung zu ändern. In der Nähe gibt es noch eine weitere Ziegelei, zu der wir bereits genug vorliegende Daten haben. Nach der langwierigen Befragungsprozedur wollen wir mit den Arbeitern die Ziegelei verlassen, doch draußen hat sich ein wütender Mob versammelt, der uns nicht gehen lassen will. Als die Polizeibeamten als Erstes auf uns einschlagen, wird uns klar, dass sie es waren, die den Angriff gegen uns initiiert haben. Wie durch ein Wunder kommen wir schließlich doch in unsere Autos und können davonfahren. Zwei Jahre später fahre ich mit John und einigen anderen Mitarbeitern in dasselbe Gebiet, um erneut Arbeiter einer Ziegelei zu befreien. Alles läuft nach Plan.

Doch als ich mit John und den Regierungsabgeordneten kurz wegfahren will, um Formalitäten zu erledigen, erkenne ich einen der Männer, die uns damals angegriffen haben. Unsere Blicke begegnen sich, ich kann förmlich die Wut in seinen Augen aufblitzen sehen, und dann ist er auch schon verschwunden. Mir ist ein bisschen mulmig zumute, denn mir ist klar, was er jetzt vorhat. Ich äußere John meine Bedenken, und wir beeilen uns wieder zurückzufahren. Als wir ankommen, müssen wir feststellen, dass es schon zu spät ist. Unsere Autos, in denen weitere Mitarbeiter warten, sind umzingelt von wütenden Menschen. Es sind so viele, dass ich das Ende der Menge nicht überblicken kann. Hunderte trommeln auf die Autodächer und schlagen die Scheiben ein. Sie haben Nägel dabei, um die Reifen zu zerstechen und Benzin, um uns lebend zu verbrennen. Vier Polizisten, die zu unserem Schutz mitgekommen sind, können nicht besonders viel ausrichten. John schaut mich an, wir nicken uns zu, steigen aus dem Auto und bahnen uns eine Schneise durch die wütende Menge, um zu unseren Kollegen zu gehen. John ruft ihnen zu: »Wenn ihr jemanden umbringen wollt, nehmt mich zuerst!« Das ist typisch John. Ich steuere auf das erste Auto zu, das ein wenig abseits von den anderen steht und am schutzlosesten wirkt. Die Mitarbeiter brauchen mich jetzt, auch wenn wir hier vielleicht niemals lebend wieder herauskommen werden. Manche von ihnen weinen, andere sind ganz still. Ich setze mich zu ihnen und beginne laut zu beten, um ihnen Mut zu machen. Voll Überzeugung, dass er uns hier herausholen kann, bete ich zu demselben Gott, der damals das Rote Meer geteilt und die Sprachen beim Turmbau zu Babel verwirrt hat. Diese Menschen waren so gut organisiert, doch Gott hat sie trotzdem verwirren können. Ganz sicher kann er auch diesen Mob durcheinanderbringen und uns helfen. So wie ich es in solchen Situationen immer tue, schaue ich den Menschen, die mich an den Haaren aus dem Auto zerren wollen, direkt in die Augen. Einer der Polizisten kommt und gibt mir zu verstehen, dass ich meinen Kopf lieber senken soll, weil ich die Angreifer nur noch aggressiver machen könnte. Ich nehme mir seinen Rat zu Herzen und bete mit gesenktem Kopf laut weiter für ein Wunder. Es ist schon später Nachmittag, und mit jeder Stunde, die wir eingekesselt sind, sinkt meine Hoffnung, meine Familie je wiederzusehen. Weil mein Handy in einem der anderen Autos ist, kann ich Timmy noch nicht einmal anrufen. Dennoch bin ich erfüllt vom Vertrauen, dass Gott unser Schicksal lenkt. Wenn er will, dass wir hier lebend herauskommen, wird er eingreifen. Es schmerzt mich, dass wir die Arbeiter in der Ziegelei zurücklassen mussten und sie heute nicht in die Freiheit führen können. Doch wir haben sie über ihre Rechte aufgeklärt und ihnen geraten, die Ziegelei zu verlassen, sobald sich ihnen eine Gelegenheit bietet.

Irgendwann, nachdem die Sonne schon untergegangen ist, bildet sich auf einmal wie aus dem Nichts direkt vor uns eine Schneise in der Menschenmenge. Ich traue meinen Augen kaum, doch unser Fahrer lässt vorsichtig den Motor an und kann tatsächlich durch die Menge hindurchfahren. Die anderen vier Autos folgen uns. Für mich gibt es hierfür keine andere Erklärung als ein Wunder. Obwohl die Leute Nägel dabeihaben, sind alle Autoreifen heil. Wenn nur einer der Wagen einen zerstochenen Reifen hätte, könnten wir nicht fliehen. Jetzt haben wir die Menge hinter uns gelassen, und mein Fahrer beginnt zu beschleunigen. Uns allen ist klar, dass sie uns nicht so einfach verschwinden lassen, sondern uns folgen werden. Kaum haben wir das Dorf wenige Kilometer hinter uns gelassen, platzt doch noch ein Reifen an unserem Auto: »O Gott, wir sind so nah an der Polizeistation. Hilf uns jetzt, dass die Menge uns nicht findet, bevor wir weiterfahren können!« Schnell schalten wir alle

Motoren und alle Lichter aus und wechseln still den Autoreifen. Als wir schließlich die Polizeistation erreichen, holt uns der Mob ein. Doch hier können sie uns nichts mehr anhaben. Gott hat uns herausgeholfen und beschützt. Einige der Mitarbeiter stehen unter Schock. Sie haben Schnittverletzungen und überall sind Glassplitter und Steine in unserer Kleidung. Es wäre ein Leichtes für die wütende Menge gewesen, uns alle aus den Autos zu ziehen und lebendig zu verbrennen, doch Gott hat das nicht zugelassen. Jeder Einzelne von uns ist am Leben, und niemand ist lebensbedrohlich verletzt. John und ich schicken unsere Mitarbeiter, die noch nicht einmal Kleidung zum Wechseln dabeihaben, nach Hause und bleiben selbst über Nacht. Am nächsten Tag will uns die Regierung erneut treffen, um den Fall abzuschließen. Ich habe keine Angst, im Ernstfall noch einmal dem Mob gegenüberzutreten. Gerade in Situationen wie heute, in denen ich mich schwach und ausgeliefert

fühle, erlebe ich, dass ich nur mit Gottes Hilfe diese Arbeit machen kann. Neben meiner leisen Stimme habe ich auch immer wieder mit Schmerzen in der rechten Schulter und mit meinem Asthma zu kämpfen, was mir meine eigene Vergänglichkeit vor Augen führt. Meine tiefe Überzeugung, dass Gottes Stärke in meiner Schwachheit mächtig ist, gibt mir Mut und macht mich frei. Ich habe diese Haltung in den letzten Jahren Stück für Stück eingeübt, indem ich jede Kleinigkeit in meinem Leben mit Gott besprochen habe. Da ist mir bewusst geworden, dass ich mich auf ihn verlassen und mit ihm an meiner Seite so viel mehr erreichen kann als allein. Die wahre Quelle von meinem Mut ist keine willensstarke Entschlossenheit, sondern die bewusste Entscheidung, mich immer wieder daran zu erinnern, dass mein Leben Gott gehört und in seiner Hand liegt. Durch seine Auferstehung weiß ich, dass er den Tod überwunden hat und auch mir ewiges Leben schenken wird. Deshalb habe ich keine Angst davor, auch dem Tod mutig gegenüberzutreten. Am nächsten Tag lesen wir in der Zeitung, dass 500 bis 1000 Menschen am Mob beteiligt waren. Es macht mich froh zu hören, dass alle Arbeiter in der Nacht fliehen konnten. Wir werden uns in den kommenden Tagen mit ihnen treffen und uns um ihre Befreiungszertifikate kümmern.

»Ich aber will von deiner Macht singen. Jeden Morgen will ich voll Freude über deine Gnade jubeln. Denn du beschützt mich wie eine Burg, eine Zuflucht, wenn ich in Not bin.«
Psalm 59, 17

Kraftquellen

In den nächsten Monaten wächst unser Team bei IJM, sodass wir bald für einen besseren Schutz der Mitarbeiter die Aufgaben der Ermittlungen von denen der Befreiungsaktionen trennen können.

Obwohl wir immer mehr als genug zu tun haben, nehmen sich die Mitarbeiter von IJM weltweit jeden Morgen eine Stunde Zeit, um zu beten. Von neun Uhr bis neun Uhr dreißig hat jeder eine persönliche Gebetszeit in seinem Büro. Um neun Uhr dreißig treffen wir uns alle im Versammlungsraum. Wir singen Loblieder für Gott, beten für persönliche Anliegen, und einer von uns hält eine kurze Andacht, um alle für den vor uns liegenden Tag zu ermutigen. Diese morgendliche Stunde ist die wichtigste Zeit in unserer Arbeit. Ohne die Möglichkeit, all das Leid, was mir täglich begegnet, durch Gebet an Gott abgeben zu können, würde ich innerlich zerbrechen und ausbrennen. So führe ich mir immer wieder vor Augen, dass nicht ich diejenige bin, die die Welt retten muss, sondern dass Jesus das durch seinen Tod bereits getan hat. Er ist derjenige, der die misshandelten und entwürdigten Menschen innerlich wiederaufbauen und heilen kann. Ich stelle mich ihm zur Verfügung, um die Liebe, die er mir schenkt, an die Klienten weiterzugeben, indem ich all meine Kraft dafür einsetze, ihnen ein besseres Leben zur ermöglichen. Doch manchmal geschieht es, dass Klienten, nachdem wir sie befreit haben, ihren Krankheiten erliegen. Andere nehmen sich sogar das Leben, weil es ihnen nicht gelingt, die erlittenen Misshandlungen zu verarbeiten, und sie von einem Leben in Freiheit überfordert sind. Wenn ich die Verantwortung für das Wohlergehen jedes Einzelnen dieser Menschen auf meinen Schultern tragen würde, müsste ich unter der Last zusammenbrechen und wäre nicht in der Lage, meinen Job noch einen Tag länger zu tun. Ohne Gott wäre ich sehr ängstlich und würde so handeln, wie die Menschen es von mir erwarten. Ich würde bei Schwierigkeiten aufgeben und versagen. Dass ich selbst in den hoffnungslosesten Situationen weitermache und nicht aufgebe, ist für mich der beste Beweis von Gottes Gegenwart in mir. Er ist es, der durch mich handelt, und nicht mein eigenes kleines, schwaches, ängstliches »Ich«. Das hilft mir, Dinge zu tun, die in den Augen der Menschen unmöglich sind, und mich mit den mächtigsten Menschen meines Landes auseinanderzusetzen. So oft habe ich schon erlebt, dass meine menschlichen Möglichkeiten begrenzt sind, doch dass für Gott nichts unmöglich ist.

Heute bin ich zum ersten Mal an der Reihe, die kurze Andacht im Büro zu halten. Ich habe mich entschieden über 2. Mose 3-6 zu sprechen, wo Moses das Volk Israel aus der Sklaverei in Ägypten führt.

Die Israeliten mussten ganz ähnliche Sklavenarbeit leisten wie unsere Klienten und wurden von ihren ägyptischen Herren unterdrückt. Schon nach kürzester Zeit begannen sie jedoch, Moses zu beschimpfen und ihn dafür zu verfluchen, dass er sie befreit und in die Wüste geführt hat. Ich vergleiche die Geschichte mit unserer Arbeit. Immer wieder kommt es vor, dass befreite Klienten uns im Nachhinein Vorwürfe machen, dass wir sie aus ihrer schlimmen Lage herausgeholt haben. Sie verdrängen all das Elend und die Entwürdigung, die sie erlebt haben, und erinnern sich nur noch, einen trockenen Platz zum Schlafen und genug Essen für ihre Kinder gehabt zu haben. In Freiheit sind sie überfordert und wissen nichts mit ihrer Zeit anzufangen oder finden keine Arbeit. Es ist frustrierend nach einer wochenlang geplanten, nervenaufreibenden Befreiungsaktion, in der wir unser eigenes Leben aufs Spiel gesetzt haben, keine Dankbarkeit, sondern Vorwürfe zu erhalten. Deshalb müssen wir uns vor Augen führen, dass die Menschen es bei ihren Peinigern nicht tatsächlich besser gehabt haben, sondern aufgrund schwerer Traumatisierung das gewohnte Leid der unbekannten Freiheit vorziehen. Ich ermutige die Mitarbeiter ihre Arbeit zu tun, ohne etwas von den Klienten zurückzuerwarten. Gott hat jeden Einzelnen von uns dazu berufen, Menschen in die Freiheit zu führen und ihnen die Würde, die ihnen genommen wurde, zurückzugeben. Diese Arbeit ist es wert, dafür auch Gefahr oder Missmut in Kauf zu nehmen, und ich habe es noch in keinem einzigen Fall bereut, jemanden aus den Ketten der Sklaverei und Misshandlung befreit zu haben, weil ich ganz tief in meinem Herzen weiß, dass es das Richtige ist.

Jesus antwortete: »Was menschlich gesehen unmöglich ist, ist bei Gott möglich.«
Lukas 18, 27

Vorbereitung

Im März 2004 erhalten wir im Büro einen Anruf von einer völlig verstörten jungen Frau. Sie berichtet, dass sie gerade aus einer Reismühle geflohen sei, weil der Besitzer versucht habe, sie sexuell zu missbrauchen. In dem Dorf, in das sie geflüchtet ist, hat ihr jemand unsere Nummer gegeben. Wir lassen uns von ihr den genauen Ort der Reismühle beschreiben und versprechen, uns um diesen Fall zu kümmern. Durch nähere Ermittlungen in der Mühle, die nur eineinhalb Stunden von Chennai entfernt liegt, erfahren wir, dass mehrere Fälle von sexuellem Missbrauch und Gewalt vorliegen. Der bereits Ende-70-jährige Reismühlenbesitzer vergreift sich nicht nur an jungen Frauen, sondern schlägt auch brutal zu, wenn einer der Arbeiter nicht nach seinen Vorstellungen handelt oder versucht, das Gelände zu verlassen. Als Leiter der Vereinigung von Reismühlen ist er ein mächtiger Mann. Seit Jahrzehnten verdient er sein Geld durch die Ausbeutung von Sklaven und ist durch ein gut funktionierendes Netzwerk geschützt. Momentan werden über 80 Menschen auf seinem Gelände eingesperrt. Jede Familie teilt sich ein winziges Zimmer von drei Metern Länge und zweieinhalb Metern Breite. Eng aneinandergezwängt, schlafen bis zu zehn Personen zusammen auf dem schmutzigen Boden so eines Zimmerchens. Die Arbeitsbedingungen sind unmenschlich. Um 24 Uhr werden die Sklaven unsanft aus dem Schlaf gerissen, da ihr Arbeitstag beginnt. Als Erstes müssen sie ein großes Feuer anzünden, auf dem ein riesiger Wasserkessel brodelt. Darin kochen sie bis zum Morgengrauen den frisch geernteten Rohreis, der noch von Schalen umschlossen ist und Paddy genannt wird. Bevor die

Sonne aufgeht, haben sie eine halbe Stunde Zeit, um selbst eine karge Mahlzeit zu sich zu nehmen, die meist aus nichts weiter als Reis besteht. Dann müssen sie die gekochten Paddys aus dem Kessel sieben und auf einem weitläufigen Platz auslegen, wo die Sonne sie den ganzen Tag trocknen kann. Immer wieder muss der Reis mithilfe spezieller Rechen gewendet werden, was teilweise schon von vierjährigen Kindern übernommen wird. Nach zwei Tagen ist der Reis getrocknet und wird zum Schälen in die Mühlen gefüllt. Dann verpacken ihn die Männer in Säcke zu je 100 Kilogramm, die sie auf ihrem Rücken zu Lastwagen tragen und verladen müssen. An anderen Tagen müssen alle Arbeiter raus auf die Reisfelder fahren, die an die Mühle angrenzen, um Reis zu pflanzen, zu bewässern oder zu ernten, alles von Hand. Erst gegen Abend ist das Tagewerk getan, und die erschöpften Familien dürfen sich nach 18 Stunden Schwerstarbeit und einer weiteren kargen Mahlzeit für ein paar wenige Stunden ausruhen, bevor um Mitternacht der neue Arbeits- tag beginnt. So ergeht es ihnen sieben Tage die Woche, an 365 Tagen im Jahr. Sie erhalten nur ein Viertel des gesetzlich vorgeschriebenen Mindestlohns, und der Besitzer lässt ihre Schulden immer weiter ansteigen. Er erlaubt ihnen nicht, das Gelände zu verlassen, um woanders etwas dazuzuverdienen. Es ist buchstäblich unmöglich, die Schulden jemals zurückzuzahlen. Viele der Arbeiter werden bereits in der dritten oder vierten Generation von ihm ausgebeutet und haben nie die Welt außerhalb des Geländes kennengelernt. Durch Gewalt und Drohungen werden sie gefangen gehalten. Keiner wagt es, sich dem Willen des Besitzers zu widersetzen, da jeder von ihnen schon seine skrupellosen Gewaltausbrüche am eigenen Leib erfahren musste. Die Frauen können nicht ruhig schlafen, weil sie in der ständigen Angst leben müssen, dass der Besitzer oder einer seiner Freunde sich an ihnen vergeht. Wir erfahren sogar, dass es einen Todesfall unter den Arbeitern gegeben hat und der Besitzer niemandem erlaubt hat, an der Beerdigung teilzunehmen, bevor die Arbeit des Tages erledigt war. Einer der Arbeiter aus der dritten Generation von Sklaven heißt Raman. Er wurde vom Besitzer als Vorsteher eingesetzt, da er ein besonderes Geschick im Führen von Menschen aufweist. Wenn sie nicht schnell genug sind oder einen Fehler machen, wird Raman dafür zur Rechenschaft gezogen und nicht selten eigenhändig vom Besitzer verprügelt.

Wir fertigen einen Bericht für die Bezirksregierung an, in dem beschrieben wird, dass alle offiziellen Elemente von Schuldknecht-schaft in diesem Fall vorhanden sind. Außerdem notieren wir, dass aufgrund der einflussreichen Position des Besitzers die Gefahr, von einem Mob angegriffen zu werden, erhöht ist.

Da wir mit den ortsansässigen Regierungsbeamten schon mehr-fach zusammengearbeitet haben, ist es einfach, sie von dem Fall zu überzeugen und zeitnah einen Termin für die geplante Befreiungs-aktion zu vereinbaren. Bei anderen Fällen müssen wir oft wochen-lang auf eine Rückmeldung der verantwortlichen Behörde warten. Weil wir in einem Umfeld arbeiten, in dem Korruption verbreitet ist, müssen wir darauf achten, wem wir welche Informationen weiter-geben. Manche Einzelheiten teilen wir erst, wenn wir unterwegs zur Befreiungsaktion sind, mit. Stets agieren wir mit äußerster Vorsicht.

Nun heißt es, einen detaillierten Einsatzplan für die vorgesehene Befreiung anzufertigen. Jedem Mitarbeiter wird eine Rolle und ein genauer Zeit- und Aufgabenplan zugeordnet. Die einen sind für die Organisation, den Transport und die Sicherheit zuständig, die anderen gehen mit der Polizei zusammen auf das Fabrikgelände.

Befreiungsoperation Raman

Am Vortag der großen Befreiungsoperation treffen wir uns mit dem gesamten Team und sprechen alles im Detail noch einmal durch. Fragen werden geklärt und Pläne für den Fall erarbeitet, dass die Arbeiter frühzeitig vom Gelände gebracht werden oder der Besitzer einen Mob gegen uns zusammentrommelt. Wir beten gemeinsam und bitten Gott, uns zu schützen.

Es folgt eine Nacht, in der ich immer und immer wieder in meinem Kopf die Details durchgehe und überprüfe, ob wir an alle möglichen Schwierigkeiten gedacht haben. Obwohl ich nur wenige Stunden schlafe, bin ich am nächsten Morgen hellwach und konzentriert. Jedes Mal, wenn ich unsere Wohnung verlasse, bitte ich Gott um Schutz. Den ganzen Tag über bin ich durch Gebet mit ihm in Kontakt und bespreche jede kleinste Entscheidung. Es folgt eine rasante Fahrt mit einem Autorikscha-Taxi. Ich habe Glück, zu dieser frühen Stunde sind die Straßen noch nicht so verstopft. Manchmal kommt es vor, dass ich für die zwei Kilometer bis zum Büro eine halbe Stunde brauche. Als ich ankomme, ist das Logistikteam bereits unterwegs, um die nötigen Transportmittel zu organisieren. Ich begrüße die restlichen zehn Mitarbeiter und kläre letzte Fragen. Dann verteilen wir uns auf die Autos. Vor dem Büro warten schon unsere treuesten Fahrer, mit denen wir seit einigen Monaten zusammenarbeiten und denen wir blind vertrauen. Es wäre nicht möglich, irgendein Taxiunternehmen für eine Befreiungsaktion zu buchen. Die Gefahr ist zu hoch, dass die Fahrer uns in einer gefährlichen Situation einfach im Stich lassen oder sich mit einem wütenden Mob gegen uns verbünden würden.

Auf der Fahrt zum Regierungsgebäude beten wir noch einmal für den bevorstehenden Tag. Dass wir von den Abgeordneten freundlich empfangen werden und sie uns bereits erwarten, lässt mich zum ersten Mal aufatmen. Zwei Beamte haben sich bereit gemacht, uns zu begleiten. Vielleicht sehen sie die Aktion sogar als willkommene Abwechslung zu ihrem ansonsten schreibtischlastigen Beruf. Auf jeden Fall folgen sie uns beschwingt, jeweils bewaffnet mit einem Block Papier und Kugelschreibern. Vor dem Gebäude warten bereits die fünf Polizisten, die von der Regierung zu unserem Schutz bestellt wurden. Es ist kaum zu glauben, dass unser Zeitplan bisher perfekt aufgeht, obwohl mittlerweile mehr als 20 Personen beteiligt sind, von denen 90 Prozent Inder sind. Das indische Zeitverständnis ist ja bekanntlich sehr dehnbar. Wir teilen uns so auf die Autos auf, dass jeweils mindestens ein IJM-Mitarbeiter mit einem Handy mitfährt. Während der Fahrt erklären wir den Beamten alle Details und lassen sie die Berichte lesen. Auch mit einem Team, das bereits vor Ort ist, bleiben wir in Kontakt. Wir wollen sichergehen, dass alles ruhig ist und der Besitzer keine Vorkehrungen für unseren »Besuch« trifft.

Wir verlassen Chennai über die Stadtautobahn. Weiter geht es, vorbei an ausgedehnten Reisfeldern und zahlreichen Reismühlen. Es gibt in dieser Region so viele Hundert Reismühlen, dass es Jahrzehnte dauern würde, wenn IJM jede einzelne auf Schuldknechtschaft hin überprüfen wollte. Hier und da trottet eine von den Tausenden frei laufenden Kühe über die Fahrbahn oder grast gemütlich auf dem Mittelstreifen.

Schließlich biegen wir in eine Seitenstraße ein und halten. Ein schäbiges graues Fabrikgebäude mit einem hohen Turm, umgeben von einer Mauer aus Wellblech, empfängt uns. Anscheinend haben wir Glück, denn durch einen Spalt in der Wellblechmauer erkenne ich ein reges Treiben auf dem Gelände. Abgemagerte Kinder befüllen Reissäcke. Manche von ihnen haben statt Zähnen nur noch schwarze Stummel im Mund. Ich sehe Frauen und Männer, die mit leeren Augen vor sich hinstarren, während sie unentwegt dieselben Bewegungsabläufe wiederholen. Ein Aufseher geht zwischen ihnen hin und her und schlägt erbarmungslos zu, wenn jemand nicht schnell genug arbeitet. Eine junge Mutter nimmt ihren schreienden Säugling auf den Arm, um ihn zu beruhigen. Der Aufseher ist sofort bei ihr und nimmt ihr das Kind unsanft weg, um es wieder neben sie in den Dreck zu legen. Mein Herz krampft sich zusammen.

Ramans Peiniger

Jeder der Polizisten erhält die Anweisung, eine Ecke des Geländes abzusichern. Bevor sie ihre Position einnehmen, schaue ich ihnen noch einmal eindringlich in die Augen und segne sie im Stillen. Der fünfte Polizist ist zusammen mit einem unserer Leute dafür zuständig, den Eingang der Fabrik zu sichern. Als alle ihre Positionen eingenommen haben, klopfen die Regierungsabgeordneten an das Tor. Es bleibt still. Als sie noch einmal energisch klopfen, wird es langsam von innen geöffnet. Der Wachdienst schaut uns verdutzt an und greift sofort zu seinem Handy, um den Besitzer zu alarmieren. Wieder ein Moment, um aufzuatmen, denn offensichtlich hat der Besitzer keinerlei Vorkehrungen für unseren Besuch getroffen. Sofort stürmen zwei Mitarbeiter mit einem Polizisten zu seinem Büro, um sicherzugehen, dass er nicht verschwindet. Sie informieren ihn darüber, dass wir mit der Regierung gekommen sind, um eine Befragung seiner Arbeiter durchzuführen. Ich gehe mit ein paar anderen Mitarbeitern zu den Familien, um sie zu beruhigen. Für sie bedeutet es nicht unbedingt etwas Positives, wenn die Polizei anrückt. Sie fürchten, dass sie verhaftet werden, weil sie vielleicht etwas Falsches getan haben. Wir erklären den aufgeschreckten Menschen, dass wir mit der Regierung gekommen sind, um festzustellen, ob sie unter rechtswidrigen Bedingungen hier festgehalten werden. Wenn ihnen Unrecht geschieht, würden wir sie heute noch befreien können. Sie sollten die Fragen der Regierung unbedingt ehrlich beantworten, denn nur dann könnten wir ihnen Zertifikate ausstellen lassen und sie hier herausholen. Die Arbeiter schauen uns ungläubig an, manche schütteln den Kopf, andere unterbrechen ihre Tätigkeit und kommen zu uns. Ihre Körper sind völlig ausgemergelt und unterernährt. Man kann ihr Alter nicht einschätzen, weil ihre Haut schlaff an den Knochen hängt und ihre Gesichter tiefe Furchen haben. In mir steigen Wut und Traurigkeit auf. Am liebsten würde ich mit den Arbeitern über ihr Schicksal weinen, doch damit kann ich ihnen jetzt nicht helfen. Stattdessen setze ich mich zu ihnen und beginne ganz sanft mithilfe der wenigen Worte die ich in ihrer Sprache beherrsche mit ihnen zu sprechen. Mein Team bringt Essen und Milch für die Babys, die wir austeilen. Ich setze mich neben ein paar kleinere Kinder und gebe ihnen Spielsachen, Papier und Malstifte. Damit zeige ich den Menschen auch, dass ich keine Berührungsängste habe, mit ihnen zusammen zu sein, und sie als ebenbürtig achte. Erstaunt über mein Verhalten, schöpfen die Familien langsam Vertrauen und beginnen zu erzählen. Auf einmal kommt der Besitzer wutentbrannt aus seinem Büro gestürmt, weil er sieht, dass die Arbeiter aufgehört haben, ihren Tätigkeiten nachzugehen. Er schnappt sich Raman, den Vorsteher, und schlägt ihm vor aller Augen brutal ins Gesicht. Die Arbeiter zucken zusammen und stehen sofort auf. Ich kann kaum glauben, was ich da sehe, Raman lässt sich ohne Gegenwehr von dem fast 80-Jährigen schlagen und anbrüllen: »Sieh gefälligst zu, dass jeder wieder an die Arbeit geht! Wo kommen wir denn da hin, wenn hier alle faul auf der Haut liegen, nur weil so ein paar Möchtegern-Beamte hier Furore machen.« Einer meiner Mitarbeiter muss genauso geschockt sein wie ich und versucht den alten Mann davon abzuhalten, weiter auf Raman einzuschlagen. Ohne mit der Wimper zu zucken, schlägt der Besitzer auch ihn. Sofort kommt Raman zu uns rüber und gibt den Befehl seines Chefs an die Arbeiter weiter, die ihm widerstandslos Folge leisten. Ich gebe zwei Polizisten ein Zeichen, dass sie den Fabrikbesitzer sofort in sein Büro bringen sollen, wenn nötig mit Gewalt. Erst als er im Gebäude verschwindet, entspannen Raman und die anderen Arbeiter sich wieder ein wenig. Mein Mitarbeiter schaut dem gewalttätigen Alten kopfschüttelnd nach. Um nicht noch mehr Chaos zu verursachen, lassen wir die Menschen weiterarbeiten und nehmen eine Familie nach der nächsten zur Seite, um sie von der Regierung befragen zu lassen. Dazu haben wir einen kleinen Tisch aufgestellt, an dem die Beamten sitzen und ihre Notizen machen. Diese Prozedur dauert viele Stunden, Stunden, in denen wir ganz genau alles notieren, was uns auffällt: unterernährte Kinder, Arbeiter, die medizinische Versorgung brauchen, Schwangere und Säuglinge. Erst am Abend beenden wir diesen Teil unserer Arbeit und fragen die Familien, ob sie mit uns hier rausmöchten. Jeder Einzelne bejaht unsere Frage, und so schicken wir sie in ihre Behausungen, um ihre wenigen Habseligkeiten zusammenzusuchen und uns zu folgen.

Lang ersehnte Freiheit

Raman hilft uns, die Familien zu koordinieren, und bald sitzen wir alle, wohlbehalten und ohne von einer wütenden Menge aufgehalten worden zu sein, in den Trucks, die unsere Mitarbeiter zu diesem Zweck organisiert haben. Mit einem Seufzer der Erleichterung spreche ich in Gedanken ein kurzes Dankgebet. Da es heute schon zu spät ist, um für weitere Befragungen zur Regierung zu fahren, bringen wir 83 Männer, Frauen und Kinder in einen großen Hochzeitssaal, der uns für diese Nacht zur Verfügung gestellt wird. Ein paar Menschen bringen wir direkt ins nächste Krankenhaus, weil sie entweder entzündete Wunden oder schwere Krankheiten haben, die sofort behandelt werden müssen. Auch wir bleiben bei den Arbeitern im Saal, um ihnen zu zeigen, dass wir für sie da sind und sie schützen. Es herrscht ein aufgeregtes Treiben. Einige der Menschen sind noch nie in einem Auto mitgefahren, die Kinder erforschen mit staunenden Augen das neue Umfeld. Kurz vor dem Schlafengehen frage ich Raman, was er vorhat, wenn er morgen nach der Befragung sein Zertifikat erhält und ein freier Mann ist. Er grinst: »Ich lasse mich auf dem Grundstück meiner Vorfahren nieder, baue meiner Familie ein Haus und melde meine Kinder in der Schule an. Das Grundstück ist gleich neben der Reismühle. Als Kind durfte ich in die Schule gehen und war auch ein paar Mal dort, um meine Verwandten zu besuchen. Doch als ich in die vierte Klasse kam, hat mich der Besitzer von der Schule abgemeldet und gezwungen, meinen Eltern den ganzen Tag bei der Arbeit zu helfen. Ich sei nun stark genug, um die Reissäcke zu schleppen. In der Reismühle habe ich geheiratet und mit meiner Frau vier Kinder bekommen, die alle von klein auf mitarbeiten mussten. Meine Frau ist wegen der schweren Arbeit und der unerträglichen Hitze oft ohnmächtig zusammengebrochen. Ich musste tatenlos zusehen, weil ich meine Arbeit nicht unterbrechen durfte, um ihr zu helfen. 18 Stunden pro Tag mussten wir arbeiten, sieben Tage die Woche. Jetzt können wir endlich selbst entscheiden, was wir tun wollen. Unsere Kinder sollen es einmal besser haben, dafür werde ich sorgen.«

Ich bin beeindruckt von Ramans klaren Gedanken, seinem starken Willen und der Fähigkeit, zu reflektieren, die ich bisher nur bei sehr wenigen Menschen, die in Sklaverei leben mussten, gesehen habe. Früh am nächsten Morgen brechen wir auf und bringen die Familien zum Regierungsgebäude, wo sie erneut befragt werden. Weil ich bei der letzten Zusammenarbeit mit dieser Bezirksregierung darauf bestanden habe, dass für jeden Arbeiter ein Stuhl gebracht wird, stehen heute bereits Stühle für sie bereit. Die Befragungen laufen unter immer menschenwürdigeren Bedingungen ab. Am Abend gehen schließlich alle 83 ehemaligen Arbeitssklaven mit einem Zertifikat aus dem Gebäude. Freudestrahlend kommt Raman mir mit den obligatorischen 1 000 Rupien (knapp 15 €) Versorgungsgeld für die erste Woche entgegen. Seine Augen leuchten, als er mir berichtet, dass die Regierung ihm 20 000 Rupien (knapp 300 €) Starthilfe zugesagt habe, damit er sich eine Lebensgrundlage schaffe. Ein wenig ungläubig fragt er, ob er dieses Geld wirklich erhalten werde. Ich sichere es ihm zu und schärfe ihm ein, er soll uns sofort Bescheid geben, wenn dies nicht der Fall sei, denn dann würden wir diese Entschädigung, die ihm zusteht, einfordern.

Bevor wir die Arbeiter in ihr Dorf bringen, erklären wir ihnen einige wichtige Grundlagen, um in der neuen Freiheit zurechtzukommen: wo sie etwas einkaufen können, wo sie Wasser finden und an wen sie sich wenden können, wenn ihnen ein Unrecht widerfährt. Sie bekommen eine Liste mit Telefonnummern. Gemeinsam mit ihnen fahren wir nun zur örtlichen Polizeistation und erklären den dortigen Beamten, dass die von der Regierung befreiten Arbeiter nun unter ihrem besonderen Schutz stünden. Wir geben ihnen ein speziell für diesen Zweck von der Regierung angefertigtes Schreiben und betonen mit Nachdruck, dass wir sie anzeigen und zur Rechenschaft ziehen würden, wenn uns etwas Gegenteiliges zu Ohren kommen sollte. Dadurch erklären wir den Arbeitern, dass sie denselben Wert und dieselben Rechte haben, wie jeder andere auch: Recht auf Unversehrtheit, auf Schutz, auf ein Zuhause und eine gerechte Behandlung. Wer kein Haus mehr hat, den quartieren wir vorerst bei Familienangehörigen ein. Mit dem Geld der Regierung sollen sie sich in den kommenden Wochen eigene Behausungen bauen.

»Er führte sie aus Finsternis und tiefster Dunkelheit;
er zerriss ihre Ketten.«
Psalm 107, 14

Gerichtstermin

Anwälte von IJM haben in der Zwischenzeit Anklage gegen den Reismühlenbesitzer erhoben. Einige Monate nach der Befreiung sehe ich die Arbeiter vor Gericht wieder. Noch einmal werden sie befragt und müssen ihre Zeugenaussagen gegen ihren ehemaligen

Peiniger machen. Der sitzt wie ein Unschuldslamm auf der Anklagebank und streitet alles ab. Raman tritt als einer der Hauptzeugen auf. Mutig berichtet er von den Misshandlungen, die ihm zuteilwurden, von der unmenschlichen Arbeit und dass sie sich noch nicht einmal um die Kranken kümmern durften. Weil die Beweislast zu groß ist und auch meine Aussagen alle Indizien für Schuldsklaverei stützen, muss der Richter den Angeklagten für schuldig erklären. Zuerst freue ich mich über diesen Erfolg, bis ich die Urteilsverkündung höre. Der Angeklagte wird zu einer Geldstrafe in Höhe von 500 Rupien (ca. 8 €) verurteilt. Dass dies eine absolut lächerliche Summe ist, kann man dem alten Mann an seinem hämischen Grinsen ablesen. Wieder einmal bin ich empört und enttäuscht über die ungerechte Rechtsprechung in meinem Land. Es ist schwierig, Menschenhandel zu bekämpfen, wenn keine abschreckenden Strafen verhängt werden. Der alte Mann wird wahrscheinlich gleich morgen losgehen, um sich neue Sklaven zu suchen. Doch ich kann heute nichts anderes tun, als mir vorzunehmen, an dem Fall dranzubleiben und mich über die Arbeiter zu freuen, die wir befreien konnten. Sie sehen schon viel gesünder und entspannter aus als bei ihrer Befreiung. Raman erzählt mir, dass er mittlerweile mit den Geldern der Regierung begonnen hat, Häuser für alle befreiten Familien auf dem Grundstück seiner Vorfahren zu bauen.

»Ihr Tun ist durch und durch böse: Wenn ein Fürst etwas haben will, besticht er den Richter, der dann zu seinen Gunsten richtet. Und wenn der Mächtige nach etwas giert, sind die Richter bereit, das Recht zu verdrehen.«
Micha 7, 3

Nachsorge

Noch während meines ersten Jahres bei IJM ruft John mich in sein Büro: »Pranitha, ich würde mich freuen, wenn du das Programm für die Nachsorge der Klienten entwickeln würdest. Anfangs habe ich dir das nicht zugetraut, doch mittlerweile kann ich mir niemand besseren dafür vorstellen als dich. Außerdem werde ich deinen Lohn erhöhen.«

Natürlich nehme ich diese Herausforderung gern an. Endlich können wir uns auch wieder eine eigene Wohnung leisten und bei Timmys Eltern ausziehen. Ich bin froh, dass IJM nun ganz offiziell die Verantwortung für die weitere Begleitung der befreiten Sklaven übernehmen will. So oft habe ich sie schon mit Bauchschmerzen in ihren Dörfern zurückgelassen, in dem Wissen, dass es ihnen nicht leicht fallen wird, sich in ihrem neuen Leben zu orientieren. Natürlich haben wir sie auch bisher schon für eine gewisse Zeit unterstützt und uns vor allem um ihre physischen und materiellen Bedürfnisse gekümmert, jedoch ohne klares Konzept. Im Studium habe ich zwar den Schwerpunkt Psychiatrie belegt, doch die Arbeit mit misshandelten und traumatisierten Menschen war dort kein Thema. Deshalb beginne ich, mich mit den psychosozialen Auswirkungen von Schuldknechtschaft auseinanderzusetzen. Manches habe ich aus der Erfahrung mit den Kindern bei »Prison Fellowship« oder unseren Klienten bei IJM bereits gelernt, anderes muss ich mir erarbeiten. Wenn ich nicht weiterkomme, bitte ich Gott um Weisheit oder lasse mir von Professoren der Psychologie weiterhelfen. Ab und zu kommen auch IJM-Kollegen aus anderen Ländern zu Besuch, von deren Fachkenntnissen ich lerne. Natürlich kann man die Folgen moderner Sklaverei nicht pauschal für alle Betroffenen festlegen. Jeder Mensch hat unterschiedliche Ausgangsvoraussetzungen und Schutzmechanismen. Doch einige Auswirkungen treffen mit großer Wahrscheinlichkeit auf viele Menschen zu, die von moderner Sklaverei betroffen sind. Auch Menschen, die ein Leben unterhalb der Armutsgrenze mit der ständigen Sorge um das Überleben führen, können von denselben hirnorganischen Folgen betroffen sein. Wer in ständiger Angst vor Misshandlung und Unterdrückung leben muss oder von der Sorge um das Überleben getrieben wird, ist nicht in der Lage sein Großhirn zu nutzen. Das heißt, diese Menschen können nicht klar denken, reflektieren, eigene Wünsche entwickeln, Entscheidungen treffen oder Pläne schmieden. Auch die Verknüpfung zwischen dem Limbischen System und dem Großhirn funktioniert nicht, weshalb Erlebnisse nicht verarbeitet und eingeordnet werden können. Die Menschen befinden sich dauerhaft in einem Zustand, in den wir geraten, wenn wir mehr als 24 Stunden nicht geschlafen haben. Sie fühlen sich wie von einem dumpfen Nebel umgeben. In ihrem Denken kreisen sie nur um das Überleben. Sie agieren kaum noch eigenständig, sondern reagieren hauptsächlich auf Anordnungen von außen. Da ihnen vorgeschrieben wird, wann sie schlafen dürfen, wann und was sie zu essen bekommen und wie sie arbeiten müssen, verlernen sie, eigene Bedürfnisse wahrzunehmen und zu befriedigen. Grundbedürfnisse nach Beziehung, Sicherheit oder Bedeutung der eigenen Person geraten völlig in den Hintergrund. Ihre Merkfähigkeit und auch die Fähigkeit, zu fühlen, nehmen stark ab. Besonders Gefühle von traumatisierenden Erlebnissen wie Missbrauch spalten sie innerlich ab. Häufig entwickeln sie eine große Angst vor allem Unbekannten. Deshalb ziehen sie ihre Lebenssituation in Gefangenschaft einer Flucht mit unbekanntem Ausgang vor. Ich erinnere mich, wie entsetzt ich war, als ich zum ersten Mal Menschen in Schuldknechtschaft gesehen habe. Da waren keine hohen Mauern oder Zäune um das Gelände. Sie hätten jederzeit weglaufen können. Doch nicht äußere Zäune, sondern die inneren Auswirkungen der Unterdrückung und Angst vor Misshandlungen hielten sie in ihrer furchtbaren Situation gefangen.

Deshalb benötigen Menschen, die aus einer solchen Lage befreit werden, unbedingt psychosoziale Hilfe. Sie müssen ganz kleinschrittig lernen, sich in einem Leben in Freiheit zurechtzufinden und ihre eigene Würde zu entdecken.

Ganz wichtig ist es, dass sie an einem sicheren Ort leben können, an dem sie keine Misshandlungen zu befürchten haben. Dort sollen sie regelmäßig von IJM besucht und in alltagspraktischen Dingen trainiert und begleitet werden. Dazu gehören so alltägliche Dinge wie ein Konto zu eröffnen oder mit Geld zu haushalten. Mit jeder einzelnen Familie werden wir für die kommenden zwei Jahre einen Plan erarbeiten. Sie sollen lernen selbstständig und selbstbewusst zu handeln und sich eine eigene Lebensgrundlage aufzubauen. Außerdem soll, von uns oder Organisationen, mit denen wir kooperieren, Verhaltenstherapie mit dem Fokus auf Traumata angeboten werden. Hier können sie lernen sich selbst wieder wahrzunehmen, traumatische Ereignisse in ihre Lebensgeschichte einzuordnen und eigene Ziele zu entwickeln. Sie sollen sich nicht mehr als Opfer wahrnehmen, sondern ihren Blick auf ihre Stärken lenken. Denn jeder Einzelne von ihnen ist ein Überlebenskämpfer. Wie viele von uns hätten unter den Bedingungen von Schuldknechtschaft überhaupt überleben können? Diese Dinge fallen in meinem Konzept unter den Begriff »Freedom Training« (Freiheitstraining).

Außerdem entwickle ich das sogenannte »monthly meeting«. Hier sollen sich die befreiten Klienten zu Gruppendiskussionen

Pranitha Timothy heute ...

... und mit drei Jahren

Für eine indische Tanzvorführung

Unser erster Fernseher

Meine Großfamilie

Das erste Missionskrankenhaus

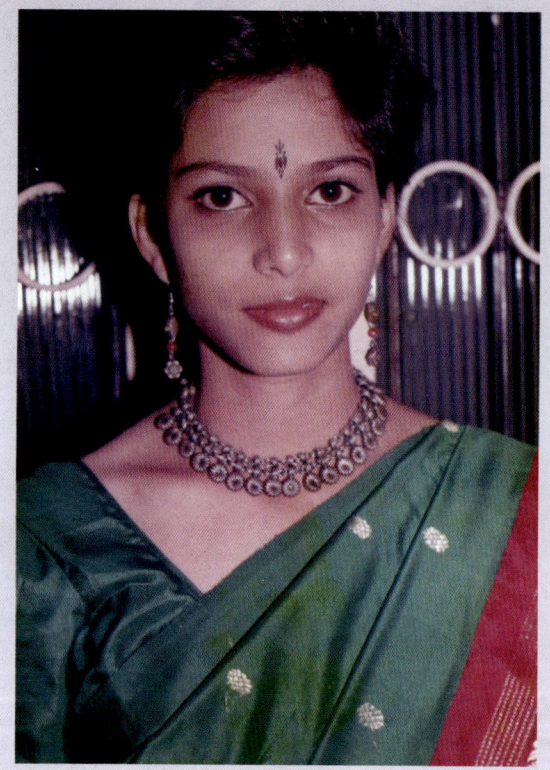

Als Studentin

Mein erster Job als Sozialarbeiterin

Unsere Hochzeit

Einzug in die Kirche

Bei unserer Hochzeit mit unseren Eltern

Hochzeitsbild mit Großfamilie

Der Bräutigam spielt Schlagzeug

David eifert seinem Papa nach

Unsere Familie

Diya und David

Diya

Ich mit Diya

Unsere Jugendgruppe im Powerhouse

Dorf in Indien

Indische Ziegelei

Eine Klientin in der Nachsorge

Raman und seine befreite Familie

Pranitha mit befreiten Familien

Befreite Klienten zeigen stolz ihre Zertifikate

Louie Giglio und Gary Haugen

Mein erstes Mal Schnee in Deutschland

Mit Anna bei Willow Creek

treffen. Sie sollen voneinander lernen und sich gegenseitig stärken und helfen. Gemeinsam mit ihnen werden wir zwölf Themen festlegen, die sie behandeln wollen, und diese im kommenden Jahr durcharbeiten. Einige von ihnen sollen nach dem zweijährigen Nachsorgeprogramm im Leitertraining zu Entscheidungsträgern und Fürsprechern ihrer Gemeinschaften ausgebildet werden. Dieses Leiterschaftstraining nenne ich »LET« (Leadership, Empowerment, Transformation).

Das Hauptziel der Nachsorge soll sein, die Klienten in der Fähigkeit zu stärken, sich selbst zu helfen, damit sie auf eigenen Beinen stehen können und nicht mehr abhängig von fremder Hilfe sind. Außerdem sollen sie erfahren, wie wertvoll sie sind, und dadurch ihre Würde zurückerlangen, die ihnen geraubt wurde.

Ich arbeite nicht allein an dem Konzept, sondern ziehe immer wieder Kollegen hinzu. Während wir das Programm schon anwenden, entwickeln wir es immer weiter. Wir machen sehr gute Erfahrungen damit, sodass es sogar in IJM-Büros anderer Länder verbreitet und umgesetzt wird. Jedes Jahr evaluieren wir seine Wirksamkeit und nehmen Veränderungen vor.

Ramans Engagement

Raman und die anderen Arbeiter, die wir im April 2004 befreit haben, sind einige unserer ersten Klienten, denen unser zweijähriges Nachsorgeprogramm zugutekommt. Zu Beginn bringen wir ihnen bei, welche Rechte sie als Bürger Indiens haben. Viel zu lange wurden sie vom Reismühleninhaber wie niedere Tiere ohne jegliche Rechte behandelt. Wenn wir sie in ihrem Dorf besuchen, staunen wir jedes Mal über die Fortschritte in der Aufbereitung des Brachlandes, das Raman zu nutzbarem Boden für die Gemeinschaft macht. Mit unserer Unterstützung konnte er ein richtiges kleines Unternehmen gründen und einigen anderen befreiten Arbeitern eine bezahlte Beschäftigung anbieten. Jede Familie hat jetzt ihr eigenes Häuschen auf dem Grundstück, in dem wir sie besuchen. Ich sage meinen Mitarbeitern, dass sie zu den Familien in ihre Häuser gehen und sich mit ihnen auf den Boden setzen sollen. Normalerweise würden Angehörige höherer Kasten nämlich draußen stehen bleiben. Wahrscheinlich würden die Klienten sogar zum Nachbarn gehen, um einen Stuhl für den Mitarbeiter zu leihen und selbst stehen bleiben oder sich auf den Boden setzen. Mir ist

es aber wichtig, den Klienten von Anfang an zu zeigen, dass sie genauso viel Wert sind wie wir und wir uns nicht über sie stellen wollen. Sie sollen erfahren, wie es ist, würdevoll behandelt zu werden, damit sie lernen ihren eigenen Wert zu entdecken. Mit jeder Familie erarbeiten wir einen individuellen Plan, womit sie künftig ihren Lebensunterhalt bestreiten wollen. Wenn sich jemand als Handwerker selbstständig machen möchte, helfen wir ihm, das nötige Werkzeug dafür zu besorgen. Wer als Obstverkäufer tätig sein möchte, dem besorgen wir einen Handkarren, damit er sofort mit der Arbeit beginnen kann. Für die nächsten zwei Jahre begleiten wir jede Familie auf ihrem persönlichen Weg. Wir bringen sie auch zu medizinischen Untersuchungen ins Krankenhaus und erklären ihnen, wo sie selbst ärztliche Hilfe bekommen können. Monatlich treffen wir uns mit allen befreiten Familien und bearbeiten die Themen, die sie sich selbst ausgesucht haben: Wie gehe ich am besten mit Geld um? Wie ernähre ich meine Kinder gut? Wie verhalte ich mich, wenn der Reismühlenbesitzer kommt und mich zurückholen will? Wie verhalte ich mich bei einer Aussage vor Gericht etc.? Auch biblische Werte wie Ehrlichkeit, Nächstenliebe oder Dankbarkeit bringen wir ihnen bei, ohne dabei die Bibel direkt zu erwähnen. Für Frauen, die sexuell missbraucht wurden, oder Arbeiter, die durch körperliche Misshandlung traumatisiert sind, haben wir eine Traumatherapie, in der sie lernen, ihre Erlebnisse zu überwinden und nach vorn zu schauen. Z. B. gibt es Tanzgruppen, in denen sie lernen ihren Körper ganz neu wahrzunehmen und anzunehmen. Die junge Frau, die der Besitzer missbrauchen wollte und die so mutig war, davonzulaufen und den Fall zu melden, hat mittlerweile ein paar Ziegen und verkauft deren Milch. Sie ist erst 25 Jahre alt und bereits Großmutter. Mit zwölf Jahren hat sie ihre Tochter bekommen. Leider müssen wir erfahren, dass der Reismühlenbesitzer tatsächlich wiederholt seine Leute auf Ramans Land geschickt hat, um ihn zu verprügeln und sich für die Verluste an ihm zu rächen. Doch Raman sagt uns, er habe nun keine Angst mehr vor seinem Peiniger. Er habe die Polizei gerufen und Anzeige erstattet. Die Polizisten hätten ihn ernst genommen und mit Respekt behandelt. Was ihm jedoch aufgefallen sei, ist, dass der Besitzer mittlerweile neue Schuldknechte unterdrückt. Da ich mir so etwas schon gedacht hatte, setzte ich sofort Mitarbeiter von uns auf den Fall an, die Ramans Verdacht bestätigten.

Ein Meilenstein in der Geschichte von IJM

Zwei Jahre nach der ersten Befreiungsaktion führt IJM erneut eine erfolgreiche Befreiung der Arbeiter in derselben Reismühle durch. Nach einem langen Antragsverfahren kommt es schließlich zum Gerichtsprozess. Wieder sitze ich auf der Bank der Zeugen, als der Angeklagte, der mittlerweile über achtzig ist, in den Raum gehumpelt kommt. Innerlich balle ich meine Fäuste: Dieser Heuchler hat vor Kurzem noch Menschen misshandelt und gibt sich jetzt als armer, kranker Mann aus, der kurz davor ist, zu sterben.

Mit bebender Stimme mache ich meine Zeugenaussagen. Der Richter zeigt Verständnis dafür, dass ich nur leise sprechen kann, und wiederholt deshalb jeden meiner Sätze für die Anwesenden. Dann ist der Verteidiger an der Reihe, der natürlich das Theater des Besitzers einwandfrei mitspielt und den Richter fragt, ob er sich wirklich vorstellen könne, dass dieser alte klapprige Mann in der Lage sei, jemandem etwas zuleide zu tun. Jetzt platzt mir der Kragen. Normalerweise darf ich nicht außerhalb meines Berichtes etwas sagen, doch ich kann nicht anders. Ich stehe auf und sage so laut es mir möglich ist: »Ja, dieser Mann ist ein super Schauspieler. Er spielt den Kranken, der jeden Moment sterben könnte, doch die Wahrheit ist, dies ist derselbe Mann, der vor wenigen Monaten versucht hat, eine Frau zu missbrauchen. Dieses ganze Theater ist eine Lüge.« Der Richter nickt mir zu und vertagt die Sitzung erst einmal. Obwohl wir einen Antrag auf ein schnelles Verfahren gestellt haben, dauert der gesamte Prozess ganze fünf Jahre. Es gibt zu viele Lücken im indischen Justizsystem, und die Anwälte und Richter haben einfach zu viele Fälle auf ihren Schreibtischen. Hinzu kommen Termine, die aus verschiedenen Gründen ausfallen müssen. Bei drei Verhandlungen, denen jeweils ein anderer Richter vorsteht, bin ich anwesend. Schließlich gibt es endlich eine Urteilsverkündung: Der Angeklagte wird aufgrund der wiederholten Tat und der Vorwürfe schwerer Misshandlung zu fünf Jahren Haft verurteilt. Ich kann es zuerst nicht glauben. Das ist in meinem Bundesstaat Tamil Nadu die bislang härteste Strafe für das Delikt von Sklaverei durch Schuldknechtschaft. Ab dem heutigen Tag wird dieser Fall in die Rechtsprechung des gesamten Staates eingehen. Jeder ähnliche Fall muss sich aufgrund des englischen Rechtssystems an unserem Urteil orientieren. Das bedeutet, dass eine Gefängnisstrafe leicht durchgesetzt werden kann. Endlich hat IJM-Chennai einen Meilenstein in der indischen Rechtsprechung geschaffen. Unser Fall ist einer der ersten Fälle, in denen die moderne Sklaverei Indiens überhaupt geahndet wurde. Sofort setzen wir alle Hebel in Bewegung, um den Erfolg flächendeckend in ganz Indien in die Medien zu bringen, denn das ist eins unserer Hauptziele. Durch das Publikmachen von Strafen wollen wir andere davor abschrecken, genauso wie der Reismühlenbesitzer zu handeln. Wir können immer nur wenige Menschen befreien, doch durch Öffentlichkeitsarbeit und Abschreckung können wir hoffentlich Millionen andere davor schützen, dasselbe Schicksal zu erleiden. Die Arbeit gelingt, und so bekomme ich am nächsten Tag von Freunden aus vielen Bundesstaaten Mails mit Zeitungsausschnitten über das Gerichtsurteil.

»Du verhilfst Waisen und Unterdrückten zu ihrem Recht und machst aller Gewalt auf Erden ein Ende.«
Psalm 10,18

Ramans Geschichte als Erfüllung meiner biblischen Prophetie

Raman hat sich während der Nachsorgetreffen immer wieder als Sprecher für die anderen herausgestellt, sodass wir ihn in unser Leitertraining aufnehmen. Es ist schön mitzuerleben, wie er immer selbstbewusster für seine Rechte und die Rechte der Gemeinschaft eintritt. Mehrfach kümmert er sich bei den Behörden um Unterstützung, sei es für Wasser, Strom, Lebensmittel oder kleine Teile Land. Ramans vier Kinder und auch die Kinder der anderen Arbeiter besuchen mittlerweile alle die Schule und dürfen nachmittags spielen, anstatt bei der Arbeit zu helfen. Er selbst setzt sich dafür ein, dass möglichst viele Menschen vor der Falle der Schuldknechtschaft gewarnt werden. Dazu begleitet er IJM-Teams, die in die umliegenden Dörfer fahren und Präventionskurse geben, um seine Geschichte zu erzählen. Wir sind stolz auf Raman und den Weg, den er gegangen ist. Sein Fall wird sogar weltweit in der Presse behandelt. Wenn ich darüber nachdenke, was in Ramans Leben passiert, sehe ich die Prophetie aus Jesaja 61 darin erfüllt. Dort heißt es: »Der Geist Gottes, des Herrn, ruht auf mir, denn der Herr hat mich gesalbt, um den Armen eine gute Botschaft zu verkünden. Er hat mich gesandt, um die zu heilen, die ein gebrochenes Herz haben, und zu verkündigen, dass die Gefangenen freigelassen und die Gefesselten befreit werden. Er hat mich gesandt, um ein Gnadenjahr des Herrn und einen Tag der Rache unseres Gottes auszurufen und alle Trauernden zu trösten. Er hat mich gesandt, um es den Trauernden zu ermöglichen, dass ihnen ein Kopfschmuck anstelle von Asche, Freudenöl anstelle von Trauerkleidern und Lobgesang anstelle eines betrübten Geistes gegeben wird; und dass man sie ›Eichen der Gerechtigkeit‹ und ›Pflanzung zur Verherrlichung des Herrn‹ nennen kann.«

Gott hat IJM gebraucht, um den Armen gute Nachricht zu bringen und die Gefangenen zu befreien. Durch diesen Prozess konnten Raman und seine Leute zu den Menschen werden, die Gott von Anfang an in ihnen gesehen hat.

Weiter heißt es in Jesaja 61,4: »Dann werden sie die uralten Ruinen wiederherstellen, und was seit Langem verwüstet war, wieder aufrichten. Sie werden sowohl die vom Krieg zerstörten Städte wiederaufbauen als auch die Trümmer vergangener Generationen.«

Raman hat sein Dorf so sehr verändert, dass Ländereien hinzugewonnen wurden und die Entwicklung vorangeschritten ist.

Jesaja 61, 5-9: »Fremde werden euch dienen: Sie werden eure Herden versorgen, eure Felder pflügen und eure Weingärten bestellen. Ihr werdet Priester des Herrn heißen, ›Diener unseres Gottes‹ wird man zu euch sagen. Ihr werdet euch von den Reichtümern der Völker ernähren und euch mit ihrer Herrlichkeit schmücken. Statt doppelte Scham und Schande tragen zu müssen, werdet ihr über euer Teil jubeln, denn den doppelten Anteil eures Landes werdet ihr erben, und euch wird ewige Freude zuteil. Denn ich, der Herr, liebe die Gerechtigkeit. Ich hasse den auf krummen Wegen erschlichenen Raub. Ich belohne mein Volk in Treue und werde einen ewigen Bund mit ihnen schließen. Ihre Nachkommen sollen unter den Nationen berühmt sein und ihre Kinder unter den Völkern. Jeder, der sie sieht, soll anerkennen müssen, dass sie ein vom Herrn gesegnetes Volk sind.«

Wir, das Team von IJM, waren Fremde und Ausländer, die Raman und seinen Leuten geholfen haben. Sie haben das Doppelte von ihrem Land geerbt, und viele Nationen wissen von Raman und seiner Familie. Jeder, der ihn sieht, weiß, dass unser großer Gott ihn befreit und wiederhergestellt hat.

Aarthi und Keerthi

Wir stoßen auf einen Fall von Zwangsprostitution Minderjähriger. Weil das Büro in Mumbai, das auf diese Fälle spezialisiert ist, zu weit entfernt liegt, übernehmen wir den Fall ausnahmsweise selbst. Obwohl wir eigentlich sieben Mädchen zu uns ins Hotel bestellt haben, werden nur die beiden Schwestern Aarthi und Keerthi[1] gebracht, die wir befreien können. Jahre später erfahre ich von einem der Mitarbeiter, die auf dem Hoteldach Wache geschoben haben, dass er gesehen hat, wie einige Wagen wegen Verstößen gegen die Verkehrsregeln von der Polizei angehalten worden sind. Wahrscheinlich waren auch die Zuhälter mit den anderen Mädchen darunter, die daraufhin Angst bekommen haben und umgekehrt sind. Ich bin überzeugt, dass es Gottes Plan für Aarthis und Keerthis Leben war, an diesem Tag befreit zu werden. Die beiden werden von der Polizei in ein Heim der Regierung gebracht, da es gesetzlich so vorgeschrieben ist. Weil ich bei der Befreiung dabei war und die Nächte mit ihnen auf der Polizeistation verbracht habe, bin ich nun auch in der Nachsorge für sie zuständig. Deshalb besuche ich sie in dem Heim, obwohl sie immer noch sehr wütend auf

---

[1] Ihre Befreiung wird am Buchanfang beschrieben

mich sind, weil ich sie von ihrer Mutter getrennt habe. Es ist das erste Mal, dass ich ein solches Heim betrete. Am Eingangstor des Geländes steht ein Wächter. Ich nenne ihm meinen Namen und das Anliegen meines Besuches. Daraufhin schließt er mir auf, und ich muss erst durch mehrere andere Gebäude hindurchgehen, um zu dem zweistöckigen Haus zu gelangen, in dem die Mädchen untergebracht sind. Die Türen und Fenster sind vergittert, ganz wie bei einem Gefängnis. Von einer Betreuerin werde ich durch die Eingangshalle die Treppe hinaufbegleitet zu einem Raum, in dem ich Mädchenstimmen hören kann. Die Tür ist abgeschlossen. Ich muss mich zusammennehmen, die Betreuerin nicht zu fragen, woher um alles in der Welt sie sich das Recht nimmt, die Mädchen hier einzuschließen. Das hier ist doch kein Gefängnis, sondern ein pädagogisch betreutes Heim. Als die Tür geöffnet wird, herrscht für einen Augenblick Stille, und mindestens 40 verwunderte Augenpaare mustern mich neugierig. Wegen des beißenden Gestankes, der mir entgegenschlägt, muss ich mich zusammenreißen nicht zu würgen. Es ist eine Mischung aus Schweiß, Toilette und abgestandener Luft. Als meine Augen sich an den dunklen Raum gewöhnt haben, erkenne ich die beiden Mädchen, mit denen ich vor zwei Wochen mehrere Tage auf der Polizeistation verbracht habe. Sie schauen mich fragend an und kommen dann zögerlich zu mir: »Pranitha. Was du hier tun?« Die Schwestern können kaum Englisch, und ich spreche leider nur ein paar Brocken Tamilisch, was unsere Verständigung nicht gerade erleichtert. Deshalb versuche ich, ihnen mit Händen und Füßen und einem Mix aus beiden Sprachen zu erklären, dass sie mir wichtig sind und ich wissen möchte, wie es ihnen geht. Eigentlich brauche ich diese Frage kaum zu stellen. Ich kann mir lebhaft vorstellen, wie es einem gehen muss, wenn man mit 40 oder 50 Mädchen in einem kleinen dreckigen

Raum eingesperrt ist. Darin gibt es nichts weiter als ein paar Matratzen auf dem Fußboden und eine Toilette im Nebenraum, aus der dreckiges Wasser bis ins Schlafzimmer läuft. Die Wände sind genauso heruntergekommen wie der Fußboden. Die Fenster sind vergittert, und es gibt nichts, womit die Mädchen sich hier beschäftigen könnten.

»Nicht gut, Pranitha. Wo meine Mutter?«, fragt Aarthi, die mich sofort mit ihrem wütenden Blick durchbohrt. Die anderen Mädchen haben inzwischen ihre Unterhaltungen wieder aufgenommen. Ich höre viele Beleidigungen und Obszönitäten, mit denen sie sich gegenseitig beschimpfen. Es tut mir so leid, dass Aarthi und Keerthi an diesem furchtbaren Ort sein müssen. Ich setze mich zu ihnen auf den Boden. »Ihr seid so wundervolle Mädchen. Es war nicht richtig, was eure Mutter mit euch gemacht hat, deshalb könnt ihr nicht zu ihr zurück.« Dass sie mich verstanden haben, erkenne ich daran, dass mich nun auch Keerthi böse anschaut: »Du unsere Mutter geklaut.« Ich erkläre ihnen noch einmal, dass ich ihnen nicht die Mutter wegnehmen, sondern sie beschützen möchte und aufpassen will, dass ihnen nicht noch einmal Leid zugefügt wird: »Ich komme nächste Woche wieder, um euch zu besuchen.« Die beiden haben sich schon umgedreht und schauen teilnahmslos aus dem Fenster auf die Straße, die Hände an den Gitterstäben drehen sie mir den Rücken zu. Mir blutet das Herz, als die Betreuerin hinter mir die Tür wieder zuschließt. Als sie meinen traurigen Blick bemerkt, erklärt sie: »Das ist zu ihrem eigenen Schutz. Wenn sie davonlaufen würden, wären sie draußen nicht sicher und hätten keinen Ort, an den sie gehen könnten. Nachmittags dürfen sie unten in der Eingangshalle spielen.« Warum sie keine Bücher und Spiele hätten, möchte ich wissen. »Kein Geld, und außerdem sind sie ja höchstens für drei Monate hier.«

Zu Hause erzähle ich Timmy von meiner traurigen Erfahrung. Er ist ein guter Zuhörer, allein seine Gegenwart spendet mir Trost und gibt mir Zuversicht.

Unsere Ehe

Timmy und ich ergänzen uns super. Mir ist Ordnung sehr wichtig, und wenn man einen Blick in Timmys Büro wirft, sieht man, dass er sich im Chaos wohl fühlt. Auch wenn er nicht so wirkt, würde ich ihn eher als extrovertiert bezeichnen, weil er es genießt, Menschen um sich zu haben. Ich brauche auch meinen Rückzug und Zeit für mich, die Gemeinschaft mit Menschen strengt mich auf Dauer an. Unsere Ehe ist für Indien sehr untypisch. Für viele indische Familien wäre sie sogar undenkbar, da wir in unterschiedliche Gemeinschaften geboren worden sind. Im traditionellen gesellschaftlichen Verständnis Indiens werden bei einer solchen Heirat beide Familien entehrt. Manche treibt das sogar zu Ehrenmorden. Noch immer werden 90 Prozent aller Ehen arrangiert, obwohl schon 1978 die Bevormundung bei der Heirat offiziell vom Parlament abgeschafft wurde. Wir sind froh, dass unsere Familien anders denken und sich mit uns über unsere Liebe freuen. Wenn die Ehe nicht von den Elternpaaren ausgehandelt wird, entfällt auch der Brautpreis, der offiziell zwar verboten, aber noch überall eingefordert wird. Viele Leute schauen uns komisch an und schütteln den Kopf, doch das stört uns nicht weiter. Wir sind auch nach der Hochzeit die besten Freunde geblieben und respektieren uns gegenseitig so, wie wir sind. In den meisten indischen Ehen ist der Mann berufstätig, und die Frau kümmert sich um Haushalt und Kinder. Die Mehrheit der Männer verhält sich, als hätte sie das Recht, über ihre Frauen zu bestimmen. Die meisten Ehefrauen sind sehr zurückhaltend, ehrfürchtig und ruhig gegenüber ihren Männern und fügen sich in das Bild, das die meisten Inder von Frauen haben. Meiner Meinung nach lassen sie sich viel zu viel gefallen. Sie wurden schon von klein auf in dem Denken erzogen, dass Männer mehr wert sind und das Sagen haben und Frauen dazu geboren wurden, sich um das Haus und die Kinder zu kümmern. Frauen sind in ihren Augen Gebrauchsgegenstände, die man benutzen und sogar ohne Konsequenzen in der Ehe vergewaltigen oder einfach austauschen kann. Sehr viele Frauen werden von ihren Ehemännern misshandelt. Nur jede hundertste dieser Frauen traut sich, rechtlich dagegen vorzugehen. Häufig ohne Erfolg, denn es gibt in Indien kein Gesetz, nach dem die Vergewaltigung innerhalb der Ehe verboten ist. Timmy und ich verhalten uns als ebenbürtige Partner. Er gibt mir alle Freiheiten und lässt mich auch beruflich das machen, was ich möchte. Trotzdem erkenne ich ihn als Oberhaupt der Familie an und lasse ihn endgültige Entscheidungen treffen. Allerdings finde ich, dass er ruhig öfter von diesem Recht Gebrauch machen könnte. Gegenseitig halten wir uns den Rücken frei, wenn einer von uns auf Reisen geht. Auch die Hausarbeit teilen wir gerecht unter uns auf. Es gibt in Indien nur sehr wenige Männer, die ihren Gästen einen Kaffee kochen oder ein Chapatti backen würden, doch Timmy tut so etwas. Es kümmert ihn nicht, wie die Leute darüber denken. Auch finanziell sind wir gleichberechtigt und teilen alles. Timmy fährt häufig als Lichtdesigner mit Bands auf Tournee oder spielt mit seiner eignen Band »A2J« Konzerte. Ich bin mit IJM oft für mehrere Tage auf Befreiungsaktionen unterwegs. Ich bin dankbar, dass es Timmy leichtfällt darauf zu vertrauen, dass Gott mich in gefährlichen Situationen bewahrt. Wenn ich ihm erzähle, was ich vorhabe, sagt er mir zwar seine Meinung zu den Dingen, lässt mich aber entscheiden, wie ich mich verhalten möchte. Mir geht es genauso. Auch Timmy hat einen starken Drang, sich für Gerechtigkeit einzusetzen. Kurz nach unserer Verlobung hat ein heftiges Erdbeben Hunderttausenden ihr Leben und ihren Besitz genommen. Es gab viele Regionen, die weder von der Armee noch der Regierung erreicht wurden. Damals hat die Organisation HBI Freiwillige gesucht, um an diese unbekannten Orte zu fahren, und Timmy hat sich sofort gemeldet. Das war sehr gefährlich, und ich wusste nie, ob er zurückkommen würde. Doch ich vertraute Gott. Seine Mutter bittet mich immer wieder, ihm solche Aktionen auszureden. Ich erwidere dann: »Ihr habt Gott euren Sohn gewidmet. Nun lasst ihn auch gehen! Wenn Gott ihn zu sich holen möchte, wird er das sowieso tun.«

Mit Aarthi und Keerthi vor Gericht

Sooft ich Zeit finde, besuche ich Aarthi und Keerthi im Heim. Schon nach wenigen Besuchen haben sie Vertrauen zu mir gefasst und freuen sich sogar ein wenig, wenn sie mich sehen. Ich bin eine kleine Abwechslung in ihrem tristen Alltag. Wann immer ich kann, bringe ich ihnen etwas zu lesen mit. Die Mitarbeiter in diesem Heim sind schlecht ausgebildet und werden noch schlechter bezahlt, weshalb sie kaum freundliche Worte für die Kinder übrighaben. Sie sind überfordert mit ihrem Job und haben gar nicht die Möglichkeit, einzeln auf die Kinder einzugehen. Deshalb sorgen sie nur für das Nötigste, damit sie überleben. Wenn ich in den Raum komme, erlebe ich manchmal, wie Mädchen sich schlagen. Ich kann sehen, wie fast jede von ihnen Wunden an den Unterarmen hat von Schnitten, die sie sich selbst zugefügt haben. Die Mädchen müssen glauben, etwas sehr Schlimmes getan zu haben, um hier eingesperrt zu sein. Aus den drei Monaten, die von der Regierung als höchste Verweildauer festgesetzt sind, ist für viele Mädchen schon ein Jahr geworden. Auch die beiden Schwestern sind nun schon mehr als sechs Monate hier, weil das Gericht noch nicht über ihre Zukunft entschieden hat. Mir fällt auf, dass sie nicht dieselbe obszöne Sprache verwenden und immer freundlich mit den anderen Mädchen und auch mit dem Personal umgehen. Ich bewundere ihre Stärke und versuche ihnen Mut zu machen, nicht aufzugeben, denn dieser Zustand wird nicht für immer sein.

Ihre Mutter will um das Sorgerecht für die beiden kämpfen. Immer wieder habe ich ihnen eingeschärft, dass sie vor Gericht die Wahrheit sagen sollen, wenn sie in den Zeugenstand gerufen werden.

Dass sie etwas gegen ihre Mutter aussagen sollen, ist für die beiden alles andere als einfach. Sie lieben ihre Mutter, trotz allem, was sie ihnen angetan hat. Was sollten sie auch anderes tun? Ihre Mutter ist schließlich die Person in ihrem Leben, zu der sie die stärkste Bindung aufgebaut haben. Sie hat sich um sie gekümmert, sie versorgt und ihnen Liebe geschenkt, auch wenn sie sie später benutzt hat. Diese Welt voll Widersprüche und Lügen ist die einzige, die die Schwestern bisher kennengelernt haben. Von einer Kollegin bei IJM, die Anwältin ist, habe ich den Rat erhalten, vor den Mädchen niemals etwas Schlechtes über ihre Mutter zu sagen. Diesen Rat habe ich beherzigt und bin ihnen in den letzten Monaten mit viel Verständnis begegnet. Jetzt schauen sie mich mit traurigen Augen an: »Müssen wir das wirklich tun?« Nur die Aussicht, ihre Mutter zu sehen, lässt sie schließlich mit mir ins Taxi steigen. Um sie ein wenig aufzumuntern, erzähle ich von Timmy und seiner Band, von meinen Nachbarskindern und einem Fußballspiel, das ich gestern Abend im Fernsehen gesehen habe. Ich möchte nicht, dass sie sich zu viele Gedanken über den bevorstehenden Termin machen.

Als wir ankommen, fallen sie ihrer Mutter sofort um den Hals und weichen nicht von ihrer Seite. Ihr Vater ist auch gekommen. Er hat sich schon vor längerem von der Mutter getrennt und weiß nichts von der Situation, in die seine Exfrau die Mädchen gebracht hat. Im Gerichtssaal schaut er immer wieder grimmig zu mir herüber, weil er annimmt, ich sei der der Grund für die missliche Lage seiner Töchter. Seine Exfrau hat ihm eine ganz andere Version der Ereignisse aufgetischt, in der sie mit den Mädchen nur jemanden im Hotel besuchen wollte und dann von mir und der Polizei fälschlicherweise bezichtigt und festgenommen wurde. Für ihn ist nicht seine Exfrau, sondern bin ich die Lügnerin.

Im heutigen Prozess geht es nur um das Sorgerecht und nicht um die Situation, aus der wir die Mädchen befreit haben. Letztendlich wird der Antrag der Mutter abgelehnt. Natürlich legt sie Widerspruch ein und bringt später auch noch ihren Exmann und den Onkel der Mädchen dazu, Einspruch einzulegen.

Immer wieder wenn sie gerichtlich für ihre Taten zur Verantwortung gezogen werden soll, taucht die Mutter unter und ist nicht auffindbar. Da sie gegen Kaution auf freiem Fuß ist und die Polizei nicht ihre Aufgabe erfüllt, sie zu suchen und zu den Gerichtsterminen zu bringen, zieht sich der Fall noch mehrere Jahre in die Länge.

Warten

Zwei Jahre nach unserer Hochzeit wünschen Timmy und ich uns ein Kind, doch ich werde einfach nicht schwanger. Ein Jahr vergeht, ohne dass sich Nachwuchs ankündigt. Wir geben die Hoffnung nicht auf und versuchen es weiterhin. Nachdem ganze zwei Jahre ins Land gegangen sind, raten Freunde, wir sollten uns ärztlich untersuchen lassen. Ich erwidere: »Wenn Gott uns ein Kind schenken möchte, wird er auch ohne ärztliche Hilfe zur richtigen Zeit meine Gebärmutter öffnen. Wenn nicht, adoptieren wir eben eins.« Obwohl es nicht immer leicht ist, das Warten und die Ungewissheit zu ertragen, vertrauen wir weiter auf Gott und bitten ihn, uns ein Kind zu schenken. Irgendwann denke ich, dass es vielleicht Gottes Plan für uns ist, keine eigenen Kinder zu bekommen, und mache mich in der Bibel auf die Suche nach dem Thema Kinderlosigkeit. Ich bitte Gott mir zu zeigen, was er darüber denkt. Schließlich treffe ich auf all die Menschen in der Bibel, denen Kinder sehr lange versagt blieben, und stelle fest, dass es die Stammväter des christlichen Glaubens sind: Abraham, Isaak und Jakob. Jeder von ihnen hatte einen festen Glauben und ist Gott treu geblieben. Und jedem von ihnen hat Gott schließlich doch noch Nachwuchs geschenkt. Auch Zacharias und Elisabet hatten längst nicht mehr daran geglaubt, ein Kind zu bekommen. Doch Gott sprach zu ihnen in einem Alter, in dem es biologisch unmöglich ist, noch Nachwuchs zu gebären, und schenkte ihnen Nachkommen. Jedes Einzelne dieser Kinder nimmt eine sehr wichtige Rolle in der Bibel ein. Nachdem ich all diese Geschichten gelesen habe, erfüllt mich ein tiefer Friede, und es fällt mir wieder leichter, zu vertrauen, dass Gott auch für uns einen guten Plan hat. Timmy und ich entschließen uns, auf ein eigenes Kind zu warten und als zweites ein Adoptivkind anzunehmen. Im Dezember 2005, viereinhalb Jahre nach unserer Hochzeit, frage ich Gott schließlich, ob er vielleicht doch möchte, dass wir ein Kind adoptieren. Als ich keine deutliche Antwort erhalte, sage ich am Neujahrstag zu ihm: »Jetzt ist 2006, und ich werde beginnen, mich in den Waisenheimen nach einem Kind umzusehen.«

Im Februar fliege ich mit einer jungen Frau, die von IJM aus Schuldknechtschaft befreit wurde, in die Vereinigten Staaten nach Florida. Sie erzählt dort bei verschiedenen Veranstaltungen ihre Geschichte. Meine Klientin ist noch nie in ihrem Leben in einer Stadt gewesen und spricht kein Wort Englisch. Sie weiß einfach nicht, wie man sich auf einem Flughafen verhalten muss, wann man sein Gepäck auf welches Band legt und so weiter. Deshalb kümmere ich mich um sie, wie um ein kleines Kind. Ich trage ihr Gepäck und versuche ihr, so gut es geht, alles zu übersetzen. Mein Tamilisch ist noch immer nicht besonders gut, doch ich lerne jeden Tag dazu. Zum Ende unseres Aufenthaltes besuchen wir zusammen mit ein paar Freunden die Universal Studios und Disneyland. Meine Klientin muss völlig überfordert mit dieser neuen funkelnden, bunten Welt sein, doch auch sie kann ein paar unbeschwerte Stunden erleben, in denen wir die anstrengenden letzten Tage ein wenig vergessen. Die Achterbahn bringt uns auf schwindelerregende Höhen und wirbelt uns kopfüber durch die Luft. Wir essen Eiscreme und lassen es uns gut gehen. Zum Abschluss besuchen wir meine Schwester Priscilla, die mit ihrer Familie in Texas lebt. Obwohl sie nach mir geheiratet hat, hat sie schon ein Kind. Meine kleine Nichte Priyanka ist ein Jahr alt.

Eine unerwartete Überraschung

Am letzten Tag meines Besuches führt meine Schwester Priscilla uns zum Abendessen aus. Nach dem Essen wird mir übel, und ich muss mich mehrmals übergeben. Den ganzen Abend über renne ich immer wieder ins Bad. Priscilla fragt mich irgendwann, ob es sein könnte, dass meine Übelkeit vielleicht noch eine andere Ursache haben könnte als das heutige Abendessen. Jetzt, wo sie es sagt, fällt mir ein, dass ich schon längere Zeit meine Periode nicht bekommen habe. Ich bitte sie, einen Schwangerschaftstest zu besorgen. Als ich den Test gemacht habe, starre ich ungläubig auf das Ergebnis: Ganz deutlich zeichnet sich eine zweite rote Linie auf dem Stäbchen ab. Ich bin tatsächlich schwanger! Innerlich dreht sich bei mir alles. Meine Freude mischt sich mit der Sorge, dass all die wilden Fahrten im Disneyland meinem Baby geschadet haben könnten. Weiterhin geht es mir miserabel, ich habe meinen kompletten Mageninhalt entleert und fühle mich sehr schwach. Zitternd rufe ich Timmy an: »Timmy, ich habe eine sehr schöne Nachricht für dich. Wir erwarten ein Baby. Aber ich bin auch sehr krank und weiß nicht, wie ich den 30-stündigen Flug morgen überstehen soll. Bitte bete für mich!« Timmy ist begeistert. So lange wünscht er sich schon Vater zu werden. Er verspricht, am Flughafen in Chennai auf mich zu warten und für mich zu beten. Meine Schwester hilft mir am nächsten Morgen beim Packen und bringt mich mit meiner Klientin besorgt zum Check-in-Schalter. Mir wird ganz schwindelig bei dem Gedanken, mich kaum selbst auf den Beinen halten zu können und nun auch wieder fürs Gepäck und Wohlergehen meiner Klientin zuständig zu sein. Mit letzter Kraft schleppe ich mich vorwärts, einen Schritt vor den anderen, nur nicht nachdenken. Ich weiß nicht wie, doch irgendwie überstehe ich diese Tortur, während der wir viermal umsteigen müssen. Bei unserem letzten Umsteigeflughafen rufe ich Timmy an und sage ihm, er soll sich bereithalten, mich bei meiner Ankunft sofort ins Krankenhaus zu fahren. Völlig erschöpft breche ich schließlich in seinen Armen zusammen. Wir wissen nicht, ob wir lachen oder weinen sollen. Im Krankenhaus werde ich sofort an zwei Sonden angeschlossen, um meinem Körper wieder Nahrung und ausreichend Flüssigkeit zuzuführen. Immer wieder bitte ich Gott, dass unserem Baby dieser Horrortrip nicht geschadet hat. Als mein Körper sich halbwegs stabilisiert hat, kann ich von einem Gynäkologen untersucht werden, der uns besorgt anschaut. Das Baby lebt, doch seine Herztöne werden immer schwächer. Ich soll unbedingt im Krankenhaus bleiben und so viel wie möglich liegen. Wir flehen Gott an, sich um unser Baby zu kümmern und dieses lang ersehnte Glück nicht schon wieder von uns zu nehmen. Von Tag zu Tag geht es mir und dem Baby ein wenig besser. Nach elf Tagen kann ich schließlich entlassen werden. Die Herztöne unseres Kindes sind stabil. Jetzt können wir uns endlich über unser bevorstehendes Familienglück freuen. Wieder einmal hat Gott unmittelbar auf mein Gebet geantwortet, als ich ihn im Dezember gefragt habe, ob wir ein Kind adoptieren sollen.

Weil ich mich immer noch sehr schwach fühle und unser Baby nicht unnötig belasten möchte, arbeite ich die nächsten zwei Monate von zu Hause aus. Als es mir besser geht, steige ich bei IJM wieder voll mit ein. Ich leite Befreiungen, fahre zu Regierungsbehörden und kümmere mich um die Nachsorge in den Dörfern. Auch mit immer dickerem Bauch arbeite ich ganz normal weiter. Meine letzte Befreiung leite ich, als ich im siebten Monat schwanger bin, und fliege auch noch zu einem Treffen nach Mumbai.

Neue Hoffnung für Aarthi und Keerthi

Aarthi und Keerthi leben jetzt schon länger als ein Jahr in dem Regierungsheim. Obwohl sie täglich von den anderen Mädchen angefeindet und sehr unzureichend versorgt werden, beschweren sie sich niemals. Ich bewundere ihren starken Willen und ihre Hoffnung auf eine bessere Zukunft, die sie nicht resignieren lässt. Bei meinen regelmäßigen Besuchen sehen sie meinen Bauch immer größer werden und sind ganz neugierig auf das heranwachsende Leben. Die Mädchen erzählen mir, dass sie früher eine christliche Schule besucht haben, obwohl sie hinduistisch erzogen wurden. Weil ich einen Ring mit dem Symbol eines Kreuzes trage, wissen sie, dass ich Christin bin. Deshalb bitten sie mich, ihnen eine Bibel

mitzubringen. Diesen Wunsch erfülle ich natürlich mit Freude und bringe ihnen bei meinem nächsten Besuch zwei Bibeln auf Tamilisch mit. Als IJM-Mitarbeiterin kann ich das nur tun, weil sie danach gefragt haben.

Das Heim plant, die beiden demnächst zur Mutter zurückzuführen.

Ich bin geschockt und spreche mit den Angestellten: »Das können Sie nicht machen. Ich werde nicht zulassen, dass die Mädchen zurück zu ihrer Mutter kommen.« Ich erhalte nur die müde Antwort, dass das nun mal die Art und Weise sei, wie sie hier arbeiten würden. Wenn es Eltern gebe, die regelmäßig zu Besuchen erscheinen und die Kinder wieder bei sich aufnehmen wollten, würden sie zurückgeführt werden. So seien die Regeln und daran werde sich gehalten. Ich kann einfach nicht fassen, wie unbeteiligt diese Mitarbeiter mir das erzählen, wie egal ihnen das Schicksal der einzelnen

Mädchen zu sein scheint: »Ich stimme Ihnen ja zu, dass das in den meisten Fällen die richtige Vorgehensweise ist, aber Sie müssen verstehen, dass hier eine andere Situation vorliegt. Die Mutter hat ihre Töchter für Sex verkauft, sie ist sprichwörtlich ihre Zuhälterin. Das Gericht hat ihr dafür das Sorgerecht entzogen. Ich möchte mit ihren Vorgesetzten sprechen. Außerdem werde ich mich an den gesetzlichen Vormund der Mädchen und an den Kinderschutzbund wenden.« Nun wird es den Mitarbeitern doch ein wenig mulmig, aber anstatt mir zuzusichern, dass für die Mädchen eine andere Lösung gefunden wird, werde ich aufgefordert, sofort zu gehen. Nach meinen Gesprächen mit den Direktoren, dem gesetzlichen Vormund der Kinder und dem Kinderschutzbund, erreiche ich zwar, dass sie vorerst im Heim verbleiben, ich werde daraufhin allerdings auf die »schwarze Liste« gesetzt.

Als ich in der nächsten Woche zu Besuch kommen will, fragt der Wachschutz am Tor des Geländes wie immer nach meinem Namen: »Es tut mir leid, Frau Timothy, ich habe die Anweisung erhalten, Sie nicht mehr reinzulassen.« In der nächsten Woche wiederholt sich das Ganze. Deshalb bitte ich andere Mitarbeiter von IJM, die Mädchen zu besuchen, und mobilisiere auch ein paar Leute aus meiner Kirchengemeinde, regelmäßig zu ihnen zu gehen.

Ich schaue mich unterdessen nach einem Heim mit besseren Lebensbedingungen für die zwei um. Jedes Heim, das ich besuche, ist besser als das Regierungsheim. Schließlich finde ich eins, das ganz in der Nähe meines Büros von IJM ist und auch Schulunterricht anbietet. Es sind noch zwei Plätze frei, die Mädchen müssten mit ihrem Vormund nur einen Antrag auf Wechsel des Heims stellen.

Diese frohe Nachricht lasse ich den Mädchen über eine Kollegin zukommen.

Schon wenig später kann der Umzug stattfinden. Hochschwanger nehme ich die beiden an diesem Tag in Empfang. Obwohl sie immer noch Vorbehalte gegen mich haben und wütend sind, dass ich ihnen die Rückkehr zu ihrer Mutter verbaut habe, freuen sie sich sichtlich, mich zu sehen.

Ein schwerer Schlag

Timmys Eltern unterstützen uns in den letzten Monaten meiner Schwangerschaft. Seine Mutter Dorothea, die ich liebevoll »Mumma« nenne, kocht jeden Tag etwas zu essen für uns. Sein Vater Robert, den ich »Dada« nenne, bringt es uns vorbei. Nach der Geburt will Dorothea für eine Weile bei uns wohnen und mir mit dem Baby helfen. Sie ist eine großartige Frau Gottes, von der ich so viel lernen kann. Ihr Haus steht immer offen für Gäste. Von ganzem Herzen dient sie ihren Mitmenschen, liebt sie bedingungslos, ist so geduldig und verurteilt andere nicht. Auch von ihrem Vertrauen auf Gott kann ich noch lernen.

Am 02. 09. 2006 ruft sie bei uns an. Ich erzähle meiner Schwiegermutter: »Mumma, heute ist der zehnte Jahrestag meiner Hirntumor-Operation und Gott hat mich noch immer am Leben erhalten und den Krebs nicht weiter wachsen lassen.« Sie antwortet: »O Pinky, ich bin so glücklich. Ich werde gleich in die Kirche gehen und für dich beten. Gibst du mir noch schnell meinen Sohn?« Ich sage ihr, dass Timmy gerade in Aufbruchstimmung ist und noch packen muss, weil er heute Abend einen Zug nach Bangalore nimmt, um dort mit seiner Band ein Konzert zu spielen. Wenn er zurück sei, würde er sich bei ihr melden. »Aber dann bist du ja ganz allein zu Hause mit deinem dicken Bauch, mein Kind. Komm doch zu uns, die anderen sind auch alle hier! Es wäre schön, wenn du kommst«, schlägt Dorothea vor. »Mumma, das geht nicht, ich muss mich noch um Timmys Tickets kümmern und sehen, ob sein Gepäck in Ordnung ist. Ich werde nicht allein sein, heute Abend kommt meine Schwägerin Cynthia und übernachtet hier. Morgen komme ich gern vorbei, wenn Timmy unterwegs ist.«

Mitten in der Nacht erhalte ich einen Anruf von Timmys Schwager Saji: »Mumma hat einen Schlaganfall erlitten. Wir haben sie ins Krankenhaus gebracht, doch da war sie schon von uns gegangen.« Ich kann nicht glauben, was ich da höre. Mumma ist tot? Das kann nicht sein, ich habe doch gerade noch mit ihr telefoniert. Es ging ihr hervorragend, sie war in der Kirche, um für mich zu beten. Mir wird heiß und kalt, und irgendwann habe ich nur noch einen Gedanken im Kopf: Timmy muss sofort zurückkommen. Ich setze mich ans Internet und buche einen Flug von Bangalore zurück nach Chennai, dann rufe ich einen seiner Band-Kollegen an, der schon eher in Bangalore angekommen ist: »Wenn Timmy ankommt, schick ihn bitte sofort zum Flughafen! Seine Mutter ist heute Nacht gestorben. Sein Flug zurück nach Chennai geht um 6:55.« Danach rufe ich bei meinen Eltern an und gebe ihnen Bescheid, dass wir Dorothea gern noch heute beerdigen wollen. Meine Mutter setzt sich sofort in den nächsten Zug nach Chennai. Als Timmy zu Hause ankommt, erkenne ich ihn nicht wieder. Er ist ganz blass, und sein Blick starrt ins Leere. Ich nehme ihn in den Arm, doch er kann noch nicht einmal weinen. Er muss völlig unter Schock stehen. Wenn ich etwas sage, reagiert er gar nicht oder viel später. Er kann einfach nicht fassen, was passiert ist und dass er die letzte Chance, mit seiner Mutter zu sprechen, nicht wahrgenommen hat. Immer wieder spricht er laut die Vorwürfe aus, die er sich selbst macht: »Ich war nicht genug für sie da, ich hätte sie öfter besuchen sollen. Warum bin ich gestern nicht ans Telefon gegangen!? Nein, das kann nicht sein. Mumma kann nicht tot sein.«

Timmys Schwager Saji und ich organisieren alles, was nötig ist, um Mumma noch heute Abend zu beerdigen. Wir wollen ihren Körper nicht so lange in der Wärme aufbewahren. Es ist nicht leicht, einen Platz auf einem Friedhof zu bekommen, da alle Friedhöfe schon sehr voll sind. Ich muss Geld von Freunden leihen und viele Leute über die Beerdigung informieren. Freunde und Verwandte kommen schließlich bei uns zu Hause zusammen, um Abschied von Dorothea zu nehmen, die so plötzlich aus unserem Leben getreten ist. Es fühlt sich alles noch so unwirklich an. Ich stehe mit meinem dicken Schwangerschaftsbauch am Grab und kann nicht fassen, dass wir gerade meine geliebte Schwiegermutter beerdigen.

Familienzuwachs

Zwei Wochen später sind wir zu einer Ultraschalluntersuchung im Krankenhaus. Ich weiß nicht, ob es der Stress der letzten Tage oder mein Kummer über den schweren Verlust ist, doch es stimmt etwas mit dem Baby nicht: »Frau Timothy, ihr Fruchtwasser ist signifikant weniger als beim letzten Mal. Es könnte sein, dass das Baby eine verengte Harnröhre hat und kein Urin lassen kann. Dann würde es so schnell wie möglich eine Operation benötigen. Sie können es drauf ankommen lassen, doch es wäre am besten, das Baby durch einen Kaiserschnitt zu holen.« Timmy und ich schauen uns an: »Auch das noch!« Mir stehen die Tränen in den Augen. Weil ich über meine Arbeit nicht krankenversichert bin, ist uns klar, dass dieser Eingriff fast ein gesamtes Jahresgehalt kosten würde, Geld, das wir definitiv nicht besitzen. Wir beten um Weisheit und stimmen schließlich der Operation zu. Natürlich ist die Gesundheit unseres Kindes wichtiger als alles Geld der Welt. Ein Termin wird uns in drei Tagen, der 20. September, angeboten, knapp einen Monat vor dem errechneten Geburtstermin. Trotz all des Kummers und der Sorgen fühle ich mich in Gott geborgen und empfinde die starke Gewissheit, dass er uns hindurchtragen wird. Zu Hause haben wir viel Besuch von Freunden, die uns in der schweren Zeit der Trauer über Dorotheas Tod beistehen. Als wir heute heimkommen und unseren Freunden erzählen, was die Ärzte gesagt haben, machen sie uns sofort Angebote: »Ich leihe euch Geld. Ihr könnt euch Zeit lassen mit dem Zurückzahlen.« Andere überweisen uns Geld. In unserer Gemeinde ist es üblich, sich in schwierigen Situationen gegenseitig auszuhelfen. So geschieht das Wunder, dass wir in wenigen Tagen die komplette Summe zusammenbekommen und auch die Beerdigung bezahlen können.

Am 20. September erblickt unsere kleine Tochter schließlich das Licht der Welt. Nachdem ich mich von der Narkose erholt habe, bestaunen wir unser Wunder: Sie ist winzig, doch sie ist ein perfekter kleiner Mensch. Amüsiert stellen wir fest, dass auch ihre Haut ganz rosa ist. Vorsichtig nehmen wir unsere Mini-Pinky in die Arme. Sie wirkt so zart und zerbrechlich, dass wir Angst haben, sie zu fest anzufassen. Als die Ärzte uns nach den Untersuchungen mitteilen, dass ihr nichts fehlt, sind wir erleichtert. Die befürchtete Operation ist nicht notwendig.

Schon lange haben wir uns darauf geeinigt, unser Kind Jordan zu nennen, egal, ob es ein Junge oder ein Mädchen wird. Jetzt berichten wir allen Freunden und Verwandten die vorbeikommen oder Glückwünsche senden, von unserer kleinen Jordan und erhalten irritierte Reaktionen. Viele erfahren es auch durch eine E-Mail, in der IJM-International von der Geburt Jordans informiert. Daraufhin kommen Kommentare, wie: »Jordan ist doch ein Jungenname, so könnt ihr doch eure Tochter nicht nennen!« Mein Onkel sagt: »Warum sollte man jemanden Jordan nennen, wird euer nächstes Kind dann Palästina oder Israel heißen?« Als wir am nächsten Morgen aufwachen, sprechen Timmy und ich noch einmal über die Namensgebung: »Vielleicht haben die Leute recht, und Jordan wird es mit diesem Namen nicht leicht haben. Es wird in der Schule zu Verwechslungen und Hänseleien kommen. Lass uns ihr doch einen anderen Namen geben!« Schließlich schlage ich Diya vor. Schon lange mag ich diesen Namen der »Licht« oder »gegeben« bedeutet. Timmy schaut mich an und sagt lächelnd: »Okay, Diya ist schön. Gott hat sie uns nach so langem Warten gegeben.«

Doch wir ahnen noch nicht, wie sehr dieses zarte Persönchen von heute an unser Leben auf den Kopf stellen wird.

Leider leidet unser kleines Licht unter Dreimonatskoliken, weshalb wir in den nächsten Wochen gefühlt 24 Stunden am Tag wach sind. Sie beginnt abends zu schreien und beruhigt sich erst im Morgengrauen. Einer von uns trägt sie die ganze Zeit durch die Wohnung und versucht immer wieder, sie schlafen zu legen. Doch sobald sie sich beruhigt hat und einschläft, wird sie von der nächsten Kolik gequält und wacht schreiend auf. Ich leide mit ihr. Es bricht mir das Herz, meinem winzigen, schmerzgeplagten Töchterchen nicht helfen zu können.

Tagsüber wechseln wir uns mit der Betreuung von Diya ab und arbeiten beide von zu Hause aus. In der ersten Woche ist auch meine Mutter bei uns, um zu helfen. Danach kommen immer wieder Freunde, die uns unterstützen. Sie wissen, dass jetzt eigentlich Dorothea hier sein wollte.

Unser Leben ist ein Wechselbad aus Kummer, Überforderung und Freude. Neben all dem Schweren ist es einfach nur wundervoll, unser Kind in den Armen zu halten. Sie bringt so viel Freude in diese schwere Zeit. Timmy hat noch mit seinem Schock über den Verlust seiner Mutter zu kämpfen. Nicht jedem fällt auf, dass er leidet. Ich aber merke ganz deutlich, dass Timmy noch nicht wieder zu seinem coolen, fröhlichen Selbst zurückgefunden hat.

Unsere Gemeinschaft mit jungen Leuten

Timmy und ich besuchen sonntags eine freie evangelische Gemeinde, das »Powerhouse«. Das ist eine einzigartige Kirche, die von unserem Pastor Jeykaran und seiner Frau Kavita geleitet wird. In Indien gibt es bisher nur sehr wenige Gemeinden, in denen auch Frauen Raum für Leiterschaft gegeben wird. Das zeigt, wie anders das »Powerhouse« ist. Wir sind eine Gruppe junger, engagierter Menschen, denen es wichtig ist, uns gegenseitig zu lieben, zu unterstützen und anzunehmen, wie wir sind. Wir wollen, dass unsere Kirche relevant, real, aus unserer Gemeinschaft herausreichend, kompromisslos und beziehungsfördernd ist. Uns ist außerdem wichtig, dass alle, die in die Kirche kommen, zuallererst spüren und wissen, dass sie zu unserer Gemeinschaft dazugehören. Zweitens ist uns wichtig, dass sie die verändernde und rettende Kraft von Jesus Christus kennenlernen und daran glauben. Und letztlich sollen sie ausstrahlen und durch ihr Verhalten zeigen, dass sie von Gott verändert und Jesus Christus immer ähnlicher werden. Damit stellen wir einen Gegensatz zu den meisten Kirchen dar, in denen zuerst von einem verlangt wird, sich auf eine bestimmte Weise zu verhalten, bevor man in die Gemeinschaft aufgenommen wird. Erst danach hört man von der verändernden Kraft Christi. Im »Powerhouse« wollen wir mit allen Menschen Gemeinschaft leben und ihnen zeigen, dass niemand wertvoller ist als der andere. Hier umgeben von Menschen zu sein, die mir Mut machen, für mich beten und mir immer wieder Gottes Perspektive auf die Welt vor Augen führen, ist sehr wohltuend. Mittlerweile habe ich die tiefe Überzeugung gewonnen, dass Gott mich geplant und schon bedingungslos geliebt hat, noch bevor ich geboren wurde. Von Anfang an hatte er einen Plan, was ich einmal tun sollte. Jede Sekunde meines Lebens ist er an meiner Seite, und ich bin überzeugt davon, dass getrennt von ihm kein wirkliches Leben, keine Liebe, kein Frieden und keine Freude existiert. Timmy und ich beschließen deshalb nach Diyas Geburt, dass wir gern noch intensiver für junge Menschen da sein wollen, um unseren Glauben und unser Leben mit ihnen zu teilen. Wir beginnen das »U-Turn«, ein wöchentliches Treffen für junge Erwachsene, zu leiten. Unser Hauptziel ist es, den Jugendlichen Mut zu machen, ihre Träume zu leben, ihren Weg mit Gott zu gehen und ihren Wert und ihre Fähigkeiten zu entdecken. Jeden Sonntag nach dem eigentlichen

Gottesdienst, in dem wir eine Predigt hören und begleitet von leidenschaftlicher Rockmusik Loblieder für Gott singen, treffen wir uns mit den jungen Menschen. Zuerst gibt es ein gemeinsames Essen, dann spielen wir Spiele, erzählen uns gegenseitig von Erfahrungen, die wir mit Gott gemacht haben, beten, diskutieren über eine Bibelstelle und genießen vor allem das Zusammensein. Meist laden wir später noch alle zu uns nach Hause ein, wo wir in gemütlicher Atmosphäre den Abend ausklingen lassen. Schon bald sind die jungen Leute wie ein Teil unserer Familie. Sie gehen in unserer Wohnung ganz selbstverständlich ein und aus, weil wir ihnen sagen, dass sie jederzeit zu uns kommen dürfen, wenn sie jemanden zum Reden brauchen oder einfach nur Gemeinschaft haben wollen.

Für mich ist diese Arbeit wie eine Seelen-Tankstelle. Bei IJM bin ich täglich mit so viel Leid, Elend und Hoffnungslosigkeit konfrontiert, dass ich nicht selten deprimiert nach Hause komme. Es müsste noch so viel mehr getan werden, um allen Benachteiligten zu helfen. Dagegen die jungen Menschen zu sehen, wie sie aufblühen, sich ausprobieren und ihre Stärke im Glauben entdecken, erfüllt mich mit Freude und gibt mir neue Kraft. Allein dadurch, dass wir unser Leben teilen und füreinander beten, geschieht so viel Gutes. Einige der jungen Leute sollen selbst zu Wort kommen:

»Mein Leben wäre sehr anders verlaufen, wenn ich Pinky und Timmy nicht kennengelernt hätte. Ich lebe mit meiner Familie in einem Slum und bin früher nicht sehr häufig in die Schule gegangen. Man könnte sagen, dass ich mein Leben verschwendet habe. Ein Freund hat mich dann mit zum ›Powerhouse‹ genommen, wo ich all die Leute vom ›U-Turn‹ kennengelernt habe. Ich war überrascht, wie offen mich die Leute in ihre Gemeinschaft aufgenommen haben. Das hat dazu geführt, dass ich mich hingesetzt und gelernt habe, um etwas aus meinem Leben zu machen. Mittlerweile habe ich einen Abschluss in Journalismus und schreibe am liebsten über sozialkritische und politische Themen (beispielsweise habe ich mal eine Zeit lang mit Menschen zusammengelebt, die unter den Brücken schlafen, und über sie geschrieben) oder über die Probleme der Transvestiten, die von der Gesellschaft ausgestoßen sind. Mein Kollege war nicht sehr begeistert über diese harten Themen, doch mir ist es wichtig, auf die Probleme aufmerksam zu machen. Dort, wo ich lebe, gibt es genug Stoff zum Schreiben. Es geschehen immer wieder Morde, und letzten Monat wurden z. B. 30 Familien von der Polizei geräumt. Sie mussten ihre Häuser verlassen und wurden obdachlos. Die Leute sagen mir, ich solle mich lieber nicht in diese politischen Dinge einmischen, doch das ist mir egal. Bei Pinky und Timmy gehe ich ein und aus wie in meinem eigenen Zuhause. Wir albern herum, ich esse ihnen ihr Essen weg, und wir schauen zusammen Fußball. Wenn Chelsea verliert, mache ich mich über sie lustig, und wenn United verliert, lachen sie mich aus. Ich bewundere Pinky, wie sie sich als Frau in dieser männerdominierten Gesellschaft durchsetzt und auch beruflich ihren Weg geht. Dazu gehört eine Menge Mut. Sie widmet sich ihrer Arbeit mit ganzem Herzen, und trotzdem schafft sie es, das berufliche vom Privaten gut zu trennen und Gott immer an die erste Stelle zu setzen. Sie hat mir viel über ihr früheres Leben, und alles was sie durchgemacht hat, erzählt. Wenn ich mich mal in einer schwierigen Lage befinde, denke ich an sie, wodurch meine Probleme gleich viel kleiner werden.«

Abinesh

»Ich bin eher schüchtern, doch als ich ins ›Powerhouse‹ und zu ›U-Turn‹ kam, hat Pinky sich darum gekümmert, dass ich ganz schnell Kontakt zu den anderen gefunden habe. Sie hat eine Gabe, jeden Einzelnen zu integrieren, sodass man sich schnell wohl fühlt. Als ich 2011 nach Chennai gezogen bin, hat Pinky im September mitbekommen, dass ich Geburtstag habe, aber mir ein Ort zum Feiern fehlt. Sie hat mich eingeladen, in ihrer Wohnung eine kleine Feier zu geben. Dadurch habe ich sie besser kennengelernt und komme seitdem oft zu ihr nach Hause. Im Januar 2012 ist meine Mutter gestorben, weshalb ich seitdem ganz allein lebe. Ich bin so dankbar, dass ich bei Pinky und Timmy einen Ort habe, zu dem ich immer kommen kann, und eine Familie habe. Durch sie habe ich gelernt, offen für alle Menschen zu sein und meine Vorurteile abzu-bauen. Es ist mir auch wichtig geworden, genau wie sie für andere da zu sein. Jeden Samstag treffen wir uns mit einer kleinen Gruppe bei ihr, um für alle jungen Menschen aus der Gemeinde zu beten. Pinky ist es wichtig, mitzubekommen, was bei jedem von uns pas-siert. Sie würde nie jemanden vergessen und denkt sogar noch an alle, die schon lange weggezogen sind und nicht mehr zu ›U-Turn‹ kommen.«

Rachel

Aarthi und Keerthi

Ein paar Wochen nach ihrer Geburt nehme ich Diya mit zu Aarthi und Keerthi ins Heim, um sie ihnen vorzustellen. Die beiden Mäd-chen sind ganz aufgeregt und berührt, dass ich mein zartes, verletz-liches Baby mit in das Heim bringe, nur um es ihnen zu zeigen.

Ganz vorsichtig berühren sie meine Tochter wie eine zerbrechliche Porzellanpuppe.

Im neuen Heim können die beiden endlich wieder Unterricht nehmen. Da sie fast zwei Schuljahre versäumt haben, helfe ich ihnen, den Stoff nachzuarbeiten. Ich bin so stolz auf meine tapferen Mädchen, als sie schließlich mit Bravour die Aufnahmeprüfungen für ihre altersentsprechenden Jahrgänge bestehen. Mittlerweile sprechen sie viel besser Englisch, und ich habe meine Tamil-Kenntnisse erweitert, sodass auch unsere Verständigung immer besser gelingt. Ich kümmere mich darum, dass sie so gut wie möglich gefördert werden und auch Computer-, Sport- und Kunstkurse besuchen können. Weil ich auch nach den obligatorischen zwei Jahren Nachsorge von IJM meine Besuche fortsetze, wird unsere Beziehung immer persönlicher. Ab und zu besuchen sie die Gottesdienste im »Powerhouse« und nehmen an der Jugendgruppe teil, wo sie schnell Freundschaften schließen. Die Mädchen fangen an, mir zu vertrauen und zu glauben, dass ich es gut mit ihnen meine und mich dafür einsetze, ihnen eine bessere Zukunft zu ermöglichen. Da die Mutter auch im zweiten Anlauf vor Gericht nicht das Sorgerecht zugesprochen bekommt, dürfen sie nicht zu ihr nach Hause fahren. Sie sind aber nach wie vor fest mit ihr verbunden und leihen sogar Geld, um ihr bei der Finanzierung des Gerichtsprozesses zu helfen. In den Ferien besuchen die Schwestern ihren Vater.

Unsere Maids

Die ersten drei Monate mit Diya arbeite ich von zu Hause aus, doch ich muss feststellen, dass es nicht mehr genauso geht wie früher. Immer ist da dieses kleine Wesen mit seinen Bedürfnissen. Nichts funktioniert, wie man es sich vorstellt. Mein Baby lehrt mich schließlich geduldiger zu werden und meine Ansprüche an mich selbst ein wenig zurückzuschrauben.

Der erste Tag, an dem ich zurück ins Büro gehe, ist schrecklich. Ich leide unter schweren Gewissensbissen und fühle mich so schuldig, nicht mehr den ganzen Tag für meine Tochter da zu sein. Das Verantwortungsbewusstsein für meinen Job und der Wunsch, eine gute Mutter zu sein, zerreißen mich. Ich kämpfe mit den Tränen. Nur die Gewissheit, dass meine Mutter für die nächsten drei Monate bei uns ist und sich um Diya kümmert, hilft mir schließlich, mich auf meine Arbeit zu konzentrieren. Doch ich bin lange nicht so produktiv wie früher, als IJM mein einziges »Baby« war. Es sind noch dieselben Aufgaben, doch ich achte darauf, nicht mehr so viel auf Reisen zu sein und weniger Überstunden zu machen. Zu Hause wartet ein kleiner Mensch auf mich, der seine Mutter braucht. Die Koliken haben aufgehört, sie zu quälen, wodurch ihr Gemüt immer sonniger wird und ich abends mit einem Lächeln empfangen werde. Timmy arbeitet von zu Hause aus, weshalb er sich die Kinderbetreuung mit meiner Mutter teilt. Mein Mann ist bereits Profi im Milchanrühren, Windelnwechseln und Schlafliedersingen. Die Kleine ist jetzt schon ein richtiges Papakind, weshalb die beiden auch, nachdem meine Mutter wieder nach Hause gefahren ist, ein tolles Team sind.

Diya ist nicht nur fröhlich, sondern auch unglaublich aktiv und lebhaft. Deshalb halten wir bald Ausschau nach einer größeren Wohnung und finden schließlich ganz in unserer Nähe etwas, wo unser kleiner Wirbelwind sich viel besser austoben kann. Schon im Krabbelalter zieht sie sich an allem hoch, was ihr in den Weg kommt, oder kriecht darunter hindurch. Dabei ist sie sehr vorsichtig und stößt sich so gut wie nie den Kopf. Was uns Sorge bereitet, ist, dass sie immer noch sehr klein ist und langsam wächst. Es ist unglaublich schwer, sie davon zu überzeugen, Nahrung zu sich zu nehmen. Das beansprucht viele Nerven, Geduld und Gebete. Als sie schließlich laufen kann, ist Diya unaufhaltbar. Sobald man einen Moment nicht hinsieht, schiebt sie sich Stühle in der Wohnung herum, um alles nur erdenklich Mögliche erklettern zu können. Anfangs versuche ich noch, sie davon abzuhalten. Ich habe Angst, sie könnte sich wehtun. Doch sie ist so geschickt und vorsichtig, dass ich bald genug Vertrauen in ihre Kletterkünste habe.

Ein Jahr nach Diyas Geburt entschließen wir uns, eine Hausangestellte einzustellen, die sich tagsüber um sie kümmert, damit Timmy in seinem Studio arbeiten kann. Indischen Kindergärten trauen wir nicht. Zu häufig haben wir von Bekannten gehört, dass dort schlecht ausgebildete Erzieher arbeiten, die die Kinder vernachlässigen oder sogar missbrauchen.

In Indien ist es deshalb gängige Praxis, für die Kinderbetreuung eine Maid anzustellen. Fast alle Maids sind Angehörige der armen Bevölkerung und sprechen in der Regel kein Englisch. Der vorgeschriebene monatliche Mindestlohn für eine Maid beträgt 3 000 Rupien (43 €). Die meisten Inder beauftragen ihre Kindermädchen auch noch mit dem Kochen und Putzen. Wir stellen eine Maid ein, die sich ausschließlich um Diya kümmern soll, und zahlen ihr 7 000 Rupien (100 €) monatlich. Mir ist es wichtig, die arme Bevölkerung nicht auszubeuten, sondern zu unterstützen. Vor allem weil ich weiß, dass die meisten Maids alkoholabhängige Männer haben, die sich nicht zuverlässig um die Familien kümmern. Neben dem Kindermädchen beschäftigen wir eine Köchin und eine Putzfrau, die nur für zwei bis drei Stunden am Tag zu uns kommen und 2 500 bis 3 000 Rupien (35–43 €) im Monat dafür bekommen. Sie haben Jobs in mehreren Familien. Es ist gar nicht einfach, zuverlässige Maids zu finden, obwohl wir ihnen mehr zahlen als der Großteil ihrer Arbeitgeber. Leider ist es notwendig, seine Maids ständig zu kontrollieren, da sie ansonsten schnell nachlässig werden, was Pünktlichkeit und Zuverlässigkeit angeht. Da Timmy und ich tagsüber arbeiten gehen, sind unsere Maids mit Diya allein in der Wohnung und haben viele Freiheiten, die sie auch gern ausnutzen. Manchmal kommen Sachen von uns weg, was mir meist aber gar nicht oder erst sehr viel später auffällt. Auch wenn sie nicht jeden Tag zur Arbeit kommen, zahlen wir unseren Maids den vollen vereinbarten Monatslohn. Nicht selten kommt es vor, dass das Kindermädchen am Morgen einfach nicht erscheint. Wir können von Glück sprechen, wenn sie uns telefonisch über den Grund und die Dauer ihrer Abwesenheit informiert. Dann kann einer von uns an diesem Tag nicht arbeiten gehen und muss sich um Diya kümmern. Wenn sich die Tage von Abwesenheit zu sehr häufen, gucken wir uns nach einer neuen Maid um. Einmal stellen wir ein sehr junges Mädchen ein. Schon nach wenigen Tagen fällt mir auf, dass Ohrringe fehlen. Zuerst denke ich, ich hätte sie verlegt, doch dann fehlen immer wieder Dinge, und wir stellen unsere Maid zur Rede. Sie streitet ab, irgendetwas aus unserem Haushalt mitgenommen zu haben. Wenn wir ihr kein Unrecht nachweisen können, ist sie gesetzlich vor Kündigung geschützt. Deshalb stelle ich an einem Tag zwei Handykameras in der Wohnung auf, bevor ich das Haus verlasse.

Am Abend schaue ich mir die Aufnahmen an. Ganz deutlich ist darauf zu erkennen, wie unsere Maid in die verschiedenen Schränke schaut und einzelne Gegenstände einsteckt. Am nächsten Tag trägt sie sogar die gestohlenen Ohrringe. Wahrscheinlich hat sie ein psychisches Problem wie Kleptomanie, denke ich. Wir konfrontieren sie mit den Videos und kündigen ihr schließlich. Auch ihre Mutter benachrichtigen wir, die sehr wütend auf ihre Tochter wird und sie sogar vor unseren Augen schlägt. Das tut mir leid, denn ich finde es grundsätzlich falsch, körperliche Gewalt als Strafe anzuwenden. Alles, was sie von unseren Sachen noch hat, bringt das Mädchen zurück. Es ist traurig, wenn durch solche Erlebnisse die Vorurteile gefestigt werden, die so viele Inder gegenüber den Armen in ihren Köpfen haben.

Die meisten blenden dabei aus, dass viele arme Menschen gar keine andere Überlebenschance haben, als kriminell zu werden. Entweder stehlen und betteln sie, oder sie müssen verhungern.

Polizeischulungen

Einige Erlebnisse, die wir mit Polizisten machen, haben viel mit Frustration zu tun. Um eine gute Arbeit zu garantieren und Gerechtigkeit durchzusetzen, sind eine gute Ausbildung, eine angemessene Vergütung und ausreichend Ressourcen nötig. Das ist nicht immer der Fall und kann dazu führen, dass Polizisten korrupt werden. Anfangs sind einige von ihnen noch enthusiastisch und versuchen für das Recht einzutreten. Doch je öfter sie erfolglos scheitern, desto frustrierter werden sie. IJM hat deshalb begonnen, spezielle Schulungen für Polizeieinheiten anzubieten. Wir sind davon überzeugt, dass Weiterbildungen einen großen Effekt auf die Motivation und Leistung der Beamten haben. Dort lernen sie, Fälle von Menschenhandel und Schuldknechtschaft zu erkennen, Beweise zu sichern und Befreiungen durchzuführen sowie die mutmaßlichen Täter zu verhaften. Auf politischer Ebene setzten wir uns für eine Verbesserung in der Ausbildung, Ausstattung und Bezahlung der Polizei ein. Es ist schön zu erleben, wie einige Polizisten auf einmal Sinn in ihrer Arbeit erkennen, sich aufrichten und stolz auf ihren Beruf sind. Immer häufiger kommt es jetzt vor, dass wir von Polizeibeamten Fälle gemeldet bekommen und gemeinsam bearbeiten.

Der Wert eines Sklavenlebens

In der Nachsorge betreuen wir einen zwölfjährigen Jungen, der sehr verbittert ist. Er musste in einer Ziegelei die Schulden seiner Familie abarbeiten. Als er die furchtbaren Arbeitsbedingungen nicht mehr aushielt, ist er weggelaufen und hat bei seinen Eltern im Dorf Schutz gesucht. Der Ziegeleibesitzer wurde sehr wütend und hat seine Leute in das Dorf geschickt, um den Jungen und seine Eltern zu holen. Als alle drei dort ankamen, wurden Mutter und Sohn in eine Garage gesperrt. Durch einen Spalt konnten sie beobachten, wie der Vater an einen Pfahl gebunden und geschlagen wurde, um dem Jungen eine Lektion zu erteilen. Auf einmal sahen sie den Vater ganz schlaff zu Boden fallen und sich nicht mehr bewegen. Als der Besitzer ihn losband, musste er feststellen, dass seine Leute ihn vor den Augen seiner Frau und seines Sohnes zu Tode geprügelt hatten. Wegen dieses Unrechtes wurde schließlich IJM von Dorfbewohnern informiert, und wir konnten Mutter und Sohn befreien. Wir haben die Polizei und das Gericht dazu gebracht, noch einmal von einem anderen Leichenbeschauer die Todesursache feststellen zu lassen. Danach wurde die Leiche ordentlich beerdigt. Durch viele Gespräche und Nachsorgeeinheiten versuchen wir, den beiden zu helfen, ihr traumatisches Erlebnis zu verarbeiten. Doch die Seele des Jungen ist zerfressen von Wut und Hass. Durch nichts können wir ihn davon überzeugen, seinen Hass loszulassen und zu vergeben. Er verhält sich sehr destruktiv, will anderen wehtun und ist getrieben von seiner Idee nach Vergeltung. Als ich ihn eines Tages frage, was

er einmal werden möchte, antwortet er: »Ich werde Polizist, damit ich zurück in die Ziegelei gehen und mich an dem Besitzer rächen kann.«

Mir versetzt diese Antwort gleich zweifach einen Stich. Einmal, weil der Junge anscheinend so tief verletzt ist, dass er resistent gegen all unsere Versuche, ihn zu erreichen, ist. Und zum anderen, weil mir durch seine Antwort vor Augen geführt wird, was für ein Bild schon Kinder in Indien von der Polizei haben.

Diese Geschichte ist nicht der einzige Fall, von dem wir hören, in dem Schuldknechte von Fabrikbesitzern zu Tode geprügelt oder sterben gelassen werden.

Eine andere erschütternde Geschichte hören wir von Aleika*. Ihr Sohn wurde ohne ihr Wissen gezwungen, in einer Ziegelei Schulden für einen Freund abzuarbeiten, der einfach verschwunden war. Als sie schließlich herausfand, wo er war, ist ihm nach und nach seine ganze Familie gefolgt, um ihm zu helfen. Doch als sie einmal in den Fängen des Besitzers waren, konnten sie die Ziegelei nie wieder verlassen. Aleika hatte noch einen Säugling, den sie durch Muttermilch ernährte. Doch weil sie in der Ziegelei so schwere körperliche Arbeit leisten musste, versagte ihre Milchproduktion, und sie konnte das Kind nicht mehr ernähren. Der Besitzer ließ sie weder ihre Arbeit unterbrechen noch Hilfe holen. So musste die verzweifelte Mutter mit ansehen, wie das Kind neben ihr immer schwächer wurde und schließlich elendig an Hunger starb. Als sie ihr Baby daraufhin auf dem Gelände begrub, ließ der Besitzer es wieder ausgraben und in den Fluss werfen, mit den Worten: »Die Leiche verunreinigt meinen Boden.« Dieses schockierende Erlebnis setzte in der Mutter so viel Mut frei, dass sie einem Wärter das Handy klaute und in ihrem Dorf anrief. Jemand kannte die Nummer von IJM und verständigte uns schließlich, sodass wir Aleika, ihre Familie und viele andere Arbeitssklaven befreien konnten. Aleika hat ihre Geschichte immer und immer wieder erzählt, um andere Menschen zu warnen und vor demselben Schicksal zu schützen. Durch die Nachsorge und das Leiterschaftstraining ist sie mittlerweile eine Leiterin ihrer Dorfgemeinschaft und tritt für deren Rechte ein. Manchmal verfolgen mich diese Geschichten bis in den Schlaf. Ich trauere darüber, was den Arbeiten angetan wurde, und schlafe sehr schlecht. Ständig bin ich darauf angewiesen, dass Gott mich durch seinen Heiligen Geist tröstet, leitet und wieder aufbaut. Wenn es mir gelingt, daran zu denken, weshalb Gott mich zu dieser Aufgabe berufen hat und dass er mir hilft, werde ich von seinem überirdischen Frieden erfüllt.

»Doch wenn der Vater den Ratgeber als meinen Stellvertreter schickt – und damit meine ich den Heiligen Geist –,wird er euch alles lehren und euch an alles erinnern, was ich euch gesagt habe. Ich lasse euch ein Geschenk zurück – meinen Frieden. Und der Friede, den ich schenke, ist nicht wie der Friede, den die Welt gibt. Deshalb sorgt euch nicht und habt keine Angst!« Johannes 14, 26f.

Offene Wunden

Nicht alle Sklaven sind uns dankbar für ihre Befreiung. Sie haben Angst vor einem Leben auf eigenen Beinen und Angst, dass sie und ihre Kinder verhungern werden. In Schuldknechtschaft müssen sie zwar hart arbeiten und haben keine Rechte, doch man gibt ihnen zumindest so viel zu essen, dass sie überleben können. In Freiheit müssen sie sich ganz neuen Herausforderungen stellen und selbst etwas aufbauen, um ihren Lebensunterhalt zu verdienen. Sie wachen morgens auf und fragen sich: Was tue ich heute, wo finde ich Arbeit? Manche beschweren sich bei uns und sagen: »Weil ihr uns rausgeholt habt, hat sich der Besitzer jetzt gegen uns gestellt. Er kann jederzeit kommen und uns töten. Drinnen waren wir besser dran. Wir haben Angst, in einen Laden zu gehen oder in das nächste Dorf. Wir haben Angst, dem Besitzer zu begegnen, der im selben Dorf lebt wie wir.« Ich erkläre ihnen, dass wir als IJM alles daran setzen, dass sie sicher sind und der Besitzer von den Behörden strafrechtlich verfolgt wird. Auch sage ich ihnen, dass es ganz normal ist, Angst zu haben, doch dass sie davon nicht ihr Leben bestimmen lassen sollen. Denn dann würde die Angst sie lähmen, und sie könnten nicht mehr arbeiten. Auch ihre Erwartungen muss ich immer wieder zurechtrücken, denn sie können nicht davon ausgehen, sofort Arbeit zu finden oder die Arbeit, die sie finden, zu beherrschen. In der Fabrik haben sie immer nur dieselben Handgriffe erledigt und müssen andere Arbeiten erst erlernen. Manche von ihnen geraten sogar zurück in Sklaverei. Zum Glück konnten wir über die letzten Jahre durch das Nachsorgeprogramm sicherstellen, dass die Anzahl derer, die zurück in Sklaverei geraten, immer geringer geworden ist. Heute ergeben unsere Evaluationen, dass 85 Prozent unserer Klienten in Freiheit bleiben und sich ein neues Leben aufbauen.

In einem Dorf, in dem ich das Nachsorgeprogramm leite, sind die Menschen so aufgebracht, dass sie mir nach meinem ersten Besuch sagen: »Wir wollen nicht, dass Sie unser Dorf noch einmal betreten. Wir wollen nichts mehr mit Ihnen zu tun haben und Sie nie wiedersehen.«

Ich antworte ihnen: »Vielleicht wollen Sie mich nicht mehr sehen, doch ich möchte Sie gern sehen und wissen, wie es Ihnen geht. Sie bedeuten mir sehr viel, deshalb hoffe ich, dass ich zurückkommen darf.« Als ich daraufhin das Dorf verlasse, kommt mir eine kleine Gruppe Männer nach, die erklären: »Es gibt nur vier Leute, die Probleme machen und Sie nicht mehr sehen wollen, Madam. Weil sie zu den Ältesten gehören, trauen wir uns nicht, vor ihnen zu reden. Bitte nehmen Sie sie nicht so ernst, und kommen Sie zurück! Sie sind in unserem Dorf jederzeit willkommen.« Ich sage ihnen, dass sie keine Angst zu haben brauchen, dass ich mir die Worte der Ältesten zu Herzen nehme und dass ich überzeugt bin, dass sie auch dazukommen werden, wenn wir erst einmal mit der Arbeit begonnen haben. Schließlich ist es genau dieses Dorf, in dem wir den größten Erfolg in der Nachsorge haben. Den Frauen bringen wir das Korbflechten bei und den jungen Männern das Autofahren, um

Taxifahrer zu werden. Vom Dorf erhalten wir die volle Kooperation. Die befreiten Klienten werden in die Gemeinschaft aufgenommen und finden alle ihren Platz.

Doch es gibt auch sehr traurige Geschichten, wie die eines älteren Ehepaars, dass wir nach einem ganzen Leben in Sklaverei aus einer Reismühle befreien. Sie hatten sich nur 200 Rupien (knapp 3 Euro) für Medikamente geliehen und wurden dafür mit einem Leben bestraft, dass von menschenunwürdiger Arbeit und Gewalt bestimmt war. Bei unseren Recherchen zeigt mir der Mann Narben, die von den Bestrafungen seines Besitzers herrühren. Der alte Mann ist so zerbrochen, dass er es nicht schafft, seine Erlebnisse zu verarbeiten. Vor lauter Überforderung isst er schließlich Samen einer giftigen Pflanze und stirbt daran. Ich bin erschüttert, davon zu erfahren. Mein einziger Trost ist: »Dieser Mann ist nicht als Sklave, sondern als freier Mann gestorben.«

Auch wenn ich es hart finde, solche Schicksale zu erleben, zweifle ich nie auch nur einen Augenblick daran, mit den Befreiungen das Richtige zu tun.

Manchmal frage ich mich, warum sich die Menschen in Sklaverei so furchtbar behandeln lassen und scheinbar in ihr Schicksal fügen. Es kommt selten vor, dass jemand davonläuft und noch seltener, dass jemand Selbstmord begeht. Ich kann mir vorstellen, dass jeder etwas findet, das ihn zum Weitermachen antreibt, ihm hilft morgens aufzustehen und diese menschenunwürdige Arbeit zu tun. Bei den meisten sind es wohl ihre Kinder. Sie denken, dass sie ihnen gern einmal ein besseres Leben ermöglichen wollen, wenn sie ihre Schulden abgezahlt haben.

Wenn ich nach der Arbeit manchmal traurig und abgeschlagen nach Hause komme, ist da ein kleiner Mensch, der mich von einem Moment zum nächsten wieder aufbauen kann. Sobald ich die Tür öffne, rennt mir ein Wirbelwind entgehen und schmeißt sich in meine Arme:»Mami, Mami!« Weil es auch abends noch viel zu warm ist, gehen die meisten indischen Kinder nicht vor 22 Uhr ins Bett. Noch ein paar Stunden mit meiner kleinen Tochter und den Freunden, die gerade da sind, verbringen zu können, lädt meine Energietanks für den nächsten Tag wieder auf.

Ich habe zu Jesus gebetet und wurde befreit

Auch wenn wir nicht offen darüber sprechen, dass wir Christen sind und diese Arbeit tun, weil Gott uns dazu berufen hat, den Armen Gerechtigkeit zu bringen, erleben wir immer wieder erstaunliche Geschichten.

203

Zu Beginn meiner Arbeit war ich für ein 12-jähriges Mädchen verantwortlich, das von unserem Büro in Mumbai aus Zwangsprostitution befreit wurde. Dunja* wurde aus dem Süden Indiens in ein Bordell nach Mumbai verschleppt und nach ihrer Befreiung zurück in ihre Heimat gebracht. Deshalb war ich für ihre Rehabilitation verantwortlich. Nachdem sie genügend Vertrauen zu mir gefasst hatte, erzählte sie mir ihre Geschichte:»Es war schrecklich. Ich wurde jede Nacht mehrmals geweckt, weil ein Mann da war, der mich kaufen wollte. Manche Männer waren sehr brutal und haben mir wehgetan oder schlimme Dinge zu mir gesagt. Danach fühlte ich mich jedes Mal schmutzig und allein. Ich hatte keine Hoffnung, jemals wieder freizukommen. Eines Tages hat mir eins der anderen Mädchen erzählt, dass ihr jemand gesagt habe, sie soll zu Jesus beten, dann würde sie befreit werden. Ich hatte keine Ahnung wer dieser Jesus ist, doch ich habe es einfach ausprobiert. In der nächsten Woche kam ein Team von IJM und hat uns alle befreit. Jetzt rede ich jeden Tag mit Jesus.« Ich habe Dunja geholfen, ihre schrecklichen Erlebnisse zu verarbeiten und ihr immer wieder erklärt, dass sie keine Schuld daran hat, was ihr passiert ist. Schuld sind allein die Menschen, die ihr das Unrecht angetan haben. Doch als ich das Mädchen zurück in ihr Dorf bringen will, wird mir klar, dass ihre Familie dort in einer Ziegelei in Schuldknechtschaft lebt. Ich kann sie nicht in das Dorf zurückbringen, weil der Besitzer sie schnell ausfindig machen und auch für sich arbeiten lassen würde. Deshalb arbeite ich mit IJM an dem Fall, und wir befreien Dunjas Familie mit 88 Menschen aus der Ziegelei. Mit Dunja arbeite ich noch lange daran, ihre Würde wiederzufinden und sich nicht mehr schmutzig zu fühlen. Heute lebt Dunja mit ihrer Familie zusammen in Freiheit.

Bei einem anderen Fall ist mir im Nachsorgetraining ein Jugendlicher mit einem Kreuz um den Hals aufgefallen. Ich war etwas verwundert, weil sehr selten Christen unter den Befreiten sind und habe ihn gefragt: »Hey, warum trägst du denn das Kreuz da?« Navin* hat mir erzählt: »Als ich in der Reismühle war, ist ein Fremder von draußen zu uns reingekommen und hat mir von einem Jesus erzählt. Er sagte, ich sollte an Jesus glauben, dann würde Gott mir hier heraushelfen. Ich habe zu dem Fremden gesagt, dass ich nicht auf ihn hören werde, weil wir unsere eigenen Götter haben und an die Natur glauben. Doch in der Nacht, als ich schlief, ist mir dieser Jesus in der Reismühle begegnet und hat zu mir gesagt: ›Wenn du an mich glaubst, wirst du Frieden haben und befreit werden.‹ Am nächsten Morgen habe ich mich an den Traum erinnert und wirklich zu Jesus gebetet. Ein paar Tage später seid ihr gekommen und habt uns zurück in unser Dorf gebracht. Jetzt glaube ich mehr an Jesus als an unsere Götter.«

Es begeistert mich, solche Geschichten zu hören, denn natürlich liegt uns nicht nur das körperliche und geistige Wohlergehen unserer Klienten am Herzen. Tiefe seelische Wunden können häufig durch die besten therapeutischen Maßnahmen nicht geheilt werden, sondern nur durch Gott allein. Wenn Menschen sich bei ihm angenommen und geliebt wissen, können sie leichter ihre Angst und Wut loslassen und auch innerlich in Freiheit leben.

»Hört doch! Hört das Schreien der Erntearbeiter, die eure Felder bestellt haben und die ihr um ihren Lohn betrogen habt. Gott, der Allmächtige, hat ihr Schreien gehört.«
Jakobus 5, 4

205

Joels Geschichte

Einem der jungen Männer, die in unserer Wohnung ein- und ausgehen, ging es allerdings genau andersherum. Durch ein schlimmes Erlebnis zweifelt er heute am Glauben an Gott, was uns jedoch nicht davon abhält, weiter mit ihm zusammen zu sein:

»Ich kenne Pinky und Timmy schon seit 14 Jahren, weil ich auf dem Gelände vom HBI zur Schule gegangen bin, wo sie gearbeitet und gelebt haben. Irgendwann haben wir uns aus den Augen verloren, doch vor ein paar Jahren ruft auf einmal ein Typ meinen Namen aus seinem Auto. Das war Timmy. Seit diesem Tag haben wir wieder engen Kontakt. Früher war ich ein sehr leidenschaftlicher Christ. Doch in meiner erweiterten Familie sind dann ein paar schlimme Dinge vorgefallen, die mich dazu gebracht haben, mich vom Glauben abzuwenden. Ich war an einem solchen Tiefpunkt, dass ich wahrscheinlich meinem Leben ein Ende gesetzt hätte, wenn Pinky und Timmy nicht für mich da gewesen wären. Sie haben mich immer wieder emotional aufgebaut und mir Kraft gegeben. Sie bleiben mir auch gute Freunde, wenn ich Dinge tue, hinter denen sie nicht stehen können. Mittlerweile bezeichne ich mich als Agnostiker, und die beiden akzeptieren mich so, wie ich bin. Wahrscheinlich sind sie der Grund, weshalb ich Gott und den Glauben noch nicht ganz abgeschrieben habe. Jedes Wochenende schlafe ich bei ihnen im Wohnzimmer, und manchmal diskutieren wir noch bis tief in die Nacht über die Bibel und das Leben. Ich kann ihnen wirklich vertrauen und alles sagen, ohne dass sie mich richten oder weniger lieben würden. Pinky ist sehr offen für andere Meinungen, doch sie würde niemals von dem abweichen, was sie für richtig hält.«

Joel

Aarthi und Keerthi studieren

Als Keerthi 18 Jahre alt wird, darf sie das Heim verlassen. Mit einem super Schulabschluss entschließt sie sich, zu ihrem Vater nach Madurai zu ziehen und dort das College zu besuchen. Madurai liegt knapp 500 km unterhalb von Chennai am südlichsten Ende Indiens. Sie studiert dort drei Jahre lang Betriebswirtschaftslehre.

Aarthi beendet die Highschool zwei Jahre nach ihrer Schwester als zweitbeste Schülerin der ganzen Schule. Ihre Note ist besser als die der besten Absolventin aus dem letzten Jahr. Nach ihrem Abschluss geht sie auch für eine Weile zu ihrem Vater, doch zum Studium möchte sie zurück nach Chennai kommen. Sie hat hier mittlerweile einen Freundeskreis und fühlt sich zu Hause in der Stadt. Ich ermutige sie, sich frei auszusuchen, was sie gern studieren möchte: »Was immer du dir aussuchst, du kannst es schaffen, und wir werden einen Weg finden, dich auf dem College anzumelden.« Ich möchte, dass sie lernt, Entscheidungen für ihr eigenes Leben zu treffen und Verantwortung zu übernehmen.

Sie entscheidet sich schließlich dafür, Informationstechnologie zu studieren, und schaut sich verschiedene Universitäten an. Am Ende wählt sie ein College, dessen Leiter ich zufällig kenne. Ich rufe ihn an und erkläre die Situation, woraufhin er uns anbietet, dass Aarthi keine Studiengebühren zahlen muss. Lediglich für ihre Unterkunft in einem Studentenheim und für die Verpflegung müssen wir aufkommen. Das Geld hierfür bringen wir als Familie persönlich auf. Als ihre Schwester nach dem College zu arbeiten beginnt, unterstützt sie sie auch. Wann immer die Mädchen etwas brauchen, kümmere ich mich darum: ob Kleidung oder Geld für eine Fahrt zu ihren Eltern. Ich gebe ihnen auch Geld für ihren Vater, der sich mit einem kleinen Geschäft selbstständig machen möchte und verzweifelt ist, weil er es nicht finanzieren kann. Die Mädchen sind ganz gerührt, dass ich ihm helfe, obwohl ich von ihm bisher nur Anfeindungen erlebt habe.

Die größte Befreiungsaktion in der Geschichte von IJM

Einem jungen Mann, der in einer Ziegelei festgehalten wird, gelingt es im April 2011, seinen Bruder anzurufen, der in Freiheit lebt. Flüsternd erzählt er ihm von den katastrophalen Zuständen, in denen er leben und arbeiten muss. Sein Bruder meldet den Fall der örtlichen Regierung, die sich mit uns in Verbindung setzt und um Hilfe bittet. Laut Aussage des jungen Mannes könne man mit einer großen Zahl von Schuldknechten rechnen. Deshalb bereiten wir uns darauf vor, unter Umständen mehr als hundert Menschen zu befreien. An einem Mittwochnachmittag Ende April stürmen wir schließlich zusammen mit der Regierung und der Polizei das Gelände. Was wir dort vorfinden, können wir zuerst gar nicht glauben: Es sind nicht hundert, sondern Hunderte von Menschen, die hier festgehalten werden. Kinder und Frauen tragen mehrere Ziegelsteine auf ihren Köpfen von einem Ende des Geländes zum anderen, Männer schuften an Brennöfen, deren Schornsteine weit in den Himmel ragen. Dabei läuft ihnen der Schweiß die ausdruckslosen Gesichter hinunter. Frauen sitzen mit gekrümmten Rücken auf dem Boden und pressen mechanisch Lehmklumpen in hohle Ziegelsteine. Als sie uns bemerken, schauen sie verwundert auf. Wir müssen erst einmal durchatmen und uns besprechen, was wir mit dieser großen Menge an Menschen tun sollen. Darauf sind wir nicht vorbereitet. Einige Telefonate später steht jedoch fest: wir werden jeden, der möchte, heute noch hier herausholen. Das Logistikteam kümmert sich um Wagen und eine Unterbringungsmöglichkeit, während wir die Arbeiter auf dem großen Platz zusammenrufen. Die Polizei hat den Besitzer bereits ausfindig gemacht und festgenommen. Auf Hindi rufe ich der überwältigenden Menschenmenge zu: »Wer möchte hier raus?« Sofort gehen mehrere Hundert lehmverschmierte Hände in die Luft. Es ist unmöglich, heute all diese Menschen zu befragen. Deshalb bringen wir sie für die nächsten Tage in einer Schule unter, die der Regierungsabgeordnete Kandasamy für uns organisieren konnte. Auch Mahlzeiten besorgt er für insgesamt 512 Menschen. Für den Transport nutzen wir unter anderem einen Lastwagen der Ziegelei, weil der Besitzer bereits in Untersuchungshaft ist.

In den nächsten Stunden organisieren wir einen Lastwagen mit Trinkwasser und eröffnen in der Schule ein Untersuchungszimmer zur Versorgung der Kranken. Dass diese Menschen erleben, wie ein Arzt sie liebevoll untersucht und ihre Wunden versorgt, ist ein erster kleiner Beginn, ihnen ihre Würde zurückzugeben. Sie sollen erfahren, dass sie es wert sind, mit Respekt behandelt und umsorgt zu werden. Die Polizei verspricht uns für durchgängigen Schutz der Schule zu sorgen. Die ganze Nacht hindurch finden Befragungen statt, die eine traurige und brutale Geschichte nach der nächsten ans Licht bringen. Keiner der Arbeiter möchte zurück in diese Hölle gehen, nicht einmal für den besten Arbeitslohn der Welt. Die Befragungen dauern mehrere Tage an, in denen Kandasamy sogar Fernseher für die Befreiten organisiert. Ich habe mittlerweile geholfen Standardformulare für IJM zu entwickeln. Die Regierungsabgeordneten müssen nur noch die Namen der Befreiten eintragen und ein Foto aufkleben. Diese Formulare werden in ganz Indien von IJM als Befreiungszertifikate verwendet. Mit unserer Hilfe werden in diesen Tagen insgesamt 371 Zertifikate ausgestellt, für jeden, der in der Ziegelei zur Arbeit gezwungen wurde. Die weiteren befreiten Personen sind Familienangehörige, die entweder schon zu alt oder noch zu jung zum Arbeiten waren. Oft dauert es Monate, bis die Regierung den Befreiten die Entschädigungsgelder auszahlt, die ihnen zustehen. In diesem Fall liegt das Geld dank der vorbildlichen Arbeit der Regierungsabgeordneten bereits bereit. Am dritten Tag kommt ein ranghoher Abgeordneter in die Schule, um eine Feier für unsere Klienten zu geben. Als er ihnen zusichert, dass die Regierung ihnen nicht nur Entschädigungen zahlen wird, sondern auch Zugtickets besorgen und sie sicher nach Hause begleiten wird, bricht die Menge in Applaus aus. Sie können kaum glauben, dass die über 1300 Kilometer entfernte Heimat, aus der sie verschleppt wurden, jetzt wieder in greifbare Nähe für sie rückt, dass sie bald wieder ihre Lieben in die Arme schließen und in Sicherheit leben dürfen. Fast alle von ihnen kommen aus dem Bundesstaat Odisha, der sehr arm ist. Es gibt keine Straßen, keine Industrie, keine Jobs, keine Schulen und keine medizinische Versorgung. Menschenhändler haben sich darauf spezialisiert, Armen aus Odisha Jobs anzubieten. In Zügen fahren sie mit ihnen durch drei Bundesstaaten, um sie letztendlich an Fabrikbesitzer zu verkaufen, die pro Familie die stolze Summe von 30 000 Rupien (ca. 430 €) zahlen.

In den nächsten Tagen kann man beobachten, wie der Abgeordnete Kandasamy am Bahnhof steht und dafür sorgt, dass jede Familie in den richtigen Zug steigt. Wir sind berührt und ermutigt von der Zusammenarbeit mit dieser vorbildlichen Bezirksregierung, die tatsächlich für Gerechtigkeit eintritt und alles in ihrer Macht Stehende tut, um Menschenrechtsverletzungen zu bekämpfen. (Anm. der Autorin: Inzwischen wurde 2016 eine noch größere Befreiung von 550 Menschen durch IJM in Chennai erreicht. Nachzulesen auf *ijm-deutschland.de*)

Nachwuchsmenschenrechtler

Mit den Jugendlichen meiner Gemeinde teile ich, was ich in meiner Arbeit erlebe, und erzähle ihnen von den befreiten Arbeitern. Viele von ihnen entwickeln das Bedürfnis, sich auch aktiv einzusetzen. So z. B. Aravind:»Pinky hat uns oft von Klienten ihrer Arbeit erzählt. Mich haben die Geschichten so sehr berührt, dass ich beschlossen habe, mich auch für diese Menschen einzusetzen und einen Unterschied in ihrem Leben zu machen. Ich wollte nicht nur Geld verdienen, sondern etwas Bedeutsames tun. Nach meinem BWL-Studium habe ich deshalb zu Pinky gesagt: ›Ich möchte gern nachhaltige, sichere Siedlungen für die Menschen bauen, die von IJM aus Schuldknechtschaft befreit wurden.‹ Wenn diese Menschen nämlich keinen Schutzraum haben, geraten sie schnell wieder in dieselben Situationen, aus denen sie befreit wurden. Sie haben keine andere Wahl, weil sie anders nicht überleben könnten. Obwohl Pinky bei ihrer Arbeit voll ausgelastet ist, hat sie mich in ihr Büro eingeladen, und wir haben zusammen erarbeitet, wie

211

mein Projekt mit IJM zusammenarbeiten könnte. Ich kenne nicht viele Menschen, die so offen für Neues sind wie Pinky. Sie hat keine Scheu vor noch mehr Arbeit und ein sehr einladendes Herz. Obwohl ich in diesem Bereich überhaupt keine Erfahrungen habe, hat sie mich ermutigt und unterstützt, wann immer sie konnte. Letztendlich baue ich mit meinem Projekt ›well springs‹ (gesunde Quellen) keine Häuser, sondern ich helfe den Klienten, eigenes Kunsthandwerk herzustellen und zu verkaufen, damit sie von dessen Erlös eigenständig ihren Lebensunterhalt bestreiten können.

Pinky ist immer wieder eine Inspiration für mich, weil sie so bedingungslos ist, wenn es um das geht, woran sie glaubt und wofür sie steht. Wenn sie etwas als Unrecht empfindet, was jemand tut, sagt sie es der Person unverblümt ins Gesicht. Sie hat keine Angst, die Leuten vor den Kopf zu stoßen, was in Indien sehr unüblich ist. Normalerweise ist man immer darauf bedacht, mit allen gut auszukommen und niemanden zu verärgern. Mich ermutigt das, auch für Gerechtigkeit aufzustehen und zu sagen, was ich denke.«

Aravind

Andere ermutigen

Gern lasse ich mich von meiner Gemeinde »Powerhouse« einladen, regelmäßig die Predigt im Gottesdienst zu halten. Ich berichte von meinen Erfahrungen bei IJM und fordere die Zuhörer auf, in ihrem eigenen Umfeld Gottes Liebe weiterzugeben und sich für Gerechtigkeit einzusetzen. Meist teile ich etwas, was ich selbst gerade von Gott lerne oder wodurch ich im Glauben herausgefordert bin. Z. B. hat Gott mich eines Tages gefragt:»Würdest du mir immer noch dienen, auch wenn du dabei stirbst?« Es war ein Prozess für mich, das wirklich zu durchdenken und ehrlich zu beantworten. Heute kann ich sagen:»Ja, das würde ich.«

Wenn ich mich auf eine Predigt vorbereite und in der Bibel lese, geht es mir manchmal so, dass ich verschiedene Textstellen ausprobiere, aber mir zu keiner so richtig etwas einfällt. Wenn ich weitersuche, spüre ich irgendwann eine tiefe Verbindung zu Gott und weiß auf einmal genau, was er mich sagen lassen möchte. Dieses Gefühl ist ein bisschen magisch, ich kann es nicht richtig beschreiben, doch ich weiß in dem Moment einfach, was Gott mir persönlich oder einem anderen Menschen sagen möchte. Es ist wie eine leise Stimme in meinem Herzen. Manchmal bete ich auch für einen Menschen, und Gott zeigt mir ganz deutlich, wofür ich beten soll, ohne dass mir derjenige davon erzählt hat. Wenn es die Wahrheit ist, erhört Gott meine Gebete. Menschen werden zum Beispiel von Krankheiten oder Ängsten geheilt.

Schon als Kind hatte ich diese Momente, die viele Menschen wohl Intuition nennen würden. Ich hatte das Gefühl, gleich würde etwas Bestimmtes passieren, oder ich habe von etwas geträumt, was dann Realität geworden ist. Jetzt bin ich überzeugt davon, dass Gott schon damals zu mir gesprochen hat, noch bevor ich Christin war.

2010 werde ich nach Südafrika eingeladen, wo eine Konferenz der Lausanne-Bewegung stattfindet. Diese Bewegung wurde 1974 von dem amerikanischen Evangelisten Billy Graham mit dem Ziel ins Leben gerufen, weltweite christliche Gemeinden miteinander zu verbinden. Gemeinsam könne man am besten wachsen und in der ganzen Welt Menschen mit der Guten Botschaft des christlichen Glaubens erreichen. In diesem Jahr soll es erstmals auch um die Themen Versöhnung und Menschenhandel gehen, weshalb IJM gebeten wird, einen Referenten zu schicken. IJM will den Gründer, Gary Haugen, schicken, doch die Verantwortlichen möchten keinen weißen Mann, sondern lieber eine Frau aus einem Entwicklungsland. Deshalb fällt die Wahl auf mich. Ich habe die Möglichkeit, vier Minuten lang im Auftrag von IJM zu sprechen. Noch nie zuvor habe ich von dieser Bewegung gehört. Ohne zu wissen, was genau auf mich zukommt, fliege ich nach Kapstadt, weil Gott mir die Möglichkeit gibt, über meine Arbeit und mein Herzensthema Gerechtigkeit zu sprechen. An diesem dritten Lausanne-Kongress (16.–25. 10. 2010 in Kapstadt) nehmen 4 200 evangelikale Leiter aus 198 Ländern teil, zu denen Tausende weitere kommen, die sich überall auf der Welt versammeln und online zugeschaltet sind. Ziel der Veranstaltung

ist, Kirchen weltweit dazu herauszufordern, von Jesus Christus und alldem, was er uns gelehrt hat, zu sprechen – in jeder Nation und allen gesellschaftlichen Schichten. Ich erzähle von Raman und seiner Befreiung, was eine große Resonanz bei den Zuhörern und auch im Internet auslöst. Das Thema Menschenhandel und moderne Sklaverei gerät wieder mehr in den Blick der weltweiten Gemeinden.

Für mich ist dieser Kongress eine Erfahrung, die mein Leben prägt und mir eine Idee vom Himmel auf der Erde gibt. Menschen aus allen Völkern, Nationen und Sprachen beten gemeinsam Gott an. Das öffnet mir die Augen für die Herrlichkeit von Gottes Reich, und ich erlebe, wie schnell es hier auf der Erde vorankommt. Ich bin überzeugt davon, dass die Gemeinde die Antwort für die Welt ist. Die Gemeinde muss relevanter und aktiver werden und sich dem Auftrag zuwenden, den sie hat.

Willow Creek in Chicago

Daraufhin werde ich auch 2012 vom »Global Leadership Summit«
der »Willow Creek Bewegung« in Chicago eingeladen. Willow
Creek ist eine Gemeinde, die von Bill Hybels gegründet wurde und
mittlerweile Tochtergemeinden auf der ganzen Welt hat. Jedes Jahr
findet der Leiterkongress statt, auf dem viele Tausend christliche
Leiter für ihre Arbeit in den Gemeinden geschult und ermutigt werden. Das Thema heißt: »Mut zu handeln«. Eigentlich soll ich nur
zehn Minuten von meinem Hirntumor und der Heilung berichten,
doch für mich ist das nicht Gottes größtes Wunder in meinem
Leben. Im Vorgespräch erzähle ich, dass ich heute nur in der Lage
bin, mich um Menschen zu kümmern, weil Gott mein hartes Herz
aufgeweicht hat. Daraufhin ändert Willow Creek das Programm
und gibt mir eine halbe Stunde Zeit, um meine komplette Lebensgeschichte erzählen zu können. Ich bitte darum, dass auch meiner
Familie gedankt wird, weil ich nur durch ihre Unterstützung in der
Lage bin, so viel zu reisen und die Arbeit zu tun, die ich tue. Damit
meine ich auch meine Eltern, die mich geprägt haben und mir
durch ihre Arbeit ein großes Vorbild sind. Sie unterstützen mich,
wo immer sie können. Schließlich werden alle auf den Kongress
eingeladen. Sogar meine Eltern machen sich mit uns auf die Reise, und Diya tritt ihren ersten großen, aufregenden Flug an. Jedes
Mal, bevor ich eine Bühne betrete, bin ich sehr nervös. Auch heute
habe ich unglaubliches Herzrasen. Für mich selbst ist es der größte
Gottesbeweis, dass ich es immer wieder schaffe, meine Angst zu
überwinden. Heute richten viele Tausend Zuhörer ihre Augen auf
mich. Außerdem wird mein Vortrag in alle möglichen Länder der

Erde übertragen. Ohne Gott und ohne den Rückhalt durch meine Familie würde ich vor Nervosität wahrscheinlich in Ohnmacht fallen. Doch ich betrete ruhig und konzentriert die Bühne und berichte von der großen Hoffnung, die Gott meinem Leben und dem Leben so vieler unterdrückter Menschen schenkt. Hoffnung auf Leben und Freiheit trotz Schmerz, Leid und Gebrochenheit. Es ist überwältigend, meine Familie im Zuschauerraum sitzen zu wissen, die Menschen, die mich zu der Person gemacht haben, die ich jetzt bin. Meine Eltern und auch Timmy sind für mich lebendige Vorbilder von Menschen, die für Gottes Sache eintreten. Ihre Demut und bedingungslose Liebe haben mir schon so oft geholfen, mich Herausforderungen zu stellen. Bisher habe ich meinen Eltern noch nie etwas Konkretes über meine Arbeit bei IJM erzählt, sondern sie immer nur darum gebeten, für mich zu beten. Heute hören sie zum ersten Mal, was ich genau tue und wie Gott mich schon

so oft bewahrt hat, wovon sie sehr gerührt sind. Vielen Zuhörern laufen Tränen die Wangen herunter. Als ich fertig bin, stehen die Zuschauer begeistert von ihren Plätzen auf und applaudieren. Nach meinem Vortrag wird meine ganze Familie vom IJM-Leiter Gary Haugen auf die Bühne gebeten, wo er ihnen offiziell dankt. Später sagen meine Eltern mir, dass es nicht leicht für sie war, zu hören, dass ich mich als ungewolltes Kind gefühlt habe und deshalb rebellisch geworden bin. Sie versichern mir immer wieder, dass sie mich genauso geliebt haben wie ihre anderen Kinder. Für mich ist das mittlerweile ein Teil, der zu meinem Leben einfach dazugehört. Gott konnte zeigen, wie mächtig er ist, indem er sogar mein Herz aus Stein in ein mitfühlendes, weiches Herz verwandelt hat. Nach meiner Rede sprechen mich viele Menschen an und sagen mir, wie sehr sie davon berührt sind, was Gott durch eine schwache Person, wie mich, tun kann. Ich hätte sie sehr ermutigt, selbst aktiv zu werden. Auch später erhalte ich Facebook- und Twitter-Nachrichten aus aller Herren Länder, von Orten, deren Namen ich noch nicht einmal gehört hatte. Zuhörer berichten mir, dass sie durch meinen Vortrag zu Gott gefunden haben oder angestoßen wurden, sich auch für die Armen der Welt einzusetzen. Zwei Amerikaner gehen nach dem Erdbeben nach Haiti, um dort in einer Mission tätig zu sein und den Menschen zu helfen. In unzähligen Ländern herrschen Armut, Krieg, Schmerz, Leid und Konflikte, sodass sich ein Großteil der Welt in meinen Schilderungen wiederfindet. Ich freue mich, dass Gott meine Lebensgeschichte so sehr nutzt, um Menschen zu erreichen.

Meine Mutter erzählt mir, dass sie so begeistert darüber ist, wie Gott mich geheilt hat, dass sie manchmal mit ein paar Freundinnen Patienten in Krankenhäusern besucht und fragt, ob sie für sie beten dürfe. In einem Bett lag das Kind einer Familie, die einer anderen Glaubensgemeinschaft angehörte. Die Eltern wollten nicht, dass meine Mutter für ihren Sohn betet. Am Nachbarbett hat sie erzählt, dass sie davon überzeugt ist, dass ihre Tochter Pinky heute nur am Leben ist, weil sehr viele Menschen für sie gebetet haben. Daraufhin wollte die Familie doch, dass meine Mutter für ihr Kind betet.

Es ist wirklich eine Ehre für mich, John Ortberg, Bill Hybles, Jimmy Mellado, Heather Larson und die Familie auf Willow Creek zu treffen. Sie alle sind sehr demütig und voll Liebe. Ich hätte mir nie träumen lassen, einmal auf derselben Bühne wie Condoleezza Rice zu stehen, vor einem so riesigen Publikum.

Am nächsten Tag spricht Bill Hybles darüber, dass die örtlichen Gemeinden die Hoffnung für die Nationen sind. Wieder komme ich zu der Überzeugung, dass die Gemeinden die Antwort für die Welt sind. Dass Gott sie nutzen möchte, um sein Reich auf Erden zu bauen.

Ich genieße die Zeiten mit Gary Haugen und Bethany Hoang, mit denen ich gemeinsam esse. In Bethany sehe ich eine selbstlose Frau, der es vor allem darum geht, andere zu ermutigen und voranzutreiben. Bei allen Gelegenheiten, bei denen ich bisher sprechen durfte, war sie meine Fürsprecherin. Ich weiß, dass sie diesen Job besser machen könnte als ich, doch sie hat sich dafür entschieden, mir die Möglichkeit zu geben, zu sprechen. Und eine meine größten Inspirationen ist Gary Haugen, der Gott so kühn vertraut hat, die Arbeit von International Justice Mission zu segnen, wie kein anderer es bisher versucht hat. Es ist lebensverändernd den beiden zuzuhören und mit ihnen zusammen zu sein.

Ein Traum von Gott

Nach unserem ersten Familienzuwachs haben wir uns entschieden, eine Lücke von mindestens zwei Jahren zu lassen, bevor wir an ein weiteres Kind denken. Die Herausforderung mit zwei Kleinkindern zu Hause und unseren Jobs wäre zu groß. Die Zeit verstreicht jedoch sehr schnell, und so beginnen wir erst vier Jahre nach Diyas Geburt, uns nach einem Kind umzusehen. Wie vereinbart, wollen wir gern einem Kind eine Familie geben, das keine hat. Wir bringen dieses Thema im Gebet vor Gott und bitten ihn, uns zu helfen. Doch irgendetwas kommt immer dazwischen. Entweder haben wir zu viel Arbeit und schaffen es nicht, zu den Heimen oder Pflegefamilien zu fahren, oder wir schreiben ihnen Briefe und erhalten keine Antwort.

Schließlich feiern wir Diyas sechsten Geburtstag und haben noch immer kein zweites Kind in Aussicht. Kurze Zeit später träume ich nachts, ich wäre wieder schwanger. Deutlich vernehme ich eine Stimme, die sagt:»Ihr werdet einen Jungen bekommen, und ihr sollt ihn David nennen.«

Weil ich mir sicher bin, dass Gott im Traum zu mir gesprochen hat, erzähle ich Timmy davon, und wir beschließen, ein zweites leibliches Kind zuzulassen. Sofort im nächsten Monat bin ich schwanger. In Indien ist es Ärzten wegen der hohen Abtreibungsrate von Mädchen gesetzlich verboten, der Schwangeren das Geschlecht ihres Kindes zu nennen. Darum erfahre ich während der Schwangerschaft nicht, ob es ein Junge ist. Alle meine Geschwister und auch Timmys Geschwister haben nur Mädchen bekommen, doch ich bin mir sicher, mit einem Jungen schwanger zu sein. Ich erzähle voll Zuversicht jedem, dass wir einen kleinen David bekommen werden. Die jungen Leute, die bei uns ein- und ausgehen, sind fast so gespannt auf das neue Familienmitglied wie wir. Sie legen ihre Hand auf meinen Bauch und erleben, wie der Kleine darin heranwächst.

»Als einer der Ersten wusste ich den Code für das Zahlenschloss an Pinkys und Timmys Wohnungstür und verbringe seither viel Zeit bei ihnen. Pinky ist wie eine Schwester für mich, die mich sehr geprägt hat. Geistlich und auch in meiner Art, Freundschaften zu führen, habe ich viel von ihr gelernt. Ich bin der Typ, der schnell mal weggeht, wenn eine neue Person in das Leben eines guten Freundes kommt. Pinky lässt aber nicht zu, dass ich einfach verschwinde. Sie vergewissert sich immer, dass es mir gut geht, und sagt mir, wie viel ihr unsere Freundschaft bedeutet. Als ich nach wenigen Tagen mein Studium abgebrochen hatte, war sie für mich da und hat mich ermutigt, trotzdem etwas Sinnvolles zu tun. Ich habe dann für eine

Zeit lang mit Timmy zusammengearbeitet und bin immer mehr in die Familie hineingewachsen. Wenn die beiden mal nicht können, rufen sie mich an, ob ich Diya von der Schule abholen kann. Niemals würde ich ihnen eine Bitte ausschlagen, denn sie sind wie meine Familie. Jedes Mal, wenn Pinky irgendwo von ihren Erlebnissen mit Gott und ihrer Vergangenheit erzählt, bin ich sehr berührt und muss weinen. Wenn sie von der Bühne herunterkommt, gehe ich zu ihr und berühre die große Narbe an ihrem Kopf, die durch die Krebs-OP entstanden ist. Dadurch werden ihre Geschichten so real für mich. Fast jedes Mal fühle ich mich durch das, was sie erzählt, direkt angesprochen und in meinem Glauben motiviert. Sie hat ein sehr hohes geistliches Niveau und vertraut Gott in allem, obwohl sie schon durch so viel Schweres durchgehen musste. Wenn wir mit den jungen Leuten aus der Gemeinde unterwegs sind, fällt es den anderen manchmal schwer, Pinkys leise Stimme zu verstehen. Ich

verstehe sie immer, auch wenn sie am anderen Ende des Raumes ist. Deshalb sagt sie mir, was sie sagen will, und ich wiederhole es laut für alle. Pinky ist auch zuständig, wenn es darum geht, konsequent mit ihrer Tochter Diya zu sein. Ich erinnere mich noch so gut an einen Abend, als Diya schlafen gehen sollte, aber lieber weiter mit uns zusammen sein wollte. Pinky hat gesagt: ›Diya, ich zähle bis drei.‹ Normalerweise würde Diya spätestens bei Zwei aufspringen, weil sie weiß, dass ihre Mutter es ernst meint. Doch an diesem Tag blieb sie einfach sitzen. Pinky hat dann gesagt: ›Diya, du weißt, was als Nächstes kommt?‹ Da hat Diya geantwortet: ›Drei, Mama.‹ Wir haben uns alle kaputtgelacht, und Pinky musste auch lachen.«

Blesson

»Was hier passiert ist, wie Kirche sein sollte: Wir teilen unser Leben. Wir fragen uns alle, wie die beiden das machen, denn die meisten Leute brauchen doch in sich ändernden Lebenssituationen mit Familie mehr Zeit für sich. Diya ist von klein auf in diesen Lebensstil reingewachsen. Als sie vor zwei Jahren Geburtstag hatte, wollte sie unbedingt neben der Party für ihre Schulfreunde noch eine Party für uns geben. Weil sie mit uns aufgewachsen ist, betrachtet sie uns auch als ihre Freunde. Das ist ziemlich cool, nicht viele Kinder können von sich behaupten, Freunde zu haben, die 25 oder 30 Jahre alt sind.

Diya weiß, dass ihre Mutter die Strengere ist. Deshalb geht sie immer zuerst zu Timmy, wenn sie etwas möchte. Manchmal fragen ihre Eltern sie abends mehrmals, ob sie Hunger hat, und sie verneint. Eine Viertelstunde, bevor die Restaurants um 23 Uhr schließen, geht sie zu Timmy und sagt: ›Dada, ich möchte Hühnchen.‹ Er setzt sich dann tatsächlich ins Auto und fährt zwei Kilometer, um ihr Hühnchen zu kaufen.

Wenn Pinky auf Reisen ist, ist Timmy wie ein Fels. Er hält alles zusammen und ist ein exzellenter Vater. Wie er das macht, erscheint so mühelos. Er geht einfach durch den Tag und beschwert sich nicht. Alles wirkt ganz entspannt, obwohl es das nicht ist. Doch oft bekommt er nachts kaum Schlaf, weil er so viel zu tun hat, und schläft dann tagsüber auf der Arbeit. Oder er ist morgens so müde, dass er zu seiner Tochter, die ihn für die Schule weckt, sagt: ›Heute ist Feiertag, du musst nicht in die Schule.‹ Diya hat mehr Feiertage als andere Kinder.

Was mich an Pinkys Lebensgeschichte begeistert, ist ihre Wandlung. Es ist nichts Besonderes, wie sie früher in der Schule und auf dem College drauf war. Es gibt einen Haufen Leute, die so sind. Doch wenn man ihr früheres Leben mit dem vergleicht, was sie jetzt macht: Das ist radikal. Keiner hätte sich damals vorstellen können, dass dieses verrückte Mädchen so eine leidenschaftliche

Christin werden würde. Man kann echt miterleben, wie Gott sie trotz allem, was sie immer wieder durchmachen muss, segnet. Sie ist so treu und selbstlos, und immer wieder kann man erleben, wie Gott sie dafür beschenkt.«

Vignesh

David

Das Baby wächst heran, manchmal legen die jungen Leute ihre Hand auf meinen Bauch und spüren, wie aktiv es jetzt schon ist.

Als Aarthi mich im achten Schwangerschaftsmonat anruft, weil ihr College-Direktor mich sprechen möchte, fahre ich mit meinem dicken Bauch ans College. Vom Leiter darf ich mir eine ganz schöne Standpauke anhören, weil Aarthi des Öfteren die Vorlesungen versäume. Aarthi ist sehr beschämt:»O Pinky, ich hätte dich nicht herbestellen dürfen. Die weite Fahrt in deinem Zustand.« Doch ich kann Aarthi sehr gut verstehen, schließlich habe ich in dieser Zeit meines Lebens auch viel lieber etwas mit meinen Freunden unternommen, anstatt den ganzen Tag die Vorlesungen zu besuchen. Ich muntere sie wieder auf:»Aarthi, das ist gar kein Problem. Ich komme sehr gern für dich her. Ich weiß doch selber, wie es ist, wenn andere Dinge viel spannender sind als das Studium.« Trotz ihrer Fehlzeiten erbringt Aarthi hervorragende Leistungen. Immer wenn sie eine wichtige Lebensfrage hat, über die sie gern sprechen möchte, kommt sie mich zu Hause oder bei IJM besuchen. Ich nehme mir Zeit, mit ihr zu besprechen, was sie tun möchte. Es fühlt sich fast wie eine eigene Tochter an, so vertraut sind wir uns mittlerweile.

Auf meinen eignen Wunsch hin soll auch unser zweites Baby durch einen Kaiserschnitt zur Welt kommen, um Komplikationen zu vermeiden. Gott sei Dank gibt es mittlerweile bei IJM eine Krankenversicherung für Mitarbeiter, die solche Fälle abdeckt! Nach unserem Erlebnis mit Diya wurde sie für alle Mitarbeiter abgeschlossen. Am 12. 07. 2013 ist er schließlich da: Natürlich ist er, so wie Gott mir in meinem Traum gezeigt hat, ein Junge, und wir nennen ihn David. Auch er ist wieder ein ganz zauberhaftes rosa Bündel. Für Diya ist die Geburt ihres kleinen Bruders bei aller Freude schwer zu verdauen. Von einem Tag auf den anderen ist sie nicht mehr die Einzige, die all die Aufmerksamkeit von uns und unseren Freunden bekommt. In den nächsten Monaten fordert sie uns deshalb sehr heraus, weil sie sich immer wieder Möglichkeiten ausdenkt, unsere volle Aufmerksamkeit zurückzuerobern. Ich bemühe mich, ihr Zeit und besondere Beachtung zu schenken, doch das ist nicht immer ganz einfach, wenn daneben ein Säugling schreit. Sie ist nun schon groß und hat aufgehört mir in die Arme zu laufen, wenn ich abends heimkomme. Das vermisse ich ein wenig, wobei es auch schön ist mitzuerleben, wie aus ihr langsam eine richtige kleine Dame wird. Sie ist jetzt schon verrückt nach Kleidern und Schuhen mit Absätzen, die beim Gehen »klick-klack!« machen.

Wieder erlebe ich, dass das Leben mit einem Baby langsamer wird und nicht mehr alles so funktioniert wie vorher. Trotzdem bemühe ich mich nach ein paar Monaten, meine Arbeit so normal wie möglich zu gestalten. Wenn ich zur Nachsorge in die Dörfer fahre, um meine Klienten zu besuchen, nehme ich David einfach mit. Er ist ein ruhiges, zufriedenes Kind, dem es nicht schwerfällt, sich anzupassen.

Aarthi beendet nach drei Jahren ihr Studium als eine der fünf Besten ihres Jahrgangs. Ich bin sehr stolz auf sie und bewundere nicht nur ihre Fähigkeiten, sondern auch ihren Mut, auf Menschen zuzugehen. Sie ist immer umgeben von einer Schar Freunde. An einem Tag kommen Firmen auf das Campusgelände, um nach neuen Mitarbeitern zu suchen. Aarthi bekommt gleich von drei Firmen Jobangebote.

Keerthi kommt mich eines Tages besuchen und erzählt mir, dass sie auf dem College einen Mann kennengelernt hat und dass die beiden gern in ein paar Jahren heiraten wollen. Ich freue mich riesig für sie, andererseits möchte ich sie beschützen: »Erzähl mal! Was ist er für ein Mann? Kennt er auch deine Vergangenheit? Wann kann ich ihn kennenlernen?«

Ein paar Wochen später lade ich den jungen Mann mit seiner ganzen Familie zum Essen ein, um sie kennenzulernen. Als Keerthi mir ihren Verlobten vorstellt, bin ich beruhigt. Er ist ein ganz lieber, warmherziger, stiller Mensch, den ich mir gut an ihrer Seite vorstellen kann. Trotzdem rate ich ihr später eindringlich, ihm wirklich alles über ihre Vergangenheit zu erzählen. Denn wenn er davon erst nach der Hochzeit erfahren würde, könnte es sein, dass er damit nicht zurechtkommt und sich von ihr trennt.

Keerthi verspricht mir, ihm alles zu erzählen. Außerdem soll in drei Monaten endlich der Gerichtsprozess stattfinden, in dem ihre Mutter dafür zur Rechenschaft gezogen werden soll, was sie ihren Töchtern damals angetan hat. Zu diesem Termin werde sie ihren Verlobten mitnehmen.

Ein eigenes Projekt

Seit ich die Bedingungen in dem staatlichen Kinderheim von Aarthi und Keerthi gesehen habe, geht mir der Gedanke nicht aus dem Kopf, daran etwas ändern zu wollen. Es gibt dort niemanden, der sich wirklich für diese Kinder und ihre Bedürfnisse interessiert. Monate-, manchmal sogar jahrelang müssen sie dahinvegetieren, bevor über ihre Situation entschieden wird, ohne Beschäftigung, ohne Bildung – schlimmer als im Gefängnis. Es geschieht viel sexueller Missbrauch in den Heimen, durch das Personal oder auch durch ältere Kinder an jüngeren Kindern. Sie werden zwar teilweise aus Zwangsprostitution gerettet, doch viel besser geht es ihnen im Heim nicht. Weil ich keine Organisation in Chennai kenne, die sich für bessere Bedingungen in den Heimen einsetzt, beschließe ich selbst eine zu gründen.

Mein Konzept beinhaltet vier unterschiedliche Projekte, um verschiedene Lücken zu schließen, die ich in den letzten Jahren während meiner Arbeit gesehen habe:

Als Erstes möchte ich mich für sichere Heime einsetzen. Ich möchte Mindeststandards entwickeln und erreichen, dass sie für alle Heime in Chennai bindend werden. Eine ausreichende Versorgung der Kinder soll sichergestellt werden und Schutz vor Gewalt und Missbrauch. Es gibt ein staatliches Kinderfürsorgekomitee, bei dem alle Heime sich registrieren lassen müssen. Das Komitee entscheidet über das Schicksal jedes Kind, das in einem der Regierungsheime lebt. Kinder werden aus ganz unterschiedlichen Gründen in diese Heime gebracht. Manche sind aufgrund häuslicher Gewalt von zu Hause weggelaufen, andere wurden von ihren

Familien ausgesetzt. Immer wieder kommt es vor, dass Eltern ihre schlafenden Kinder in einen Zug setzen, weil sie sie nicht mehr ernähren können. Sie kommen irgendwann in Chennai an, wo sie verloren und hungrig auf dem Bahnhof herumlaufen und von der Polizei aufgegriffen werden. Sie können sich nicht verständigen, weil sie ganz andere Sprachen sprechen, und wissen noch nicht einmal, wo genau sie herkommen. Andere werden aus Prostitution und Kinderarbeit befreit. Wieder andere sind Waisen, die keine Verwandten haben, die sich um sie kümmern wollen. Einige werden auch bei kriminellen Handlungen aufgegriffen und in die Heime gebracht. Ein Großteil dieser Kinder hat physische, sexuelle oder emotionale Gewalt erlebt. Viele junge Mädchen sind schwanger oder haben schon ein Baby. Sie alle werden dann in diesen kleinen Räumen zusammengepfercht, ohne dass jemand mit ihnen über die Traumata spricht, die sie durchmachen mussten. Ich möchte mit meinem Projekt für diese Kinder da sein und ihnen zur Seite stehen, während über ihr weiteres Schicksal entschieden wird. Ich möchte ihnen Mut machen, sinnvolle Beschäftigungen anbieten und ihnen helfen, ihre traumatischen Erfahrungen aufzuarbeiten. Sie sollen nicht noch elender und traumatisierter aus den Heimen herauskommen, als sie hineingekommen sind, sondern gestärkt und ermutigt.

Um das zu erreichen, ist es auch notwendig, mit den Heimmitarbeitern zu arbeiten und sie zu schulen. Meist sind das schlecht ausgebildete Menschen, die nicht gut bezahlt werden und die sich nur für das Überleben der Kinder verantwortlich fühlen. Wenn die Regierung erfährt, dass in einem Heim Missbrauch passiert, schließt sie das betreffende Heim einfach, was ich für keine sinnvolle Lösung halte. All die Kinder müssen dann auf andere Heime verteilt werden, die sowieso schon überfüllt sind und auch nicht besser arbeiten. Vielmehr möchte ich die Mitarbeiter stärken. Ich möchte mit meinem Projekt einen Kurs entwickeln und damit von Heim zu Heim gehen, um die Mitarbeiter für die Situation und Bedürfnisse der Kinder zu sensibilisieren. Dafür ist es nötig, ihnen zuerst dabei zu helfen, sich selbst anzunehmen und wertzuschätzen. Meist sind es Menschen aus unteren Kasten mit wenig Bildung, denen ein positives Selbstwertgefühl fehlt. Wenn wir erreichen können, dass sie sich selbst besser kennenlernen und wertgeschätzt fühlen, werden sie auch in der Lage sein, die Kinder besser zu behandeln.

Ich möchte, dass die Mitarbeiterinnen meines Projektes mit dem Kinderfürsorgekomitee zusammenarbeiten und ihnen helfen, die Informationen über die Kinder zu sammeln, die sie brauchen, um schneller darüber entscheiden zu können, ob sie zurück in ihre Familien geschickt werden können. Mit Kindern, die in der Stadt ihre Eltern verloren haben, sollen sich die Mitarbeiter auf die Suche nach ihnen machen.

227

Als Zweites würde ich gern ein Heim für Kinder von Arbeitsemigranten gründen. Jedes Jahr immigrieren zahllose arme Familien aus dem Norden nach Chennai, um hier bei einem Bauprojekt zu helfen oder in einer Fabrik zu arbeiten. Nach ein paar Monaten gehen sie mit dem verdienten Geld zurück in ihre Dörfer, um im nächsten Jahr wiederzukommen. Sie sprechen unsere Sprache nicht, und ihre Kinder haben keine Chance auf Bildung, solange sie in Chennai sind. Deshalb werden auch sie einmal genauso wie ihre Eltern leben müssen. Für diese Kinder möchte ich ein Heim gründen, in dem sie während der Zeit, in der ihre Eltern hier arbeiten, leben und lernen können. Ich möchte ihnen Schulunterricht in ihrer Sprache anbieten, damit sie eines Tages aus dem Armutskreislauf ausbrechen und eine Arbeit finden können.

Als drittes Projekt möchte ich gern mit einem Team von Anwälten, Ermittlern und Polizisten Mädchen aus Zwangsprostitution befreien. Außer der Polizei ist mir in Chennai keine Organisation bekannt, die sich darum kümmert, obwohl es so viele Tausend Fälle gibt. Dafür sollten aber zuerst die Bedingungen und Kapazitäten in den Heimen verbessert sein, und ich benötige die nötigen Finanzen, um genügend Mitarbeiter zu bezahlen.

Als Viertes möchte ich Netzwerke für Reismühlen- und Ziegeleibesitzer schaffen, die nicht mit Schuldknechten arbeiten wollen. Bisher sind alle diese Menschen in Indien als böse Ausbeuter verschrien, obwohl das nicht der Wahrheit entspricht. Timmys Schwager hat sowohl eine Reismühle als auch eine Ziegelei und würde mich gern auch den anderen Besitzern vorstellen. Er bezahlt seine Arbeiter anständig, und die Arbeitsbedingungen in seinen Fabriken entsprechen der Menschenwürde. Wenn wir so etwas wie ein »Fair-Trade-Label« für Besitzer schaffen würden, die genau wie er arbeiten, könnten wir ihren Ruf verbessern. Jeder, der sich dieser guten Bewegung anschließen möchte, müsste bestimmte Bedingungen erfüllen. Damit gäbe es ein Kontrollsystem, und Besitzer, die bisher noch mit Schuldknechten arbeiten, würden angespornt werden, ihre Arbeitsweisen zu verändern.

Der Start von »Justice & Hope«

Nun steht das Konzept, doch mir fehlen die Mittel, um meine Ideen umsetzen zu können. Ich bete und bitte Gott, sich um die nötigen Finanzen zu kümmern, wenn er möchte, dass ich das Projekt ins Leben rufe. Ich erzähle Freunden von meiner Idee und bekomme viel positives Feedback. Einige erklären sich bereit, das Projekt finanziell zu unterstützen. Timmy und unser guter Freund David gründen eine Stiftung. Sogar meine Eltern möchten als Teil des Vorstandes fungieren.

Wir nennen unser Projekt »Justice & Hope« (Gerechtigkeit & Hoffnung) und machen uns schließlich auf die Suche nach geeigneten Büroräumen und Mitarbeitern. Ich erfahre, dass in dem Haus, in dem wir eine Wohnung mieten, eine Zweizimmerwohnung frei werden soll. Sie liegt sogar auf unserem Stockwerk, direkt gegenüber. Ich kann kaum glauben, dass das ein Zufall ist, und setze mich sofort mit der Besitzerin in Verbindung. Sie willigt ein unter der Bedingung, ihr in einer Woche eine Kaution und die erste Miete zu zahlen.

Obwohl ich keinerlei Geld habe und die Summe, die sie nennt, sehr hoch ist, versichere ich ihr, das Geld zum geforderten Termin zu zahlen. Nun heißt es beten und hoffen, dass Gott ein Wunder tut. Doch ein Tag nach dem anderen vergeht, ohne dass irgendetwas geschieht. Obwohl ich sicher bin, dass Gott mir helfen wird, werde ich langsam unruhig. Schließlich kommt der besagte Tag, und noch immer habe ich kein Geld. Trotzdem höre ich nicht auf zu glauben und bete weiter. Auf einmal klingelt mein Telefon, es ist Philip, ein Freund, mit dem ich vor einem Monat über meinen Traum gesprochen habe, »Justice & Hope« zu gründen. Seither habe ich nichts von ihm gehört: »Pinky, was kann ich jetzt sofort tun, damit du mit der Organisation beginnen kannst, von der du mir erzählt hast?« Obwohl ich nicht aufgehört habe zu glauben, bleiben mir erst mal die Worte weg. Ich erkläre ihm die Situation, und er lässt mir noch am selben Tag die Summe zukommen, die ich benötige. Ich könne sie ihm in der nächsten Zeit in Ruhe zurückzahlen.

Mit der Gewissheit, dass Gott hinter mir und meiner Idee steht, rufe ich die Vermieterin an und lasse ihr das Geld zukommen. In den nächsten Tagen können wir das neue Büro beziehen und Mitarbeiterinnen einstellen. Tina aus den USA, die ich aus der Gemeinde kenne, erklärt sich bereit, für sechs Monate zu kommen, um das Projekt mit aufzubauen. Sie schreibt die Verträge und kümmert sich um alle administrativen Dinge. Dann rufe ich Sneha an, eine junge Frau aus dem Norden, die in den letzten Jahren Teil von »U-Turn« war und in Chennai ihren Master in Psychologie gemacht hat. Schon während der Jugendarbeit ist mir aufgefallen, dass sie eine Gabe hat, zu leiten. Als ich ihr anbiete »Justice & Hope« zu leiten, fällt sie erst einmal aus allen Wolken. »Ich, ein Projekt leiten? Das traue ich mir nicht zu!« Trotzdem macht sie sich wenig später auf den Weg nach Chennai, um alles über das Projekt zu erfahren. Sie betet, dass Gott ihr Frieden darüber schenken soll, wenn er sie wirklich als Leiterin einsetzen will, und das tut er. Schließlich zieht sie mit Tina in die Projektwohnung ein und beginnt in den Heimen zu arbeiten.

Zerplatzende Seifenblasen

Mein Chef, John Richmond, ist schon seit einigen Jahren zurück in den USA. Nach ihm hatte Blair Burns die Leitung des IJM-Büros in Chennai. Er besuchte dieselbe Gemeinde wie wir. John Richmond hat immer von vorne geleitet. Blair hat mich nach vorne gedrängt, mich ermutigt und mich mit herausfordernden Situationen konfrontiert, in denen er mir stets helfend zur Seite stand. Manchmal vermisse ich die beiden. Mein neuer Chef, der nun auch schon mehrere Jahre hier ist, ist etwas weniger glücklich mit mir. Vorher war mein Arbeitsplatz für mich ein Ort, an dem mir vollständiges Vertrauen geschenkt und die Verantwortung für das gesamte Büro anvertraut wurde. Nun hat sich meine Welt dahingehend geändert, dass ich nur noch für die Arbeit verantwortlich bin, die in meiner Arbeitsbeschreibung steht. Das Team hat sich erweitert, und neue Bereiche sind hinzugekommen, die IJM wichtig sind. Immer wieder entstehen Spannungen über das, was für uns die wichtigsten Grundlagen von IJM sind. Neue Mitarbeiter scheinen teilweise nicht zu sehen, worin diese bestehen. Gegen die Sklavenhalter zu kämpfen, hat mich erfüllt, doch dieser neue Kampf von innen heraus im Team ist sehr zermürbend. Inzwischen ist es schon sechs Jahre her, dass meine Kämpfe begonnen haben, und langsam beginne ich darüber nachzudenken, ob meine Arbeit hier noch einen Wert hat. Mit jedem Tag fällt es mir schwerer, ins Büro zu kommen. Nur die Bilder an meiner Wand, auf denen ungelöste Fälle und Frauen zu sehen sind, die auf Gerechtigkeit warten, geben mir täglich den Mut und die Kraft dazu. Doch wenn ich den Eindruck habe, dass all meine Fähigkeiten und Stärken ungenutzt bleiben, fühle ich mich zwecklos und unzulänglich. In dieser Zeit fordert Gott mich heraus, meinen Lebensinhalt in ihm zu sehen. Es ist nicht das, was ich tue, was Gott gefällt, sondern der Mensch, zu dem ich werde, während ich Herausforderungen gegenübertrete. Wenn ich mich nicht um mich selbst drehe. »Lass dir an meiner Gnade genügen!« ist der Satz, der jeden Tag in meinem Herzen und in meinen Gedanken widerhallt. Ich sage mir immer wieder, dass ich mithilfe von Gottes Gnade weitermachen werde. Eines Tages kommt mich die Leiterin der Nachsorge aus Washington DC, meine zweite Chefin, Kathy Stout laBouve, in meinem Büro besuchen. Ohne Umschweife fragt sie mich, womit ich gerade kämpfe, und ich beginne mich ihr anzuvertrauen. Sie ist großartig darin, mir zuzuhören, mich zu korrigieren, wo es nötig ist, und meinen Selbstwert wieder aufzubauen, weil ihr auffällt, dass ich immer wieder an meiner Bestimmung zweifle. Ich sage ihr, dass ich nicht aufgrund von Schwierigkeiten kündigen

möchte, sondern ein eindeutiges Zeichen von Gott brauche, der mir zeigt, dass meine Zeit bei IJM zu Ende ist.

Neuausrichtung?

Mittlerweile bin ich schon seit über zehn Jahren bei International Justice Mission.

Lange Zeit zeigte Gott mir trotz meiner inneren Kämpfe nichts anderes. Doch in den vergangenen vier bis sechs Jahren habe ich immer wieder Schlüsselmomente erlebt, die sich in meinem Inneren wie ein Puzzle zusammensetzen. Neue Aufgaben beginnen sich herauszubilden, die Gott mir für das nächste Kapitel meines Lebens zeigt.

2008 wurde ich eingeladen, auf einer Konferenz über Gerechtigkeit in der »First Presybyterian« Kirche in Berkeley/USA zu sprechen. Dort waren 800 Menschen versammelt, die von unserer Arbeit bei IJM hören sollten. Ich war nervös und hatte Angst. Dort habe ich Bethany und Esther von IJM kennenzulernen. Ich hatte von diesen beiden Schwestern im Glauben gehört. Doch ihre Leidenschaft zu sehen, erfüllte mich mit Demut und erfrischte mich sehr. Ein weiterer unvergesslicher Einfluss für mein Leben war es, den Pastor der Kirche, Mark Labberton, kennenzulernen. Immer wieder stelle ich fest, dass es mich am tiefsten prägt und beeindruckt, wenn ich große Persönlichkeiten treffe, die die Geschichte verändern und dabei bescheiden und demütig bleiben. Mark ist so jemand. Seine Fürsorge für jeden Einzelnen von uns, die wir auf der Konferenz gesprochen haben, gab mir den nötigen Mut, den Zuhörern gegenüberzutreten.

Auch 2010 bei der Lausanne-Konferenz in Kapstadt habe ich deutlich Gottes Richtungsweisung gespürt, durch die Menschen, die mir begegne sind.

Beispielsweise durch Dave Bennet und Doug Birdsall, die Hauptorganisatoren, die ich als sehr demütige und liebende Menschen kennengelernt und in denen ich Jesus Christus gesehen habe.

Sowohl meine Erfahrungen beim Lausanne-Kongress wie auch das Willow-Creek Treffen 2012 in Chicago haben meinen Blick auf die Aufgabe der Gemeinden gelenkt. Ich habe eine Idee davon bekommen, wie sehr ganze Gemeinschaften verändert werden können, wenn die Gemeinde ihren Auftrag ernst nimmt: sich um die Armen zu kümmern, Menschen mit in ihre Gemeinschaft hineinzunehmen, sie zu lieben und sich für Gerechtigkeit einzusetzen. Den Willow-Creek-Kongress habe ich mit der Überzeugung verlassen, dass das aktive Engagement der lokalen Kirchen einen Unterschied in der Gesellschaft macht und Gemeinschaften verändern kann. Sie können Frieden, Freiheit, Gerechtigkeit, Hoffnung und Sinn in Gemeinschaften von Menschen bringen, die leiden und auch Armut mildern. Dadurch entstand in mir der Traum, dass indische Dorfgemeinschaften durch die Arbeit der Kirchen selbst lernen, sich um ihre bedürftigen Mitglieder zu kümmern, einander zu schützen und sich gegenseitig auszuhelfen. Ich wünsche mir, dass eine Familie, die aus Sklaverei befreit wurde, in ihrem Dorf mit offenen Türen und dem Angebot, zu helfen, empfangen wird. Denn was wir in der Nachsorge leisten können, ist immer begrenzt. Wenn die Menschen nicht von ihren Gemeinschaften aufgenommen, geschützt und unterstützt werden, haben sie es sehr schwer, in der Freiheit anzukommen und sich ein eigenständiges Leben aufzubauen, trotz aller Hilfe, die wir leisten. Auch unsere finanziellen Mittel in der Nachsorge sind begrenzt, was ich immer wieder schmerzlich feststellen muss. Im Winter bitte ich um 40 000 Rupien (570 €), um für 16 Familien Hütten bauen lassen zu können. Sie müssen draußen im kühlen Regen leben, ohne Zuflucht. Doch ich erhalte das Geld nicht. Ich sehe die Not der Menschen und möchte den Nachsorgesektor bei IJM gern weiter ausbauen, was jedoch von der Leitung nicht mitgetragen wird. Schwerpunkt der Arbeit von IJM ist es nach wie vor Menschen zu befreien und Rechtssysteme zu verändern. Die Nachsorge wollen sie immer mehr in die Hände anderer Organisationen geben. Auch durch eine Großspende von Google wurden sie dazu verpflichtet. Ihr Ziel ist es, andere Organisationen in der Nachsorge zu schulen und bald nur noch als Mentoren zu fungieren.

Bei meiner Arbeit mit den Child Development Centers bei HBI habe ich erlebt, wie sich durch die Kinderzentren ganze Dörfer verändert haben. Ich habe mit den Pastoren gearbeitet, und diese wiederum haben das Gelernte an ihre Gemeinden weitergegeben, die es in ihre Gemeinschaften getragen haben. Die Gemeinden sind gewachsen, die Menschen haben sich mehr umeinander gekümmert, haben ihre Hütten sauberer gehalten und ihre Kinder gewaltfreier erzogen. Das Leben im Dorf wurde lebenswerter. IJM kann aufgrund des Konzeptes jedoch nicht auf diese Weise arbeiten.

Deshalb bitte ich Gott:»Wenn es dein Plan ist, dass ich mit Kirchen und Pastoren arbeite, um Gemeinschaften zu verändern, schenk mir bitte einen neuen Job!«

Ein schmerzlicher Abschied und neue Aufgaben

Wieder einmal darf ich Gottes konkrete Wegweisung und prompte Antwort auf mein Gebet erleben. Wegen einer beruflichen Kooperation treffe ich mich mit dem Leiter eines großen Kinderhilfswerkes in Chennai und frage ihn, ob es zufällig im Moment freie Stellen geben würde. Ganz zu meinem Erstaunen erzählt er, dass die Stelle des Programmdirektors gerade ausgeschrieben worden sei. Ich kann es kaum glauben. Als Inhaber dieser Stelle hat man viel Einfluss auf sehr viele Kinder, Familien und damit auch ganze Dörfer. Das Kinderhilfswerk leistet eine ganz ähnliche Arbeit wie ich damals bei HBI, nur in viel größerem Ausmaß. Ich bin begeistert, dass die Stelle der Programmdirektion tatsächlich gerade jetzt, wo ich für eine neue Arbeit bete, neu besetzt werden soll. Mein Herz schlägt ein bisschen schneller. Zu Hause angekommen, sage ich zu Gott: »Wenn es dein Wille ist, dass ich IJM verlasse, dann gib mir diese Stelle!« Ich schreibe eine Bewerbung und lege die Entscheidung über meine berufliche Zukunft in Gottes Hände.

Beim Vorstellungsgespräch mit dem Leiter leidet dieser unter Fieber, und ich habe den Eindruck, dass er sich gar nicht gut auf das Gespräch konzentrieren kann. Ein zweites Gespräch führe ich über Skype mit einem internationalen Leiter. Immer wieder reißt die Verbindung ab, weil das indische Stromnetz oder die Internetverbindung nicht stabil genug sind. Ich habe den Eindruck, dass das Gespräch nicht besonders gut gelaufen ist. Mit einem etwas schalen Gefühl erinnere ich mich daran, dass letztlich Gott die Entscheidung in der Hand hat und niemand ihn daran hindern kann, seinen guten Weg mit mir weiterzuverfolgen, kein Fieber und keine schlechte

Internetverbindung. Umso begeisterter bin ich, als ich einige Tage später die Nachricht erhalte, dass ich den Job bekommen werde. Vor allem als ich höre, dass sich neben mir Mitarbeiter beworben haben, die in diesem Bereich bereits viel erfahrener sind. Ich danke Gott, dass er mir dieses klare Zeichen gegeben hat, was mir meinen Abschied von IJM etwas erleichtern wird. Es ist eins der größten Kinderhilfswerke weltweit. Durch die Vermittlung von Patenschaften und das Betreiben von Entwicklungszentren ermöglichen sie es Kindern, Schulbildung und eine Grundversorgung zu erhalten. Sie haben das Ziel Kinder ganzheitlich in der Entwicklung von Körper, Seele und Geist zu fördern. Wenn ein Kind am Programm teilnehmen möchte, muss die Familie sich bereit erklären, es regelmäßig in die Schule zu schicken. Nach der Schule kommen die Kinder in die Zentren, um Nachhilfeunterricht zu erhalten, zu singen, Sport zu treiben und eine Mahlzeit zu bekommen. Jedes Kind wird von einem

Paten aus einem Unterstützerland finanziell unterstützt und pflegt durch Briefe einen persönlichen Kontakt zu ihm. Sogar Operationen oder Medikamente werden vom Projekt finanziert.

Weil ich durch die Stelle beim Kinderhilfswerk nun weiß, dass es Gottes Plan für mich ist, fällt es mir ein wenig leichter, im Januar 2014 bei IJM zu kündigen und mich innerlich auf meinen Abschied vorzubereiten. Trotzdem beginnt damit ein schmerzhafter Prozess. Ich habe diese Arbeit von Anfang an mit aufgebaut und empfinde sie ein wenig wie »mein Baby«. Jetzt dieses Baby gehen zu lassen, um etwas Neuem Platz zu machen, ist nicht einfach. Ich befinde mich in einem ähnlichen Ablösungsprozess wie bei der Trennung von einem Menschen. Doch wenn ich traurig von der Arbeit nach Hause komme, ist da mein kleiner Sohn, den ich in die Arme nehmen kann. Mit ihm zu spielen und ihm Lieder zu singen, macht mich sehr glücklich. Durch ihn kann ich mich entspannen und meine Freude am Leben wiederfinden.

Ein kleiner Trost ist zudem, dass ich einige Klienten auch in Zukunft ab und zu sehen kann, da das Kinderhilfswerk teilweise in denselben Dörfern arbeitet.

237

Als Staatsgast in Deutschland

Anfang Februar 2014, kurz bevor meine Anstellung bei IJM endet, findet in Deutschland ein Leiterschaftskongress der dortigen »Willow-Creek-Bewegung« statt. Schon lange, bevor ich wusste, dass ich IJM verlassen würde, habe ich zugesagt, auch dort über mein Leben und die Arbeit mit IJM zu berichten. Nun soll gleichzeitig vom Kinderhilfswerk eine Konferenz in den USA stattfinden, zu der ich eingeladen bin, um meine neue Arbeit kennenzulernen. Trotz gegenteiliger Stimmen in meiner Familie entscheide ich mich dafür, mein Wort zu halten und nach Leipzig zu fliegen. Im Programm des Kongresses werde ich fest eingeplant und den Besuchern angekündigt. Es gibt mittlerweile auch in Deutschland ein IJM-Partner-Büro, das Spenden für die Arbeit in den Büros der Entwicklungsländern sammelt. Leider stellt sich ein paar Tage vor meinem Abflug heraus, dass Deutschland meinen Ausweis, der nur handschriftlich verlängert wurde, nicht akzeptiert. Auf dem Konsulat wollen sie mir einfach kein Visum ausstellen. Zuerst denke ich, ich sei an einen komischen Bearbeiter geraten, weshalb ich es am nächsten Tag einfach noch einmal versuche. Doch wieder werde ich abgewiesen.

Mein Vorgesetzter ruft in Deutschland an und erklärt, dass ich nicht kommen könne. Er bietet an, jemand anderen zu schicken, doch Willow Creek besteht darauf, dass ich komme und bittet darum, weiterhin alles zu tun, was in unserer Macht steht. Sie selbst wollen versuchen, über ein anderes Schengen-Land ein Visum für mich zu bekommen. Ich denke, es könne ja Gottes Wille sein, dass ich nicht fliege, da im Moment sowieso schon sehr viel los ist in meinem Leben und David noch sehr klein ist. Doch Dietmar Roller, der Vorstandsvorsitzende von IJM-Deutschland, ermutigt mich: »Pranitha, wir glauben trotz der Schwierigkeiten, dass du nach Deutschland kommen kannst. Wir werden alles versuchen, damit das klappt. Tausende Gäste werden beim Kongress deine Geschichte hören. Du wirst viele inspirieren und ermutigen.« Schließlich erhalte ich in der Nacht, zwei Tage vor meinem geplanten Vortrag, eine Mail von einem Kongressverantwortlichen: »Frau Timothy, es tut uns leid, wir haben nun alles uns Mögliche versucht. Wir wollten Sie über Belgien einfliegen lassen, über Italien, doch jede Botschaft hat uns das Visum verweigert. Wir haben nun entschieden, die Aufzeichnung Ihres Vortrags von Willow-Creek-Chicago zu zeigen.« Gut, denke ich, dann kann ich mich jetzt entspannen und in Ruhe bei IJM meine Arbeit an die Kollegen übergeben. Am nächsten Morgen im Büro habe ich mich gerade zum persönlichen Gebet zurückgezogen, als ich einen Anruf erhalte: »Frau Timothy, bitte kommen Sie schnell!« Ich frage: »Wer spricht denn da?«»Ich bin vom deutschen Konsulat in Chennai, derselbe Mitarbeiter, der Ihnen vor ein paar Tagen kein Visum ausstellen wollte. Bitte kommen Sie noch einmal her!« Ich verstehe nicht, warum und erkläre ihm: »Ich habe aber noch keinen neuen Pass.« Er bleibt beharrlich: »Das macht nichts, kommen Sie mit Ihrem alten Pass noch einmal zu uns, Sie werden ein Visum erhalten.« Dann legt er auf. Noch etwas ungläubig starre ich mein Telefon an, als es schon wieder klingelt. Es ist noch mal Dietmar Roller von IJM Deutschland: »Pranitha, wir haben Kontakte zum Auswärtigen Amt herstellen können. Letzte Nacht wurde eine Sondersitzung einberufen. Dein Fall ist bis auf höchste Ebene im Amt gebracht worden. Schließlich wurde eine Lösung gefunden. Du bist als Staatsgast nach Deutschland eingeladen. In so einem Fall ist die handschriftliche Verlängerung deines Passes unwesentlich. Bitte geh sofort noch einmal zum Konsulat!« Ich bin erst mal etwas platt. Ich als Staatsgast eingeladen? Verwirrt mache ich mich ein drittes Mal auf den Weg zum Konsulat! Tatsächlich erhalte ich problemlos mein Visum: »Frau Timothy, ich habe Anweisung von Angela Merkels Büro, Ihnen ein Visum auszustellen. Wenn Sie zurück sind, besorgen Sie sich bitte sofort einen neuen Pass!« Ich kann kaum glauben, was hier geschieht. Als wir alle aufgegeben haben, muss Gott eingegriffen und sich der Sache angenommen haben. Meine

Mutter, die extra für die Kinderbetreuung nach Chennai gekommen ist, sitzt bereits im Zug zurück nach Hause. Trotzdem besorge ich mir ein Ticket für den nächsten Flieger nach Deutschland und komme schließlich in der Nacht vor meinem Vortrag bei Willow Creek an. Ich bin nicht nur als Staatsgast eingeladen, sondern werde auch so empfangen. Die Organisatoren sind dankbar, dass ich letztendlich doch noch kommen konnte, und bemühen sich sehr um mein Wohlergehen. Ich fühle mich warmherzig aufgenommen und rundum gut versorgt.

Deutschland ist das am stärksten entwickelte Land, das ich je betreten habe. Alles ist so modern und sauber. Auf dem Kongress sind 8000 christliche Leiter. Wie immer bin ich sehr nervös vor meinem Vortrag. Die Menschen sind schließlich begeistert und wollen gar nicht mehr aufhören zu applaudieren, nicht nur wegen der Geschichte mit der Ladung als Staatsgast. Ich führe viele Gespräche über IJM und bin froh, in meinen letzten Arbeitswochen noch einmal diese wertvolle Arbeit unterstützen zu können. Nach dem Kongress bin ich noch für eine Woche mit Dietmar Roller und Judith Kühl von IJM unterwegs, um bei Vorträgen und in einem Gottesdienst zu sprechen. Alles ist ganz anders, als ich es mir vorgestellt habe. Anstatt einer zusätzlichen Belastung in dieser anstrengenden Zeit meines Lebens werden die kommenden Tage für mich zu einem Wellnessprogramm von Gott. Ich darf viel schlafen und sehr lecker essen, und überall, wo ich hinkomme, werde ich mit viel Herzlichkeit empfangen. Sobald ich einen Wunsch äußere, wird er von Gott oder Menschen erfüllt. Das Einzige, was mir etwas zu schaffen macht, ist die unerbittliche Kälte, die der Februar hier bereithält. Daran bin ich nicht gewöhnt.

Eine neue Stimme?

Vor ein paar Monaten war ich auf einem christlichen Camp und habe den Eindruck gehabt, dass Gott mich fragt:»Pranitha, möchtest du deine frühere Stimme zurückhaben?« Es fiel mich nicht leicht, darauf sofort mit»Ja« zu antworten, weil meine jetzige Stimme zu einem Teil von mir geworden ist. Doch nach längerem Nachdenken habe ich schließlich zugestimmt. Schon seit dem Tag, an dem Gott mir meine brüchige Stimme gegeben hat, bin ich überzeugt davon, dass er mir irgendwann meine richtige Stimme zurückschenken wird. An manchen Tagen habe ich den Eindruck, dass ich klarer und lauter sprechen kann, doch dann wird meine Stimme wieder heiser und leise. Nach dem Willow-Creek-Kongress erhält Dietmar Roller einen Anruf von einem deutschen Arzt, der anbietet, meine Stimmbänder zu operieren. Er ist überzeugt, meine alte Stimme wiederherstellen zu können. Jetzt erinnere ich mich an mein Gespräch mit Gott auf dem Camp. Natürlich kann Gott auch Ärzte nutzen, um mich zu heilen, genau wie damals bei meinem Hirntumor. Trotzdem kann ich mir nicht vorstellen, jetzt meinen Aufenthalt in Deutschland zu verlängern, denn zu Hause wartet ein Säugling auf seine Mutter. Ich bedanke mich für das Angebot und verspreche, mit meinem Mann darüber zu sprechen und vielleicht später darauf zurückzukommen.

Bayern-München

Wie viele andere Inder auch, sind Timmy und ich schon seit Jahren große Bayern-München-Fans. Wir verpassen kein internationales Spiel, auch wenn sie bei uns meist mitten in der Nacht übertragen werden. Ich bin fasziniert von der Qualität, mit der diese jungen Männer Fußball spielen. Vor meinem Besuch habe ich wohl im Spaß erwähnt, dass ich die Mannschaft mag und es toll wäre, München zu sehen. Jetzt sind wir tatsächlich unterwegs nach Bayern. Etwas anderes, was ich flüchtig erwähne, ist, dass ich noch niemals Schnee gesehen habe. Auf einmal beginnt es zu schneien, und Dietmar fährt von der Autobahn ab. Auf einer Lichtung im Wald findet er eine Stelle, an der ein wenig Schnee liegen geblieben ist. Wie

ein Kind springe ich aus dem Auto und berühre zum ersten Mal in meinem Leben diese kalte weiße Masse. Es fühlt sich toll an, und ich danke Gott für seine Fürsorge. Selbst einen so kleinen unbedeutenden Wunsch erfüllt er mir. Nachdem wir ein paar Schneebälle geformt und uns damit beworfen haben, fahren wir weiter nach München. Was ich nicht ahne, ist, dass das Team von Willow Creek für mich eine private Führung durch das Stadion von Bayern organisiert hat. Es fühlt sich an wie in einem Traum. Als wir ankommen, wartet bereits jemand auf mich, um mir alles zu zeigen. Das Team hat das nicht vorbereitet, um irgendeinen Nutzen für sich daraus zu ziehen, sondern allein, um mir das Gefühl zu geben, etwas Besonderes zu sein. Als mir zum Abschluss ein original Bayern-Trikot mit dem Aufdruck meines Namens überreicht wird, bin ich komplett überwältigt. Ich kann kaum fassen, wie liebevoll die Menschen hier um mich bemüht sind und schon vor meinem Besuch organisiert haben, dass dieses T-Shirt in meiner Größe und mit meinem Namen für mich gedruckt wird.

Dietmar Roller und Judith Kühl von IJM sind mir die ganze Zeit über zugewandte Gesprächspartner und sprechen viel mit mir über meinen bevorstehenden Abschied von IJM. Abends sitzen wir in einer traditionellen bayerischen Gaststube. An den Wänden hängen Köpfe von toten Tieren, und es läuft laute Volksmusik. Das Schnitzel auf meinem Teller ist fast größer als der Teller selbst. Obwohl ich einen gesunden Appetit habe und mehr essen kann, als mir die meisten Menschen bei meiner Statur zutrauen, ist es unmöglich, dieses Schnitzel aufzuessen. Ein junger Kellner in bayerischer Tracht kommt an unserem Tisch vorbei und macht sich über mich lustig: »Na, essen Sie mal schön auf, in Afrika verhungern die Kinder!« Dietmar Roller schaut ihn ernst an und erwidert augenzwinkernd: »Na, wenn Sie wüssten, wen Sie hier vor sich haben, würden Sie nicht so scherzen.« Neugierig fragt der Kellner, wer ich denn sei, woraufhin ich ihm ein bisschen von meiner Arbeit berichte. Immer wieder kommt er daraufhin an unseren Tisch, um ein Glas mitzunehmen oder zu fragen, ob alles okay ist. Ganz beiläufig stellt er eine Frage nach der anderen, woraus sich ein Gespräch entwickelt: »Wie kann es denn sein, dass Sie als zierliche Frau keine Angst haben, diese Arbeit zu machen?« Ich erkläre ihm, dass ich Christin bin und Gott mich beschützt. »Ich habe keine Angst, weil mir nichts Schlimmeres zustoßen kann als zu sterben.« Der junge Mann hebt die Augenbrauen. Schließlich erzählt er ein bisschen von sich. Es stellt sich heraus, dass er in einem streng katholischen Elternhaus aufgewachsen ist und den christlichen Glauben immer als extrem langweilig und verstaubt empfunden hat. Ganz bewusst habe er sich entschieden, damit nichts mehr zu tun haben zu wollen, sondern lieber ein abenteuerliches Leben zu führen. Sein Ziel sei es auch, einmal viel

Geld zu verdienen, weshalb er jetzt Wirtschaft studiere. Von meinem Lebensentwurf scheint er ein wenig irritiert zu sein, weil ich gerade als Christin ein abenteuerliches Leben führe. Da ich wegen meiner immer noch beeinträchtigten Schluckfähigkeiten nur sehr langsam essen kann, haben wir viel Zeit, um das Gespräch zu vertiefen.

Letzter Gerichtstermin von Aarthi und Keerthi

Während ich in Deutschland bin, kommt es zu einem letzten Gerichtstermin von IJM, in dem die Mutter von Aarthi und Keerthi endlich für ihre Taten als Zuhälterin ihrer Mädchen zur Rechenschaft gezogen werden soll. Auch daran sieht man, wie langsam die Mühlen der indischen Justiz mahlen. Fast zehn Jahre hat der gesamte Prozess gedauert. Jedes Mal ist es der Mutter gelungen, die Anwälte zu bestechen oder unterzutauchen, um die Verhandlungen weiter hinauszuzögern. Letztendlich musste IJM sich auf die Suche nach ihr machen und sie ins Gericht bringen. Dieses Mal muss es besonders schwierig für die beiden Schwestern sein, weil sie erzählen sollen, dass ihre Mutter sie an Freier verkauft hat. Sie lieben sie nach wie vor sehr und würden sie am liebsten vor einer Strafe schützen. Gleichzeitig wissen sie, dass ihnen Unrecht angetan wurde und sie die Wahrheit sagen sollen. Keerthi nimmt ihren Verlobten mit ins Gericht, der ihr Rückendeckung und Trost gibt. Er möchte Keerthi trotz ihrer Vergangenheit heiraten, was wirklich ein Wunder ist, wenn man sich die Einstellung vieler indischer Männer gegenüber Frauen ansieht. Die beiden planen ihre Hochzeit im kommenden Jahr zu feiern.

Weil die Mädchen die Wahrheit aussagen und auch das Beweismaterial von IJM ihre Taten belegt, wird die Mutter schließlich zu zehn Jahren Haft verurteilt. Für IJM ist der Fall ein Erfolg, weil es immer noch sehr schwer ist und viel Durchhaltevermögen und Arbeit kostet, dass überführte Täter von der Justiz tatsächlich verurteilt werden. Die beiden Schwestern berichten mir mit gemischten Gefühlen von der Verhandlung, als ich zurück in Chennai bin. Ihre Mutter tut ihnen leid, auch wenn sie froh sind, dass das Unrecht, das sie ihnen angetan hat, angemessen bestraft wird.

Amrita

Amrita* war noch ein Teenager, als sie verheiratet wurde. Nachdem ihr Mann sie mit HIV infiziert hatte, hat er sie wieder verlassen. Ihre Eltern kümmerten sich so gut um sie, wie das innerhalb der Gefangenschaft in einer Ziegelei möglich war. Als ich sie 2004 mit IJM befreit habe, warf Amrita sich weinend zu meinen Füßen nieder und bedankte sich. Ich sagte zu ihr:»Tu das nicht, ich bin nicht Gott! Man sollte nur zu Gottes Füßen niederfallen.« Doch sie hat mir geantwortet:»Du bist nicht Gott, aber Gott hat dich geschickt.«

Dieses Mädchen sollte ich nicht so schnell wieder vergessen. Ihre Eltern hatten viel Mühe, ihre schwache Tochter aufzupäppeln und am

Leben zu erhalten, und so blieb ich auch nach der offiziellen Nachsorgezeit von IJM mit Amrita in Verbindung. Wir haben ihr geholfen, sich einen kleinen Laden aufzubauen, um für ihren Lebensunterhalt zu sorgen. Leider sind ihre Eltern nun schon seit längerer Zeit sehr krank, und sie muss alles Geld, das sie verdient, in deren Behandlung investieren. Sie selbst hat auch immer wieder Phasen, in denen der Virus ihr Immunsystem so sehr schwächt, dass sie kaum aufstehen kann. Deshalb sammle ich regelmäßig Geld für die Familie und schicke es ihr. Heute begleitet mich ein Freund, um Amrita ein letztes Mal zu besuchen und ihr Geld zu bringen, bevor ich bei IJM aufhöre und nicht mehr die Möglichkeit habe, in ihre Region zu fahren.

Das Bild, das sich mir bietet, ist geprägt von Krankheit und Elend. Es bricht mir das Herz, diese wunderbare, warmherzige junge Frau so zu sehen.

Lange sitze ich neben ihr, halte ihre Hände in meinen und bete mit ihr. Sie ist sehr dankbar für die finanzielle Unterstützung und traurig, dass ich sie nicht mehr besuchen kann.

Zurück im Auto, wo mein Freund auf mich wartet, breche ich weinend zusammen, weil mir bewusst wird, dass ich Amrita vielleicht nie wiedersehen werde. Ihr Körper ist so schwach, ich kann mir kaum vorstellen, dass sie sich noch einmal gegen den Virus auflehnen und erholen kann. Es fühlt sich an, als würde ich ein enges Familienmitglied loslassen müssen, so sehr habe ich diese Klientin in mein Herz geschlossen.

Die Trauer mischt sich mit meinem Abschiedsschmerz von IJM. Doch immer wieder kommt auch ein kleiner Hauch Vorfreude und Neugierde auf meinen neuen Job bei diesem großen Kinderhilfswerk in mir auf. Nächste Woche beginnt dort meine Anstellung.

Mit Amrita bleibe ich in Kontakt. Sie erholt sich doch noch einmal von ihrem Schwächeanfall und kehrt zurück ins Leben. Wenn sie einen Rat oder Hilfe braucht, meldet sie sich bei mir. Als endlich der Gerichtsprozess gegen ihren früheren »Besitzer« in der Ziegelei kommt, schicke ich meine Kollegin Alice von IJM zu ihr. Alice ist die Leiterin des Fallmanagements und in ihrer Arbeitsweise extrem beharrlich. Sie wird Amrita und die anderen befreiten Klienten bei ihrer Aussage vor Gericht unterstützen.

Als unterstützende Programmleiterin bei diesem Kinderhilfswerk bin ich für 300 Projekte mit insgesamt rund 80 000 Kindern verantwortlich. Weil zu jedem Kind eine ganze Familie gehört, habe ich Einfluss auf das Leben mehrerer Hunderttausend Menschen. Ich kann auf Grundlage meiner Erfahrung anregen, welche Interventionen ich für sinnvoll halte und was wir den Kindern und Familien anbieten wollen. Da ich mir meiner großen Verantwortung bewusst bin, arbeite ich sehr viel, manchmal bis tief in die Nacht hinein. Ich möchte aus den Zentren das Bestmögliche für die Kinder und Familien herausholen. Sie sollen von klein auf lernen, dass sie genauso viel wert sind wie alle anderen Menschen. Sie sollen ihre Stärken erkennen, sich selbst etwas zutrauen und lernen, Verantwortung für ihr Leben und die Menschen um sich herum zu übernehmen. Dadurch können wir einen großen Beitrag zur Entwicklung Indiens heraus aus der Armut leisten. Menschen entwickeln durch unsere Arbeit andere Lebensentwürfe, anstatt sich weiterhin als Tagelöhner durchzuschlagen, und lernen stattdessen Lesen und Schreiben, um gute Ausbildungen zu erhalten. Sie lernen ihre Rechte kennen und sind deshalb weniger gefährdet, in die Falle von Schuldknechtschaft zu tappen. Besonders begabte Kinder, die an einem Programm des Kinderhilfswerks teilnehmen, bekommen von uns ein Studium finanziert. Manche der ehemaligen Kinderhilfswerks-Kinder arbeiten mittlerweile als Lehrer und Leiter in den Entwicklungszentren. Auch bei IJM hatte ich viele Kollegen, die als Kinder vom Kinderhilfswerk unterstützt wurden und später Jura oder Sozialarbeit studiert haben. Zum Beispiel Sam*, einer unserer mutigsten Ermittler. Seine Eltern waren, genau wie meine, in der Mission tätig und konnten von ihrem Gehalt keine gute Schulbildung für ihre Kinder finanzieren. Das Kinderhilfswerk machte einen Unterschied in seinem Leben und finanzierte Sam die Ausbildung. Jetzt ist es meinem jungen Kollegen wichtig, auch einen Unterschied im Leben von Menschen zu machen, die keine Chance haben. Mittlerweile arbeitet er auch beim Kinderhilfswerk und setzt sich für den Schutz der Rechte von Kindern ein. Er nutzt seine Ermittlerfähigkeiten, um Fälle von Menschenhandel und Missbrauch an Kindern aufzuspüren, und er unterrichtet die Mitarbeiter unserer Zentren darin. Weil auch die Ärmsten der Armen unsere Klienten sind, ziehen die Familien häufig um, wenn sie in einem Ort keine Arbeit mehr

finden. Das hat zur Folge, dass ihre Kinder nicht mehr die Schulen und Entwicklungszentren besuchen können und unter Umständen den Kontakt zu unserem Kinderhilfswerk wieder verlieren. Um diesem Problem entgegenzuwirken, entwickeln wir Programme für die Eltern, durch die wir ihnen helfen, sich eine Existenz aufzubauen und in einem Ort sesshaft zu werden. Ähnlich wie bei den befreiten Schuldknechten sollen sie sich überlegen, mit was sie ihren Lebensunterhalt verdienen möchten. Wir helfen ihnen, diese Ziele zu verwirklichen. Wir führen Hausbesuche durch und holen die Kinder zur Schule ab, wenn es nötig ist.

Transformation eines Dorfes

Es gehört zu meinen Aufgaben, ab und zu Projekte persönlich zu besuchen. So finde ich mich eines Tages in dem Ort wieder, in dem meine erste Stelle bei Prison-Fellowship war. Dieses Dorf war damals sehr gefährlich und verschrien als Ort, an dem sehr viel Kriminalität stattfindet. Wenn man die Möglichkeit hatte, hat man einen großen Bogen drum herum gemacht. Vor einigen Jahren hat das Kinderhilfswerk hier ein Programm begonnen. Als ich dieses Dorf jetzt nach mehr als dreizehn Jahren wieder betrete, traue ich meinen Augen und Ohren kaum. Ich finde einen völlig veränderten Ort vor. Es gibt eine Multifunktionshalle, in der die ganze Woche über ein munteres Treiben herrscht. Viel mehr Menschen gehen bezahlten Beschäftigungen nach, und viele Kinder haben bereits die Schule erfolgreich abgeschlossen und ein Studium oder eine Ausbildung begonnen. Einige haben sogar schon angefangen zu arbeiten und verdienen genug Geld, um sich ein besseres Leben aufzubauen. Das Dorf ist viel sicherer geworden, sodass man es heute ohne Bedenken betreten kann. Zu sehen, was durch die Arbeit des Kinderhilfswerks bewirkt werden kann, begeistert mich und gibt mir Motivation.

Ich treffe mich auch mit einem der Mitarbeiter von Prison-Fellowship, und er erzählt mir, was aus einigen meiner damaligen Schützlingen geworden ist. Etliche sind leider auf die schiefe Bahn geraten und mittlerweile im Gefängnis. Andere haben sich sogar das Leben genommen. Es tut sehr weh, das zu hören. Am liebsten hätte ich jeden Einzelnen von ihnen vor einem solchen Schicksal bewahrt. Gott sei Dank gibt es auch schöne Entwicklungen, wie die eines Jungen, der mittlerweile geheiratet hat und im Dorf sesshaft geworden ist.

Aarthis und Keerthis neuer Job

Aarthi hat sich entschieden in einer IT-Firma zu arbeiten. Doch ihre Arbeit gefällt ihr nicht wirklich. Nach ein paar Monaten kommt sie zu mir und bittet um Rat: »Pranitha, ich glaube, die IT-Branche ist nicht, was ich wirklich im Leben machen möchte. Ich muss ständig Nachtschichten machen, was ich kaum aushalte. Ich kippe immer fast vom Stuhl, weil ich so müde bin und am liebsten schlafen möchte. Meinst du, ich könnte etwas anderes arbeiten?« Sofort kommt mir eine Idee, aber ich möchte zuerst mit dem Team sprechen. Deshalb antworte ich ihr: »Warte ein bisschen, ich kümmere mich darum und melde mich dann bei dir.« Nach ein paar Wochen rufe ich sie an: »Aarthi, mir ist aufgefallen, dass du im künstlerischen Bereich sehr begabt bist. Möchtest du bei Justice & Hope mitarbeiten?« Aarthi ist etwas perplex: »Aber dürfen denn nicht nur Christen in deinem Projekt arbeiten? Ich bin Hinduistin und möchte auch weiterhin an meine Götter glauben.« Ich erwidere: »Das ist in Ordnung. Wir könnten dich auf Honorarbasis anstellen. Du könntest in das Heim zurückgehen, in dem du so gelitten hast, und den Mädchen helfen, die jetzt dort leben müssen. Du kannst künstlerisch mit ihnen arbeiten und ihnen alles anbieten, was du damals gebraucht hättest, aber nicht bekommen hast.« Aarthi ist begeistert von der Idee und sagt mir zu, ohne weitere Fragen über den Lohn oder die Arbeitsbedingungen zu stellen. Da es Keerthi in ihrem Job ganz ähnlich geht und ihr die vielen Nachtschichten gesundheitlich zusetzen, lade ich auch sie ein, für Justice & Hope zu arbeiten. Keerthi ist schon vor einer Weile Christin geworden und hat sich taufen lassen. Irgendwann hat sie mir erzählt, dass sie schon im Heim angefangen hat, an Gott zu glauben, als sie in der Bibel gelesen hat, nach der sie mich gefragt hatte. Gemeinsam ziehen die beiden Schwestern in die Projektwohnung ein und sind vom ersten Tag an mit Begeisterung dabei. Der Job ist wie für sie gemacht. Ich kann sprichwörtlich sehen, wie sie aufblühen. Nun lernen mich die Schwestern noch von einer ganz anderen Seite kennen, denn als Leiterin des Projektes bestehe ich auf das Einhalten strenger Regeln. Es ist mir wichtig, dass die jungen Frauen ihre Arbeit ernst nehmen und effektiv arbeiten. Da sie in derselben Wohnung leben und arbeiten, bestehe ich darauf, dass sie sich morgens ordentliche Kleidung anziehen und sich um neun Uhr mit ihren Laptops an den großen Tisch im Wohnzimmer setzen, um mit der Arbeit zu beginnen. Erst um 18 Uhr dürfen sie wieder anziehen, was sie wollen, und das Wohnzimmer für andere Dinge nutzen. Aarthi und Keerthi teilen sich eins der beiden kleinen Schlafzimmer. In dem anderen lebt Sneha zusammen mit wechselnden Freiwilligen. Die Wohnung gefällt den Schwestern sehr gut und auch, dass wir jetzt Nachbarn sind und sie noch mehr mit meiner Familie zusammenwachsen können. Jede Woche denkt Aarthi sich neue tolle künstlerische Projekte aus, die sie den Kindern in den Heimen anbietet.

Neue Hoffnung für vergessene Kinder

Als sie das erste Mal in das Heim kommen, in dem sie früher gelebt haben, sind Aarthi und Keerthi geschockt. Die Verhältnisse haben sich innerhalb der vergangenen Jahre nicht verbessert, sondern sogar noch verschlimmert. Den Mädchen wird nicht einmal mehr sauberes Trinkwasser zur Verfügung gestellt. Fast alle von ihnen haben sich Schnitte an den Unterarmen zugefügt und z. B. die Namen ihrer Lieben hineingeritzt. Es gibt noch immer keinerlei Beschäftigungsmöglichkeit, und der Umgangston zwischen den Mädchen ist noch roher, als sie es in Erinnerung haben. Anfangs reagieren die Mädchen abweisend auf die Gesprächsangebote von Justice & Hope und wollen sich nicht öffnen, weil sie meinen, die Mitarbeiterinnen würden nichts von ihrer schlimmen Situation verstehen. Doch sobald Aarthi und Keerthi ihre eigene Geschichte erzählen, hängen die Mädchen an ihren Lippen und wollen wissen, wie sie es geschafft haben, aus dem Heim rauszukommen, zu studieren und eine Arbeit zu finden. Manche von ihnen haben Angst, in dem Heim sterben zu müssen. Sie fühlen sich wie im Gefängnis und sind ständig auf der Suche, Wege zu finden, wie sie davonlaufen können. Als sie hören, dass ihre Zeit dort nur begrenzt ist und ihnen danach im Leben viele Wege offenstehen, schöpfen sie neue Hoffnung. Die Mitarbeiterinnen von Justice & Hope besuchen sie jede Woche zwei- bis dreimal. Sie teilen die Mädchen in Gruppen auf, um künstlerisch mit ihnen zu arbeiten und ganz nebenbei ihren Umgang miteinander zu verbessern. Jedes Mal, wenn sie in den Raum kommen, gibt es Mädchen, die von den Kämpfen, die sie miteinander haben, bluten oder blaue Flecke haben. Die meisten von ihnen haben kaum eine Schule von innen gesehen und nie vernünftige Umgangsweisen gelernt. Deshalb lassen die Mitarbeiterinnen absichtlich Mädchen in den Gruppen miteinander arbeiten, die sich streiten, und bringen ihnen Teamwork bei. Außerdem stärken sie die älteren Mädchen in ihren Fähigkeiten, sich um die jüngeren zu kümmern. Während sie Ohrringe oder Armbänder herstellen, weisen die Mitarbeiterinnen sie zurecht, wenn sie sich gegenseitig beleidigen oder unflätige Ausdrücke benutzen. Zuerst fällt es den Mädchen schwer, sich an die neuen Umgangsformen zu gewöhnen, doch schon nach wenigen Wochen halten sie sich selbst die Hand vor den Mund und schauen die Mitarbeiterinnen schuldbewusst an, wenn ihnen doch wieder ein falsches Wort herausgerutscht ist. Keine von ihnen möchte von den künstlerischen Aktivitäten ausgeschlossen werden. Unsere Angebote sind wie eine Therapie für die Mädchen, durch die sie auch ihre innersten Gefühle ausdrücke können. Während die Mitarbeiterinnen ihnen zum Beispiel die Nägel lackieren, sagen sie ihnen, wie wertvoll und schön sie sind, dass es Hoffnung für sie gibt und sie nicht aufgeben sollen. Die Kinder saugen die Aufmerksamkeit in sich auf wie ausgetrocknete Schwämme. Da es im Heim nur ein oder zwei Erzieher für 40 bis 50 Kinder gibt, haben sie nicht die Chance, Bindungen zu ihnen aufzubauen und Liebe zu bekommen. In Einzelgesprächen sprechen die Mitarbeiterinnen von Justice & Hope mit ihnen über die traumatischen Erfahrungen, die sie durchleben mussten, um ihnen bei der Verarbeitung zu helfen. Sie sagen ihnen, dass sie nicht schuld an dem sind, was ihnen passiert ist, dass sie die Vergangenheit zurücklassen und nach vorn blicken sollen. Denn Aarthi weiß ganz genau: »Solange die Erlebnisse unverarbeitet sind, kreisen sie den ganzen Tag über im Kopf herum und machen einen verrückt. Nachts wacht man von Albträumen auf, und man fühlt sich einfach nur dreckig. Ich habe lange gebraucht, um mich selbst annehmen zu können und an meine eigenen Stärken zu glauben. Pinky hat mir so sehr dabei geholfen und mich immer wieder ermutigt. Jetzt möchte ich diesen Mädchen helfen.«

Ehrenamtliche Helfer

Da es sehr viele Heime gibt und zahllose Kinder, die die Unterstützung von Justice & Hope brauchen können, beginnt das Team, freiwillige Helfer zu suchen. Bald gibt es eine Schlagzeuggruppe, Kunstkurse und mehrere Tanzgruppen, die von Ehrenamtlichen angeboten werden. Kinder entdecken neue Fähigkeiten und Leidenschaften und erleben vielleicht zum ersten Mal in ihrem Leben, dass sie besondere Fähigkeiten haben und etwas gut können. Und die Studenten und anderen ehrenamtlichen Helfer lernen eine andere Lebensrealität kennen und können einen sinnvollen Beitrag leisten, um diese zu verändern. Manchmal überlegen sie sich auch besondere Events. Sie leihen zum Beispiel einen Beamer aus und verwandeln den Schlafsaal der Kinder in ein Kino, indem »Findet Nemo« gezeigt wird. Da die Kinder keine Ausflüge machen können, versuchen die Mitarbeiterinnen, ihnen die Zeit innerhalb ihren verhassten vier Wänden so angenehm wie möglich zu gestalten. Jedes Mal warten die Kinder schon ungeduldig auf das Eintreffen der Mitarbeiter und Ehrenamtlichen. Wenn einmal eine Stunde ausfallen muss, hagelt es in der folgenden Stunde Vorwürfe: »Wo wart ihr denn? Wir haben auf euch gewartet!«

Durch die regelmäßigen Besuche in den Heimen wird ganz nebenbei Missbrauch vorgebeugt. Die Kinder knüpfen vertraute Beziehungen zu den Mitarbeitern von Justice & Hope und erzählen ihnen, was im Heim vor sich geht. Wenn herauskommt, dass Mitarbeiter der Heime sich an den Kindern vergehen, können diese in große Schwierigkeiten kommen. Deshalb müssen sie aufpassen, dass so etwas nicht passiert.

Diskriminierung von Frauen

Ich ermutige die jungen Frauen in meinem Umfeld zu studieren, sich zu kleiden, wie es ihnen gefällt, und aus Liebe zu heiraten. Sie sehen mein Leben und wollen auch gern aus den engen Traditionen ausbrechen und Männer heiraten, von denen sie respektiert werden. Sie wollen sich für gleiche Löhne und das Recht, abends auszugehen, einsetzen. Wenn sie noch bis nach 21 Uhr abends bei mir sind, kümmere ich mich darum, dass einer der jungen Männer sie nach Hause begleitet, damit ihnen nichts passiert.

Bei meinen Arbeitgebern erhalten Frauen dasselbe Gehalt wie Männer. Trotzdem erlebe ich immer wieder Diskriminierung. Männer geben mir zu verstehen, dass die Arbeit nicht der Platz ist, an den ich gehöre. Ich solle mich lieber um meine Kinder kümmern und den Haushalt erledigen. Ich lasse mich nicht auf sinnlose Diskussionen ein, weil ich es für Zeitverschwendung halte, ihnen durch Worte irgendetwas beweisen zu wollen. Vielmehr zeige ich ihnen durch gute Arbeit, dass sie sich täuschen und Frauen sehr wohl genauso viel wie Männer leisten können. In den meisten Fällen respektieren mich die Männer, wenn sie mich ein wenig besser kennenlernen.

Fieber

Im November 2014 fliege ich zu einem Treffen von »Lausanne Movement« nach Südamerika. Bei diesem Treffen geht es um Kinder. Wir gründen ein weltweites Netzwerk für Kinderrechte und überlegen, wie wir erreichen können, dass Kirchen die Kinder mehr in den Fokus nehmen. Wir sitzen mit Pastoren, Wissenschaftlern, Lehrern und Kindern aus jedem Land der Erde zusammen, um uns zu beraten. Konzepte werden erarbeitet, wie wir den Kindern die Bibel noch kreativer und relevanter nahebringen können. Außerdem wollen wir, dass Kinder von den Kirchen weltweit als vollwertige Menschen angesehen werden. Kirchen sollen helfen, dass die Rechte und Bedürfnisse von Kindern in jeder Gesellschaft gesehen und durchgesetzt werden. Ich bin begeistert von der Kraft, die bei diesem Treffen zu spüren ist. Die Kraft Gottes, die sich zeigt, wenn die weltweite Kirche sich für ein gemeinsames Ziel zusammenschließt.

Kurz nachdem ich zurück bin, werde ich von schwerem Fieber heimgesucht, was gar nicht besser werden will. Trotzdem gehe ich weiter arbeiten; nur an wenigen Tagen, an denen ich gar nicht mehr denken kann vor Fieber, muss ich zu Hause bleiben. Anderen zu zeigen, wenn es mir nicht gut geht, und mich nicht für meine Schwäche und Krankheit zu schämen, ist noch immer etwas, was mir schwerfällt. Nach zwei Wochen habe ich die Krankheit endlich überwunden. Doch kurze Zeit später bekommt mein Sohn David, der mittlerweile ein Jahr alt ist, hohes Fieber. Zum Glück überwindet der kleine zähe Kerl es schneller als ich. Schlimm ist nur, dass ich von jetzt an alle drei bis vier Wochen unter diesem Fieber leide. Jedes Mal, wenn ich mich überanstrenge oder zu wenig schlafe, kommt es zurück. Besonders ärgerlich ist, dass ich ausgerechnet in diesen Zeiten immer viel zu tun habe und mir keine Ruhepausen gönnen kann. Immer wieder bete ich, dass Gott mich von diesem Fieber, dessen Ursache bisher nicht gefunden werden konnte, befreit. Dass es trotzdem regelmäßig zurückkehrt, ist schwer für mich zu verstehen. In diesen Momenten fühle ich mich leer und kraftlos. Ich muss an die Verse aus Markus 9, 49 denken:»Denn jeder wird mit Feuer gesalzen werden. Salz ist gut, um zu würzen. Aber wenn es seinen Geschmack verliert, wie soll man es wieder salzig machen? Ihr müsst die Eigenschaft des Salzes in euch tragen und in Frieden miteinander leben.« Denn es heißt ja: »Ihr seid das Salz und das Licht der Welt, wenn das Salz seine Kraft verliert, soll es weggeworfen werden.« Ich bin Christin, doch ich bin nicht Christus, weshalb mein Salz immer wieder an Kraft verliert. Mir fällt auf, dass schon häufig auf Momente meines Lebens, in denen ich selbstzufrieden wurde, schwierige Zeiten folgten, die mich zu einem besseren Menschen gemacht haben. Gott benutzt die schwierigen Umstände und das Feuer in meinem Leben, um mich wieder zum Salz werden zu lassen. Vielleicht möchte er mir auch durch dieses Fieber etwas beibringen. Auch wenn ich Gottes Handeln nicht verstehe, höre ich nicht auf, ihm zu vertrauen. Schon so oft wurde mir im Rückblick deutlich, dass mir alles zum Guten gedient hat.

Im März 2015 erwischt es mich besonders schlimm, und wieder bricht es kurz darauf auch bei David aus. Seine Körpertemperatur steigt ständig. Diesmal ist es nicht wie sonst nach einem Tag besser, sondern sein Zustand verschlimmert sich so sehr, dass wir ins Krankenhaus fahren. Dort wird er zwei Tage lang über einen Tropf ernährt und bekommt fiebersenkende Mittel. Was die Ursache für das Fieber ist, finden die Ärzte jedoch nicht heraus. Schließlich scheint es ihm etwas besser zu gehen, sodass ich ihn wieder mit nach Hause nehmen kann. Doch zu Hause liegt der sonst so quirlige kleine Junge, der keine Minute still sitzen kann und uns alle auf Trab hält, nur apathisch auf dem Sofa. Er will nichts zu sich nehmen und ist kaum ansprechbar. Als dann auch noch das Fieber wieder ansteigt, bekomme ich wirklich Angst um ihn. Vor ein paar Jahren haben wir den Sohn von Freunden an Fieber verloren. Er hieß Ben, genauso wie David mit zweitem Vornamen. Als wir uns für diesen Namen entschieden haben, haben viele Freunde uns gefragt: »Warum nennt ihr ihn Ben, wir haben doch schon einen Ben verloren.« Damals habe ich gesagt: »Ja, der Ben hatte eine Bestimmung für sein Leben, und unser Ben hat eine andere Bestimmung.« Jetzt, wo ich hier neben ihm sitze und seine kleine Hand halte, die ganz warm ist, flehe ich zu Gott, sein Leben zu erhalten und ihn gesund zu machen. Timmy ist mit einer Band unterwegs. Ich rufe ihn an, und wir entscheiden, dass ich mir ein paar Tage freinehme und mit David zurück ins Krankenhaus gehe. Zum Glück haben wir gute Freunde, die sich um Diya kümmern. Da sitze ich nun an seinem Bettchen und höre den Maschinen zu, die ihn mit Flüssigkeit und Nahrung versorgen. Ich wische ihm mit einem Tuch den Schweiß von der Stirn und fühle mich so machtlos. Wenn ich Gott jetzt nicht hätte, würde ich wahrscheinlich vor Sorge durchdrehen. Doch tief in meinem Inneren gibt mir die Überzeugung Frieden, dass Gott keine Fehler macht. Was immer er tut, ist zu unserem Besten. Niemand kann das Leben meines Sohnes anrühren ohne Gottes Erlaubnis, und niemand kann die Tage seines Lebens verringern oder erhöhen, die Gott ihm zugedacht hat. Auch durch verschiedene Bluttests finden die Ärzte nicht raus, was meinem Sohn fehlt. Nach ein paar Tagen sinkt das Fieber endlich und verschwindet ganz aus seinem geschwächten Körper. Erleichtert fahren wir zurück in unsere Wohnung. Noch nie habe ich mich so sehr darüber gefreut, zu sehen, wie mein »Baby« über alle Möbel turnt und auf allem, was er findet,»Schlagzeug spielt«, wie eine Woche nach dieser Krankheit. Ich bin gespannt, was Gott später einmal mit ihm vorhat.

Aarthi findet zu Gott

Jeden Morgen um neun beginnen die Mitarbeiterinnen von Justice & Hope den Arbeitstag mit einer gemeinsamen Andacht. Sie lesen ein paar Verse aus der Bibel, sprechen darüber und beten für persönliche Anliegen und für ihre Klienten. Aarthi ist auch dabei und hört mit immer mehr Interesse von einem Gott, der sie bedingungslos liebt und einen guten Plan für ihr Leben hat. Die beiden Schwestern sind schon feste Mitglieder im Powerhouse und fahren auch mit uns auf das alljährlich stattfindende Camp. 2014 wird Aarthi dort so sehr innerlich von Gott berührt, dass sie Christ werden und sich taufen lassen möchte. Einige Monate später kommt sie zu mir: »Pinky, ich möchte im Gottesdienst erzählen, wie sehr Gott mein Leben verändert hat. Er hat dich geschickt, um mich aus dieser schlimmen Situation zu retten. Es war so schwer für mich, mich selbst anzunehmen, aber durch Gott habe ich gelernt, dass ich genauso viel wert bin wie jeder andere Mensch. Ich habe noch nie so viel Freiheit gefühlt wie in den letzten Monaten, seit ich Christ geworden bin.« Ich bin überrascht von diesem mutigen Entschluss und frage: »Hast du dir das wirklich gut überlegt? Wenn du den Leuten von deiner Vergangenheit erzählst, werden sie dich vielleicht anders anschauen oder behandeln als vorher. Wenn es einmal raus ist, kannst du es nicht rückgängig machen. Hast du daran gedacht, dass du noch heiraten möchtest?« Aarthi versichert mir, dass sie über all das gründlich nachgedacht und gebetet hat. Sie fühlt sich bereit dazu und möchte alle eventuellen Konsequenzen auf sich nehmen. Mich beeindruckt diese mutige, kämpferische junge Frau, die genau weiß, was sie will, und keine Angst hat. Von ihrem Mut kann ich noch etwas lernen.

Schließlich steht Aarthi tatsächlich am folgenden Sonntag vor ca. 100 Menschen, die sie erstaunt betrachten: »Guten Morgen. Als Erstes möchte ich Gott für alles danken, was er in meinem Leben getan hat. Deshalb möchte ich euch von meinen Erlebnissen erzählen. Ursprünglich bin ich in einer hinduistischen Familie aufgewachsen. Doch ich habe eine sehr schöne christliche Schule besucht, wo ich auch zum ersten Mal von Jesus gehört habe. Zu dieser Zeit wusste ich nichts über ihn. Ich dachte, er ist einfach einer von vielen Göttern, es gibt so viele Götter im Hinduismus. Doch aus irgendeinem Grund bin ich gern in die Schulkapelle gegangen, um ein paar Minuten zu diesem Gott zu beten.« Dann berichtet sie von der Trennung ihrer Eltern und wie ihre Mutter sie verkauft und Gott sie durch IJM gerettet hat. Sie erzählt von dem schlimmen Heim, in dem sie leben musste, und dass sie damals am liebsten sterben wollte. Als es ihr schließlich besser ging, habe sie Gott vergessen. Erst als sie in der IT-Firma Nachtschichten machen musste, habe sie sich an Gott erinnert und ihn um einen anderen Job gebeten, woraufhin sie bei Justice & Hope anfangen durfte. Nachdem sie schließlich Christin geworden sei, habe sie realisiert, dass Gott die ganze Zeit bei ihr gewesen ist: »Gott hat mich immer geliebt. Als ich niemanden hatte, hat er jemanden geschickt, um mich zu schützen. Als ich das Gefühl hatte, mein Leben sei sinnlos, hat er jemanden geschickt, der mich ermutigt hat nicht aufzugeben. Er ist in jeder Sekunde meines Lebens für mich da. Ich habe Gott früher in so vielen Leuten gesehen, und jetzt sehe ich, dass er auch in mir ist. Nachdem ich Christ geworden bin, wurde mir klar, dass Gott der Einzige ist, der immer bei mir war. Er hat mich beschützt, mich geleitet, mir Liebe geschenkt und für mich gesorgt.« Sie schließt ihr Zeugnis mit den Versen aus Psalm 27, 10ff., um die Menschen zu ermutigen, die gerade das Gefühl haben, von niemandem geliebt zu werden: »Wenn selbst Vater und Mutter mich verlassen, wird doch der Herr mich aufnehmen. (...) Ich vertraue fest darauf, dass ich noch sehen werde, wie gut Gott ist, solange ich lebe. Vertraue auf den Herrn! Sei mutig und tapfer und hoffe geduldig auf den Herrn!«

Aarthis Geschichte zu erfahren, ist natürlich erst mal ein harter Brocken für die Gemeinde. Niemals hätte sich einer von ihnen vorgestellt, was für eine Vergangenheit diese lebensbejahende, fröhliche junge Frau durchmachen musste. Einerseits sind sie geschockt, und andererseits sind sie beeindruckt davon, wie sehr ein Mensch, der Schlimmes durchmachen musste, sich mit Gottes Hilfe verändern kann. Später entstehen Gespräche, und es kommt jemand auf mich zu, der sagt: »Pinky, ich glaube, ich sollte öfter auf Menschen zugehen und sie zu mir einladen, die ein solches Schicksal erleiden müssen. Es ist unglaublich, was Gott in Aarthis Leben gemacht hat. Lass uns noch mehr Aarthis in unsere Gemeinde einladen!«

Christenverfolgung in Indien

Im Mai 2014 wird Narendra Modi zum Premierminister gewählt. Mit seiner Hindu-nationalistischen Bharatiya Janata Partei (BJP) hat er die absolute Mehrheit bekommen und somit nach vielen Jahrzehnten Regierungszeit die Gandhi-Familie abgelöst. Mir war schon vorher klar, dass das passieren würde, da die Opposition sehr schwach und Modi ein charismatischer Mensch ist. Inder vergessen schnell und interessieren sich nicht sonderlich für die Politik. Erst vor zwei Jahren fand ein furchtbarer Pogrom gegen Muslime statt, in dem radikale Hindus riesige Blutbäder anrichteten und Dörfer zerstörten. Doch im Wahlkampf standen nicht die Schandtaten der Vergangenheit, sondern die falschen Wahlversprechen des Kandidaten und seiner Partei im Vordergrund: Toiletten statt Tempel und ein Bankkonto für jeden Inder.

Auch wenn wir Christen durch die neue Regierung Verfolgung befürchten müssen, weiß ich ganz tief in meinem Herzen, dass Modi nur an die Macht gekommen ist, weil Gott es zugelassen hat. Ich bin mir sicher, dass die christliche Kirche, die nur aus 2,5 Prozent der Bevölkerung besteht, durch seine Wahl nicht abnehmen, sondern wachsen und fundierter werden wird. Jeder Christ wird sich fragen müssen, ob er immer noch am Glauben festhalten will, wenn er deshalb verfolgt wird. Dadurch wird die christliche Gemeinschaft aufgerüttelt werden und näher zusammenrücken. Der Müll wird herausgeworfen und das Vertrauen in Gott wachsen. Und genau das zeichnet sich in der kommenden Zeit ab. Schon in den ersten drei Monaten hat es über 120 Attentate gegen christliche Kirchen und Veranstaltungen von Regierungsaktivisten gegeben. Die Hindu-Nationalisten wollen gern eine rein hinduistische Nation erschaffen. Der neue Ministerpräsident scheint ihre radikalen Anhänger gewähren zu lassen, obwohl sie zu gewaltvollen Mitteln greifen. Mit Gewalt kämpfen sie nicht nur gegen Christen und Moslems, sondern auch gegen westliche Strömungen in der Gesellschaft an: sei es Mode oder seien es Verhaltensweisen, wie Hochzeiten aus Liebe. Die freie Meinungs- und Presseäußerung von Andersgläubigen ist aus meiner Sicht schon lange beschnitten. Denn wer fühlt sich noch frei, öffentlich über seinen Glauben zu sprechen, wenn er fürchten muss, dafür attackiert zu werden? Stattdessen kann man täglich feindliche Berichterstattungen gegen Muslime und Christen in den Medien finden.

Doch ich denke nicht, dass diese offensichtlichen Anfeindungen die christlichen Gemeinden schwächen werden. Ganz im Gegenteil ist da, wo noch vor kurzem jede christliche Strömung für sich allein gestanden hat, viel mehr Einheit entstanden. Wir müssen näher zusammenrücken, wenn wir uns gegenseitig schützen wollen. Wir müssen neu darüber nachdenken, was die Gute Botschaft der Bibel für uns bedeutet. Letztendlich wird sich die Wahrheit durchsetzen.

263

Neuer Kurs von IJM

IJM hat mittlerweile begonnen, Kirchen für das Thema Sklaverei zu sensibilisieren. Noch immer treffe ich mich regelmäßig mit den Mitarbeitern und erfahre, dass sie Gebetsabende für Menschen, die von moderner Sklaverei betroffen sind, durchführen. Außerdem bringen sie den Leuten bei, sich aktiv an der Befreiung von Sklaven zu beteiligen. Ein Kurs wurde entwickelt, in dem einzelne Kirchen ganz konkret zu Gerechtigkeitskirchen ausgebildet werden. Erschreckenderweise haben die meisten Kirchenmitglieder noch nie von Schuldknechtschaft gehört und schauen die Mitarbeiter erstaunt an, weil sie angenommen hatten, Sklaverei sei ein Problem, das der Vergangenheit angehört. Wenn sie verstanden haben, dass dieses Unrecht millionenfach in Indien existiert, werden sie darüber unterrichtet, was biblische Gerechtigkeit bedeutet und dass Gott uns allen den Auftrag gegeben hat, Gefangene zu befreien und Unterdrückten zu helfen. Dann lernen sie, wie sie selbst eine Befreiung vorbereiten und durchführen können. Wenn sie sich das allein nicht zutrauen, bietet IJM Unterstützung an oder rät ihnen, mit örtlichen Nichtregierungsorganisationen zusammenzuarbeiten. Ich bin froh über diese Entwicklung, auch wenn es schwer werden wird, ganz normale Gemeindemitglieder dazu zu motivieren, neben ihren Jobs und ihrer Familie gefährliche Befreiungsaktionen durchzuführen.

Zehnjahresfeier

Im April 2015 ist ein ganz besonderer Tag für meine beiden Ziehtöchter Aarthi, Keerthi und mich. Wir feiern zehnjähriges »Familienjubiläum«. Diese beiden tapferen Mädchen sind eine solche Ermutigung für mich. Jedes Mal, wenn ich sie sehe, kann ich Gottes Wirken auf frischer Tat erleben und fühle mich ermutigt in dem, was ich tue. Dass Gott mich als Werkzeug benutzt, um seinen Plan im Leben anderer Menschen umzusetzen, begeistert mich immer wieder aufs Neue. Heute lade ich die beiden Mädchen und ein paar Freunde zum Abendessen in ein chinesisches Restaurant ein, wo wir unsere Familie feiern. Wir sind alle so dankbar, dass wir uns haben und danken Gott für die vergangenen zehn Jahre. Die beiden Schwestern wollen selbst berichten, was ihnen unsere Beziehung bedeutet:

»Wenn ich jetzt an die Vergangenheit denke, dann hat Pinky einen sehr großen Unterschied in meinem Leben gemacht. Sie hat mein ganzes Leben verändert. Wenn sie das damals nicht getan hätte, weiß ich nicht, wo ich jetzt wäre, ich wäre auf jeden Fall in einer schlimmen Situation. Ich war dann in diesem Heim, und da wusste ich an so vielen Tagen nichts mit mir anzufangen. Ich wusste nicht, was aus mir werden würde. Jedes Mal, wenn Pinky zu Besuch kam, hat mich das sehr glücklich gemacht. Ich wollte sie unbedingt sehen. Sie hat einfach meine Hände genommen, wir haben uns angelächelt, und sie hat für mich gebetet. Ich habe nicht viel verstanden, was sie gesagt hat, aber ich habe Liebe gespürt und dass sie sich um mich gekümmert hat. Das war so wichtig für mich. Mein ganzes Leben hat sich dadurch verändert. Sie hat mich wie ihr eigenes Kind behandelt. Das Erste, woran ich denke, wenn ich in Schwierigkeiten gerate: ›Ruf Pinky an!‹ Sie versteht mein Herz besser als jeder andere, mehr als meine Eltern, sogar mehr als meine Freunde. Egal, was ich denke, sie weiß es. Auch wenn ich nicht viel rede, weiß sie genau, was in mir vorgeht. So ist sie. Es ist so ein Segen, Pinky in meinem Leben zu haben. Wenn ich mich nicht gut fühle oder mit jemandem sprechen will, gehe ich einfach zu Pinky. Was auch immer ich gerade durchmache, sie wird mir zuhören und nur ein paar wenige Worte sagen, und dann geht es mir wieder gut. Pinky ist Gottes Geschenk für mich.«

Aarthi

»Immer, wenn etwas Wichtiges in meinem Leben ansteht, rufe ich als Erstes Pinky an. Ich rufe nicht meine Eltern oder irgendjemand anderen an, sondern Pinky. Ich kann nicht beschreiben, was sie mir bedeutet. Sie ist meine Beschützerin, Freundin, Mutter – alles in meinem Leben.

Ich habe oft den Eindruck, dass Gott durch Pinky handelt. Sie kümmert sich wirklich um alles, was wir brauchen. Ich kenne niemand anderen, der das tun würde. Wir kannten sie gar nicht, und sie hat uns trotzdem wie eine Mutter behandelt.«

Keerthi

Zweifel

Die Arbeit bei diesem großen Kinderhilfswerk ist herausfordernd. Mir bleibt kaum Zeit zum Ausruhen oder für meine Familie, was mich ein wenig frustriert. Wenn ich unterwegs sein darf, um Projekte zu besuchen und Mitarbeiter zu ermutigen, sind das die seltenen Momente meiner Arbeit, in denen ich mich ganz in meinem Element fühle. Diese Aufgaben sind es, derentwegen ich mich beim Kinderhilfswerk beworben habe und durch die ich aktiv Dorfgemeinschaften verändern kann. Immer häufiger frage ich Gott:»Was hast du dir dabei gedacht? Bin ich hier wirklich richtig? Ich dachte, meine Gabe sei es, direkt mit den Menschen zu arbeiten, sie mit meiner Leidenschaft für Gerechtigkeit und für dich anzustecken, doch jetzt verbringe ich einen Großteil meiner Zeit mit Mitarbeitern und habe kaum Kontakt zu den Nutznießern des Projekts.« Manchmal habe ich dann den Eindruck, dass bald neue Aufgaben auf mich zukommen werden. Ob beim Kinderhilfswerk oder anderswo. Ich habe das Gefühl, dass Gott mich als Missionarin einsetzen möchte. Doch wenn ich mit Timmy oder meinen Eltern darüber spreche, sagen sie, dass die Idee gut sei aber sie nicht den Eindruck haben, dass der richtige Zeitpunkt dafür schon gekommen sei. Weil Timmy bisher immer voll und ganz hinter mir stand, wenn ich mit ihm über neue Ideen gesprochen habe, übe ich mich jetzt in Geduld und warte auf Gottes Wegweisungen.

Keerthi und ihr Verlobter haben nun den Termin für ihre Hochzeit festgelegt, und ich gehe mit ihr Goldschmuck einkaufen. In Indien trägt eine Frau viel Goldschmuck bei ihrer Hochzeit. Ich darf bei der Trauzeremonie die Rolle ihrer Mutter einnehmen und sie an die Familie ihres Bräutigams übergeben.

Göttliche Gerechtigkeit

Kurze Zeit, nachdem ich begonnen habe darüber nachzudenken, als Missionarin zu arbeiten, werde ich eingeladen, in Chennai auf einer Konferenz zu sprechen, auf der fast alle christlichen Pastoren der Stadt versammelt sind. Es soll darum gehen, was Kirchen tun können, um die Stadt zu verändern. Es gibt exzellente Vorträge mit gut ausgearbeiteten Videopräsentationen und Statistiken darüber, wie viele Christen es in Chennai gibt und wie wir zu mehr Gerechtigkeit und einer geringeren Kriminalitätsrate beitragen können. Ich soll davon erzählen, was Nichtregierungsorganisationen (NGOs) zum Wandel der Stadt beitragen. Darauf habe ich mich vorbereitet, doch als ich die Bühne betrete, ändere ich spontan meine Rede und höre mich selbst sagen: »All die Jahre, die ich mit den NGOs gearbeitet habe, habe ich der Regierung gesagt: ›Wenn die Regierung ihren Job machen würde, würden wir die NGOs nicht brauchen. Denn es ist ihre Aufgabe, sich um die Leute zu kümmern und das Recht durchzusetzen. Jetzt möchte ich der Kirche dasselbe sagen: ›Wenn die Kirche den Job machen würde, mit dem Gott sie beauftragt hat, würden wir keine NGOs brauchen.‹ Und mit Kirche meine ich auch jeden einzelnen Christen.« Spätestens jetzt habe ich die Aufmerksamkeit aller im Saal versammelten Pastoren. »Würde Ihre Familie ein Kind bei sich aufnehmen, deren Eltern im Gefängnis sind? Würden Sie oder eines Ihrer Gemeindemitglieder einer Familie helfen, sich eine neue Existenz aufzubauen, die gerade aus Schuldknechtschaft befreit wurde? Ich fürchte, wenn ich ein Mädchen hätte, das aus Prostitution befreit wurde und vorübergehend einen Platz zum Schlafen braucht, wäre es schwer, auch nur eine einzige Familie in der Kirche zu finden, die ihr Haus für sie öffnet. Wozu gibt es die Kirchen, wenn wir die Bedürftigen doch nur an unsere NGOs und Organisationen weiterleiten?« Dann lese ich Ihnen die Prophetie über Jesus aus dem Alten Testament in Jesaja 61 vor: »›Der Geist Gottes, des Herrn, ruht auf mir, denn der Herr hat mich gesalbt, um den Armen eine gute Botschaft zu verkünden. Er hat mich gesandt, um die zu heilen, die ein gebrochenes Herz haben, und zu verkündigen, dass die Gefangenen freigelassen und die Gefesselten befreit werden. (...)‹ Im Lukas-Evangelium wird beschrieben wie Jesus mit Anfang dreißig begann, auf der Erde zu wirken. Er ließ sich taufen, und der Geist Gottes kam in Gestalt einer Taube auf ihn. Vom Heiligen Geist erfüllt, ging er für 40 Tage in die Wüste, um zu fasten. Nachdem der Teufel erfolglos versucht hatte, ihn zu versuchen, ging Jesus in die Synagoge, um aus der Heiligen Schrift vorzulesen. Man reichte ihm die Schriftrolle des Propheten Jesaja, wo er genau nach diesen Versen suchte und sie vorlas. Diese Verse waren die erste Botschaft, die Jesus der Welt geben wollte. Als er vom Heiligen Geist erfüllt war, war es seine Berufung, den Armen die gute Botschaft zu bringen und die Gefangenen zu befreien. Warum sollte dann heute, wenn wir mit dem Heiligen Geist erfüllt sind, unsere Berufung etwas anderes sein? In Jesaja wird ganz genau beschrieben, wie ein Leben aussieht, das Gott gefällt. Jesaja 58, 6-8: ›(...) Lasst die zu Unrecht Gefangenen frei und gebt die los, die ihr unterjocht habt. Lasst die Unterdrückten frei. Zerbrecht jedes Joch.

Ich möchte, dass ihr euer Essen mit den Hungrigen teilt und heimatlose Menschen gastfreundlich aufnehmt. Wenn ihr einen Nackten seht, dann kleidet ihn ein. Verleugnet euer eigenes Fleisch und Blut nicht. Wenn du so handelst, wird dein Licht aufleuchten wie die Morgenröte. Deine Heilung wird schnelle Fortschritte machen. Deine Gerechtigkeit geht dir dann voraus und die Herrlichkeit des Herrn folgt dir nach.‹ Ich bin davon überzeugt, wenn jede Kirche und jeder einzelne Christ während der Woche diesen Auftrag Gottes ausführen und wir uns sonntags im Gottesdienst treffen würden, um uns gegenseitig zu stärken, könnten wir unsere Gemeinschaften völlig verändern. Wenn jeder einzelne Christ sich an Gottes Auftrag halten würde, bräuchten wir keine NGOs mehr.«

Nach meiner Ansprache kommen viele Pastoren auf mich zu und versichern, dass ihnen sehr gefallen hat, was ich gesagt habe: »Vielen Dank für Ihre Worte, Frau Timothy! Sie waren sehr augenöffnend und herausfordernd.«

Für mich ist diese Konferenz der Beginn eines neuen Weges, den Gott mit mir einschlägt, und ich bin gespannt, wie er mich weiterhin führen wird, um den Kirchen diese Botschaft zu bringen und die Gemeinschaften zu verändern.

»Deine Gerechtigkeit bleibt für alle Zeit bestehen,
und dein Gesetz ist vollkommen wahr.«
Psalm 119, 142

Statements über Pranitha:

»Manchmal denkt man, dass bestimmte Dinge unmöglich zu schaffen sind, vor allem, wenn man sich körperlich nicht fit fühlt. Wenn man Pinky anschaut, motiviert einen das sehr. Sie ist da auf einer anderen Ebene von – ich weiß auch nicht was. Der Weg, wie sie mit den Dingen umgeht, durch die sie geht, ist auf einer anderen Ebene. Sie anzusehen inspiriert und motiviert mich auf jeden Fall. Vielleicht, weil ich ihren gesundheitlichen Zustand am besten kenne, kann ich es am besten einschätzen. Jetzt geht es ihr viel besser, doch 2001/02 war sie sehr schwach und hat trotzdem so vieles getan. Dass sie eine Kämpferin ist, merkt man auch, wenn man Spiele mit ihr spielt. Sie muss jedes Spiel gewinnen.

Wir machen keine Pläne für den Tag. Wenn man plant, kommen immer Probleme. Ich denke, das Beste ist nichts zu planen. Ich glaube, dass Gott uns im richtigen Moment an die Dinge erinnert, die wichtig sind zu tun – z. B. unsere Tochter von der Schule abzuholen. Vieles passiert einfach, ich weiß nicht, wie genau, aber es funktioniert, und ich vertraue darauf. In Indien ist es nicht üblich, dass die Frau das Land verlässt und den Mann mit den Kindern allein zu Hause lässt. Die Leute finden das komisch, doch mir ist das egal. Die Leute sagen, Pinky und ich wären auf einem anderen Trip.«

Timothy (Pranithas Ehemann)

»Sie ist sehr leidenschaftlich, wenn es darum geht, Menschen zu befreien und ein Fürsprecher für sie zu sein. Sie wird laut für die Rechte der Arbeiter. Selbst gegenüber sehr hohen offiziellen Beamten ist sie sehr furchtlos. Wenn sie für die Klienten sprechen muss, macht sie es. Und alle sind überrascht, jemanden zu sehen, der so klein ist mit einer so leisen Stimme. Aber wenn sie spricht, ist jeder still. Da ist Autorität. Irgendwie wissen die Leute, dass sie zuhören müssen. Ich bewundere das sehr.

Die Regierungsabgeordneten fragen uns oft: Warum schickt IJM so viele Frauen? Früher habe ich mir nicht so viel zugetraut, aber als ich sie gesehen habe und ihre Art, die Sachen zu regeln, da habe ich verstanden, dass Frauen wirklich gleichwertig arbeiten können. Sie respektiert aber jeden, Männer genauso wie Frauen. Gleichwertigkeit ist ihr wichtig. Und sie gibt niemals auf, bei all den schwierigen Fällen. Als wir versucht haben, Leute zu befreien, und es nicht so lief, wie geplant und wir jahrelang um diese Fälle kämpfen mussten. In einem Fall hat es drei bis vier Jahre gedauert, bis wir die Zertifikate bekommen haben. Pranitha hat bis zum Schluss den Kontakt zu den Klienten gehalten. Sie würde niemals aufgeben.

Bei einer Befreiung konnten wir nur ein sehr kleines Team in eine Ziegelfabrik schicken, weil wir wussten, dass es nicht sicher ist. Ich durfte mir aussuchen, mit wem ich gehe, und ich habe sie gewählt. Sie ist jemand, dem man komplett vertrauen kann. Ich wusste, sie würde mich niemals allein zurücklassen, was auch immer passiert.«

Alice (IJM)

»Ich kenne Pinky seit meinem Studium, als sie und Timmy bei HBI gearbeitet haben. Das sind jetzt schon fast elf Jahre. Ich durfte miterleben, wie sie von einem frisch verheirateten Paar, zu einer Familie mit zwei Kindern gewachsen sind. Was sie in meinen Augen hervorhebt und wofür ich sie sehr bewundere, ist ihre Selbstlosigkeit. Ich kann mich an keine einzige Situation erinnern, in der sie sich nicht einladend verhalten haben. Sie setzen sich immer für andere ein. Außerdem unterstützen sie gegenseitig ihre Leidenschaften, Familien und Freunde. Ich hatte die Möglichkeit, Pinky zu einigen Nachsorgebesuchen für IJM nach Odisha zu begleiten. Ich habe gesehen, dass sie für jeden einzelnen Klienten, dem sie gedient hat, tiefes Mitgefühl hat. Dieses Mitgefühl hat sie sogar dazu gebracht, zu weinen. Weil ihr die Not der Menschen so nahegegangen ist, hat sie heimlich Tränen vergossen. Eine solche Leidenschaft für ihre Arbeit und die Menschen, denen sie dient, habe ich bisher sehr selten bei jemandem gefunden.«

David (Freund)

»Es waren wirklich tolle neun Jahre, in denen ich mit Pranitha bei IJM gearbeitet habe. Der Geist, den sie hineingebracht hat, bestimmt immer noch unsere Arbeit. Sie nahm jede einzelne Befreiungsaktion sehr ernst, egal, wie viele sie schon durchgeführt hatte. Niemals würde sie diese Sachen auf die leichte Schulter nehmen. Sie hat mir beigebracht, wie man mit den Regierungsabgeordneten zusammenarbeitet. Es war häufig sehr schwer, mit den Beamten zusammenzuarbeiten. Doch selbst wenn diese uns manchmal schlecht behandelt haben, ist Pranitha ihnen stets mit Respekt gegenübergetreten. Es machte ihr nichts aus, auch bis spätabends zu bleiben oder am nächsten Tag wiederzukommen, damit die Arbeit wirklich getan wird.

Ihre Stimme ist so schlecht, es gibt Zeiten, in denen sie nicht aufhört zu husten und um Luft zu ringen, doch das wäre kein Grund für sie, nicht zu arbeiten. Sie dreht sich nicht um sich selbst, und wenn sie um Luft ringt, will sie nicht, dass ihr irgendwer hilft. Heute fragen immer noch viele Klienten nach Pranitha Madam. Sie lieben sie so sehr. Damals konnte sie noch nicht so gut Tamilisch

273

sprechen, doch sie hat es immer irgendwie geschafft, auszudrü-
cken, was sie will. Es ist großartig, wie sie das macht.

Im Süden waren einmal ca. 100 befreite Arbeiter zusammen,
und wir haben sie in der Nachsorge trainiert. Am Ende mussten
wir ihre Rückreise in die Dörfer organisieren. Einige Mitarbeiter
waren dafür zuständig. Die Klienten haben alle gedrängelt und
gestoßen und geschrien, denn jeder wollte als Erstes nach Hause.
Sie hat ihnen dann gesagt, dass sie sich in eine Reihe aufstellen
sollen, einer nach dem anderen. Auf uns hat niemand gehört, doch
als sie sich darum gekümmert hat, haben alle eine Reihe gebildet
und waren still. Meine Töchter bewundern sie auch sehr. Wir haben
früher gemeinsam auf dem HBI-Campus gelebt. Meine Mädchen
waren damals klein und haben immer mit ihr gespielt und sie
beobachtet. Sie ist ein großes Vorbild für sie und so viele.«

Gladys (IJM)

274

»Ich glaube, Gott hat diese Leidenschaft und Überzeugung in
Pranithas Herz gelegt: Wenn du das Leben eines Kindes berührst,
berührst du nicht allein das Kind und seine Familie, sondern die
Veränderung geht weiter hinein in die Gemeinschaften. Pranitha
brennt dafür, was Gott durch sie tun möchte.

Was besonders in ihr hervorsticht, ist: Sie hat ihr Leben komplett Gott gewidmet und möchte ihre Berufung erfüllen. Wir sind
so dankbar, dass sie Teil von HBI war, und ich weiß, dass Gott ihre
Aufgabengebiete erweitern und sie an die verschiedensten Orte
bringen wird. Ich sage immer wieder: Wir brauchen Leute wie Pranitha, die keine Angst vor irgendwas hat. Sie hat verstanden, dass
derjenige, der Gott fürchtet, nichts und niemanden sonst zu fürchten braucht.«

Malini (Leiterin HBI)

»Wenn Leute Pranitha ansehen, denken sie: O sie ist so klein und dünn, was soll sie schon bewirken? Doch die Leute wissen nicht, dass da eine Bombe in ihr drin ist. Gott schaut nicht das Äußere an. Er kann jeden gebrauchen. Ich glaube, als Gott sie berührt hat, wusste er, was er mit ihr vorhatte und wer sie sein sollte. Wir haben ihre Treue und ihr Engagement ihrer Berufung gegenüber gesehen. Wenn sie an etwas glaubt, macht sie es. Nichts kann sie aufhalten.«

Kavita (Pastorin Powerhouse)

»Pranitha ist nicht jemand, der dir die Dinge sagen würde, die du hören willst. Sie ist jemand, der es dir direkt ins Gesicht sagt, wenn es etwas zu sagen gibt. Sie ist extrem freiheraus, was in Indien sehr unüblich ist. Deshalb sind Leute manchmal beleidigt. Ich schätze das sehr wert, weil sie einem die Wahrheit direkt ins Gesicht sagt. Früher hat sie so schön gesungen. Ich konnte nicht glauben, dass sie ihre Stimme verloren hat. Wir haben immer zusammen gesungen, und dann hatte sie auf einmal keine Stimme mehr. Ich fühle mich schlecht, wenn ich jetzt mit ihr telefoniere und ihr sagen muss: Pinky, ich kann dich nicht verstehen, sprich etwas lauter.

Sie ist klein und dünn, aber sie wirkt Wunder, und sie ist die Stimme der Stimmlosen. Ich kann gar nicht sagen, wie stolz ich auf sie bin. Sie lässt keine Möglichkeit verstreichen, von Gottes Wirken in ihrem Leben Zeugnis zu geben. Sie verlässt sich so sehr auf Gott.«

Priya (Freundin aus dem College)

»Pinky ist einer der wenigen Menschen, die sich wirklich daran hält, was Jesus gesagt hat. Lass dein ›Ja‹ ein Ja sein und dein

›Nein‹ ein Nein. Ich habe erlebt, wie sie das in ihrem Leben prak-
tiziert. Sie hat Charakter und Substanz.

Ich arbeite gerade als Praktikantin bei Justice & Hope. Als ich
noch am College war, gab es einen Aufstand in der Stadt, und die
Colleges und Wohnheime mussten alle schließen. Mit einer Freundin komme ich von sehr weit her, deshalb konnten wir nicht nach
Hause fahren. Pinky lud uns ein: ›Ich habe gehört, was passiert
ist. Ihr könnt bei uns zu Hause wohnen!‹ Das war nicht nur für
einen Tag oder eine Woche, wir haben einen ganzen Monat bei ihr
gewohnt. Sie hat sich sogar um unsere Bedürfnisse gekümmert.
Das werde ich niemals vergessen. Als es Zeit war, zurück ins Studentenwohnheim zu ziehen, saß ich mit der Freundin und Pinky
zusammen, und wir haben ihr gesagt, wie dankbar wir sind und
dass wir nicht wissen, wie wir das jemals zurückgeben können. Da
hat sie etwas geantwortet, was ich nie vergessen werde: ›Ich habe
selbst viel empfangen, und deshalb bin ich fähig zu geben.‹ Das
war ein sehr tiefer Satz für mich. Wenn ich selbst eine Familie habe,
würde ich gern genauso sein und dasselbe sagen können: ›Ich gebe
nur weiter, was ich bekommen habe.‹«

Monisha (Justice & Hope)

»Pinky ist für mich ein sehr gutes Beispiel darin, für die Wahrheit
und Gerechtigkeit aufzustehen. Ihre Lebensgeschichte und ihre Arbeit inspirieren uns alle sehr, uns in dieselbe Richtung zu bewegen.
Wenn ich mir ansehe, was sie alles macht, wird mir deutlich, wie viel
jeder von uns tun könnte. Sie ermutigt uns, mehr zu machen, als
wir denken, dass wir tun können. Sie ermutigt mich immer. Sie sagt,
dass sie auch eine ängstliche Person ist, und wenn sie etwas schaffen kann, dann kann ich dasselbe schaffen. Sie pusht mich, die Sachen zu machen, vor denen ich Angst habe. Das ist sehr ermutigend.

Sie ist auch sehr wettbewerbsfreudig. Es ist schön zu sehen, dass sie nicht nur diese Frau ist, die ihre Arbeit ernst nimmt, sondern dass man viel Spaß mit ihr haben kann und sie manchmal ein bisschen verrückt ist.«

Sneha (Justice & Hope)

»Es ist so viel Großartiges passiert. Jetzt ist Pinky überall auf der Welt unterwegs und hat einen großen Einfluss. Als ich anfing sie kennenzulernen, hat sie diese schockierende, großartige Persönlichkeit eingebracht, die die Sachen einfach anpackt, obwohl sie weiß, dass es ein Risiko gibt. Sie hatte zum Beispiel keine Ahnung vom Fahren in Chennai, und trotzdem ist sie einfach mit einem Motorrad auf die Straße gefahren. Zu dieser Zeit haben Mädchen so was einfach nicht gemacht. Es ist sehr gefährlich auf Chennais Straßen.

Sie überzeugt Menschen davon, in Gebiete zu gehen, die sie eigentlich niemals betreten würden. Durch ihr Vorbild pusht sie uns ununterbrochen, mit ihr mitzuhalten.

Sie war eine der Ersten, die bei IJM angefangen haben, und ich habe von ihr gelernt, was IJM in Chennai ist. Immer wieder habe ich mitbekommen, wie sie riskante Exkursionen in Reismühlen und Ziegeleien gemacht hat. Allein die Umgebung einer Reismühle ist sehr gefährlich für eine Frau wie sie. Da zieht sie viel Aufmerksamkeit auf sich. Ihre Kühnheit ist großartig. Und sie wird angetrieben von ihrer Leidenschaft für Gerechtigkeit.

Auch theologisch haben wir diese gesunden Diskussionen geführt und erörtert, wie wir am besten bei IJM vorgehen sollen. Sie ist uns jedoch um Meilen voraus. Jetzt spricht sie auf den großen internationalen Konferenzen. So groß ist Gottes Segen auf ihrem Leben. Und obwohl sie so berühmt ist, pflegt sie immer noch ihre Freundschaften. Wir können in ihrer Wohnung aus und ein gehen, und Timmy macht Kaffee für uns. Und wir quatschen bis zwölf Uhr nachts, obwohl sie am nächsten Tag um fünf Uhr morgens einen Flug hat. Sie hat also neben dem beruflichen auch noch dieses andere Leben, dieses verrückte, Sich-gegenseitig-Kraft-Geben und in der Gemeinschaft Wachsen. Das sind die kostbaren Momente, die wahrscheinlich sehr teuer sind in der heutigen Welt. Solche Freundschaften sind schwer zu finden.

Timmy und Pinky investieren einen Teil ihres Lebens in eine Gruppe junger Menschen, die um sie herum wachsen. Das ist ein Model von Jüngerschaft, wie man es selten erlebt. Wenn das Leben des einen das des anderen wirklich beeinflusst. Sie geben dafür ihren persönlichen Lebensraum her. Timmy und Pinky sind große Beispiele dafür, wie es ist, in unserer heutigen Zeit Gott ähnlich zu sein. Wenn man etwas Ewiges runter in ein Leben auf der Erde bringt, geht der Schatten der Unendlichkeit nicht verloren. Wenn du sie ansiehst, siehst du ein Stück Ewigkeit im irdischen Leben. Jetzt ist sie eine Sprecherin für Gerechtigkeit um den gesamten Erdball.

Wir sind beide im selben Alter, doch sie ist mir zehn Jahre voraus.

Es gibt viele große christliche Leiter, die als mächtige Männer Gottes vorgestellt werden. Pranitha ist für mich eine Person, die einen mächtigen Gott repräsentiert, so demütig, und doch repräsentiert sie die mächtige Arbeit Gottes. Wir sind Gott sehr dankbar, dass er sie uns geschenkt hat. Schon vor langer Zeit sollte sie sterben, wegen der OP und so. Doch Gott dachte sich: Wir brauchen alle dieses Geschenk Pinky, vor allem Timmy, Diya und David. Sie ist ein Segen für so viele Menschen auf der ganzen Welt. Ich danke Gott, dass er uns alle mit ihr beschenkt hat.«

Paul (IJM, bester Freund und Band-Kollege von Timmy)

ANHANG

Wie ich dazu kam,
dieses Buch zu schreiben

Als ich eine E-Mail des SCM Verlages erhielt, ob ich mir vorstellen könne, eine Biografie über Pranitha Timothy zu schreiben, schlug mein Herz sofort ein paar Takte schneller. Gleichzeitig machte mich dieses Angebot traurig. Ich hatte Pranitha auf dem Willow-Creek-Kongress in Leipzig getroffen und für einen Bericht über International Justice Mission interviewt. Sofort schloss ich diese außergewöhnliche und taffe kleine Inderin in mein Herz. Auf dem Heimweg nach Berlin war ich ein wenig traurig, nicht die Möglichkeit zu haben, sie noch besser kennenzulernen. Jetzt ihre Biografie zu schreiben, wäre ein absoluter Traum für mich und ließe diesen Wunsch in greifbare Nähe rücken. Doch gleichzeitig hat sich in meinem Leben gerade ein anderer Traum erfüllt, und ich bin nach langem Warten und Sehnen endlich schwanger. Der Verlag schreibt, dass ich eine Indienreise einplanen solle, falls ich das Buch schreiben wolle. Doch kann ich meinem Baby dieses Risiko zumuten? Und würde ich es überhaupt schaffen, innerhalb eines halben Jahres neben meinem Job als Sozialarbeiterin das ganze Buch zu schreiben? Außerdem habe ich noch nie ein Buch geschrieben und bin auch nicht besonders überzeugt von meinen Englischkenntnissen. Trotz aller Zweifel entschließe ich mich, Kontakt mit dem Verlag aufzunehmen und über meine Situation zu sprechen. Sie ermutigen mich, trotz Schwangerschaft das Projekt anzugehen. Über eine Reise könne ich mir ja noch in Ruhe Gedanken machen. Gut, denke ich, nun liegt es also bei Pranitha und vor allem bei Gott, ob ich mich in dieses Abenteuer stürzen werde oder nicht. Ich hatte gehört, dass sie schon mehrfach angefragt wurde, ob Biografien über sie geschrieben werden könnten, sie aber jedes Mal mit der Begründung abgelehnt hatte, der richtige Zeitpunkt sei noch nicht gekommen. Ich schreibe ihr und berichte auch über meine Schwangerschaft, dann warte ich auf eine Reaktion. Einige Tage gehen ins Land, und in dieser Zeit geschieht das Unfassbare: Mein Baby stirbt. Ich bin traurig und aufgewühlt und zugleich fühle ich mich sehr von Gott getragen. Weil ich von Pranitha noch keine Antwort bekommen habe, schreibe ich ihr erneut und erwähne auch, dass ich nunmehr Zeit für das Buch hätte, da ich mein Baby leider verloren habe. Fünf Minuten später erhalte ich eine Zusage von ihr.

Voll Dankbarkeit stürze ich mich in das Projekt, was mir hilft, meinen Schmerz zu lindern und auf andere Gedanken zu kommen. Als ich Pranitha wenige Wochen später in Indien gegenübersitze, erzählt sie mir: »Ich war gerade dabei, dir eine Absage wegen des Buches zu schreiben. Ich schrieb, dass ich ein kleines Kind habe und du in der Schwangerschaft vielleicht auch nicht genug Zeit zum Schreiben finden würdest, schon gar nicht, wenn das Kind einmal da ist. In dem Moment bekam ich deine E-Mail, dass dein Kind gestorben ist. Da hatte ich das Gefühl, ich soll dieses Projekt mit dir angehen und habe dir stattdessen eine Zusage geschickt.« Das Buch zu schreiben, ist ein sehr spannender Prozess, durch den ich wahrscheinlich am meisten lernen darf und mich sehr beschenkt fühle. Immer wieder spüre ich meine Unzulänglichkeit und lege das Projekt ganz in Gottes Hände. Zum Beispiel als ich nach den ersten

Wochen zu Gott sage: »Jetzt habe ich fünfzig Seiten geschrieben und schon fast die Hälfte von Pranithas Leben erzählt, der Verlag möchte aber 250 Seiten von mir haben. Ich bin gespannt, wie du diese 200 Seiten füllen wirst!« Jetzt bin ich am Ende und stelle fest, dass die vorgegebene Seitenzahl nicht optimaler hätte gewählt werden könne. Gott hat tatsächlich jede Seite gefüllt – und der Schreibprozess hat neun Monate gedauert!

Ich möchte mich bei allen lieben Menschen bedanken, die mich während des Schreibens begleitet und beraten haben. Besonders bei Andreas, Karen, Gisela, Jochen, Moni, Ricky, Mareike, Chris, Judith und Dietmar von IJM und meinem geliebten Mann Fabian.

Anna Koppri

Zusatzinformationen zur Situation von Frauen in Indien auf Grundlage von Reportagen auf ARTE

Das Erbe von Unterdrückung und Machtausübung gegenüber Schwächeren, das die britischen Besatzer hinterlassen haben, wird auch nach der 1947 erlangten Unabhängigkeit und Staatsgründung Indiens von der Gesellschaft weitergeführt. Frauen werden bis heute diskriminiert und bevormundet. Wenn ein Mädchen verheiratet wird, zieht sie zur Familie ihres Mannes und muss dort vom Tag der Hochzeit an als Haushälterin dienen. Sie ist für die Versorgung ihrer

Schwiegereltern zuständig, für die Wäsche, das Essen und die Kindererziehung. Von Selbstverwirklichung in einem Beruf können die meisten indischen Mädchen und Frauen nur träumen. Die Familie ihres Mannes kann mit ihnen tun, was sie möchte. Studien zufolge erleben 65 % der indischen Frauen häusliche Gewalt, was noch nichts über die Dunkelziffern aussagt. Wenn eine schwer misshandelte und gedemütigte Frau sich dazu entscheidet, ihren Mann und dessen Familie zu verlassen, wird ihr von allen Seiten mit Unverständnis begegnet. Ihre einzige Chance, zu überleben, ist, zurück zu ihrer eigenen Familie zu ziehen, die sie in den meisten Fällen wieder zu ihrem Mann schickt. Familien, deren Töchter wieder zu Hause einziehen, schämen sich, da deren Trennung eine Schande für die ganze Familie ist. Sie drängen sie deshalb zurückzugehen. Mütter erklären ihren Töchtern, dass es normal ist, Gewalt zu erleben, dass so etwas allen Frauen passiert und sie nicht so zimperlich sein sollen. Selbst wenn Frauen ihre Männer aufgrund häuslicher Gewalt anzeigen, entscheiden Gerichte häufig, dass sie zu ihnen zurückgehen sollen.

Doch nicht nur zu Hause, versteckt hinter den Vorhängen und Mauern, erleben Frauen Erniedrigung und Gewalt, auch ganz öffentlich auf der Straße. Wenn die Menschen eng gedrängt in den Bussen oder Zügen stehen, ist es an der Tagesordnung, dass Frauen unzüchtig berührt werden, ohne dass sie etwas dagegen tun können. Alle 20 Minuten findet in Indien eine Vergewaltigung statt, die für die Täter in den meisten Fällen keinerlei Konsequenzen nach sich zieht. Selbst von den wenigen Tätern, die sich gerichtlich für ihr Vergehen verantworten müssen, wird nur jeder Vierte verurteilt. Es herrscht gesellschaftlicher Konsens darüber, dass an einer Vergewaltigung die Frau schuld ist, weil sie die Männer entweder mit ihrer Kleidung gereizt hat oder abends noch auf der Straße unterwegs war. Viele

Männer wollen nicht, dass Frauen sich emanzipieren, abends ausgehen und für ihre Rechte eintreten. Wenn sich ihnen die Gelegenheit bietet, demütigen oder missbrauchen sie Frauen, die sich modern verhalten, westlich kleiden oder studieren. Sie wollen ihnen damit einen Denkzettel verpassen. Für die meisten betroffenen Frauen ist die Vergewaltigung eine Schande, die es möglichst zu vertuschen gilt. Wenn dies nicht möglich ist, sehen einige keinen anderen Ausweg, als sich das Leben zu nehmen. Dalit-Frauen gelten als Unberührbare, und dennoch fallen so viele von ihnen sexueller Gewalt zum Opfer. Wenn sie sich dazu durchringen, die Täter (aus höheren Kasten) anzuzeigen, werden sie in der Mehrzahl der Fälle von der Polizei so sehr unter Druck gesetzt, dass sie keine Anzeige aufgeben. Falls es ihnen dennoch gelingt, werden sie häufig von den Familien der Täter mit Geld bestochen, um die Anzeige wieder zurückzuziehen. Knapp zwei Millionen Frauen sterben in Indien jedes Jahr an den Folgen von Missbrauch und Gewalt.

2012 geht ein Ruck durch die Gesellschaft.

Die 23-jährige Studentin Jyothi Singh wird in Neu Delhi von vier Männern in einem Bus brutal vergewaltigt und gefoltert. Zwei Wochen später erliegt sie im Krankenhaus ihren schweren inneren Verletzungen. Der Fall wird weltweit von den Medien aufgegriffen und rüttelt auch die indische Gesellschaft wach. Überall im Land gehen Tausende Menschen auf die Straßen, um für die Rechte der Frauen und mehr Schutz durch die Regierung zu demonstrieren. Schilder, mit Aufschriften wie »Verbietet den Mädchen nicht abends auszugehen, sondern bringt den Jungen bei, sich anständig zu verhalten!« fordern einen Wandel. Männer wie Frauen wollen nicht mehr in einer Gesellschaft leben, in der ein solches Ungleichgewicht zwischen den Geschlechtern herrscht. Jyothi wird zum Symbol für das Unrecht, das Mädchen und Frauen hier täglich widerfährt. Die sogenannte »Tochter Indiens« bringt durch ihren qualvollen Tod einiges in Bewegung. Vier ihrer Tätern werden zur Todesstrafe verurteilt, ein weiterer nimmt sich im Gefängnis das Leben, und ein Minderjähriger muss eine dreijährige Haftstrafe verbüßen. Nach dem Fall verdreifachen sich die Klagen wegen Vergewaltigungen. Busse mit getönten Scheiben oder Gardinen werden zu Hunderten aus dem Verkehr gezogen und Notrufnummern für Frauen eingerichtet. Auch immer mehr Zug- und U-Bahn-Waggons, ausschließlich für Frauen, sind im öffentlichen Nahverkehr zu finden. Der Dokumentarfilm »India's Daughter« von der BBC macht tausendfach über soziale Netzwerke die Runde.

Man kann hoffen, dass viele junge Eltern beginnen werden, ihre Söhne und Töchter gleichberechtigt zu erziehen. Dass sie ihren Mädchen beibringen, sich zu wehren und für ihr Recht einzutreten und dass sie ihre Söhne lehren, Frauen respektvoll zu behandeln.

Sogar Witwen werden von der Gesellschaft verstoßen und müssen betteln, um zu überleben. Es heißt, sie würden Unglück bringen, weil ihre Männer vor ihnen gestorben sind. Erst wenn eine verheiratete Frau ein hohes Alter erreicht hat, wird sie von der Gesellschaft respektiert und sogar fast wie eine Heilige behandelt.

Literatur-/Quellenverzeichnis

Skinner, E. Benjamin, übers. Neubauer, Dr. Jürgen, Menschenhandel – Sklaverei im 21. Jahrhundert, Bastei Lübbe, Köln, 1. Aufl.,
2008

Evangelisches Missionswerk in Deutschland und Verband evange-
lischer Missionskonferenzen (Hg.) – Jahrbuch Mission 2014 – Kos-
mos Indien – Mehr als Hightech und heilige Kühe, missionshilfe
verlag, Hamburg, 1. Aufl., 2014

Alle Bibelverse sind folgender Ausgabe entnommen:
Neues Leben. Die Bibel, © der deutschen Ausgabe 2002 und 2006
SCM-Verlag GmbH & Co. KG, Witten.

ZDF-Reportage:
Vimeo. 5. Apr 2015 <https://vimeo.com/112072540>»Hunger –
Dokumentation über Menschen, die gegen Hunger kämpfen«

Unterlagen Botschafterschulung »IJM-Deutschland«

Fallmaterial von IJM-international

Reportagen auf ARTE:
ARTE. Homepage. 7. Jul 2015 < info.arte.tv/de/indien>
»Indien – Gewalt im Lande Gandhis«
»Indiens verlorene Töchter«

ARTE Journal:

»Eheliche Vergewaltigung ist in Indien rechtens«

»Die Ursachen des Frauenmangels«

»Die Wasser-Ehefrauen«

»Bedrohte Christen«

Im Text erwähnte Bücher:

Rebecca Brown, M.D., He came to set the captives free, Wells of Joy
Ministries, USA, 1. Aufl., 1992

Gary A. Haugen, Good News About Injustice – A Witness of Coura-
ge in a Hurting World, IVP Books, USA, 1. Aufl., 1999

Kontaktaufnahme- und Unterstützungsmöglichkeiten

IJM Deutschland ist der deutsche Zweig der Menschenrechtsorganisation International Justice Mission, die in zehn Ländern in Afrika,
Asien und Südamerika für die Rechte von Betroffenen schwerster
Menschenrechtsverletzungen kämpft, insbesondere für Betroffene
von moderner Sklaverei und Menschenhandel.
www.ijm-deutschland.de

Hier finden Sie verschiedene Möglichkeiten, die Organisation zu unterstützen. Beispielsweise als ehrenamtliche/r Botschafter/in.

Wer die Arbeit von IJM in Indien finanziell unterstützen will, kann über IJM Deutschland spenden:
IJM Deutschland e. V.
IBAN: DE69 1009 0000 2555 1110 05
BIC: BEVODEBB (Konto Volksbank Berlin)
Verwendungszweck: Indien: Hilfe für Menschen in Sklaverei
oder online spenden unter: *www.ijm-deutschland.de*

IJM Deutschland ist beim Finanzamt Frankfurt am Main als mildtätig anerkannt. Wenn Sie eine Spendenbescheinigung wünschen, geben Sie im Verwendungszweck bitte Ihre Adresse an.

Justice & Hope

Justice and Hope ist das hier im Buch beschriebene Projekt von Pranitha Timothy.
www.justiceandhope.org
Kontakt: contact@justiceandhope.org
Wer das Projekt finanziell unterstützen möchte, kann sich gern mit Anna Koppri in Verbindung setzen: anna.koppri@gmail.com

Die Autorinnen freuen sich über Kontaktaufnahme:
Pranitha Timothy: pranithatimothy@gmail.com
Anna Koppri: anna.koppri@gmail.com
liebenlernenblog.wordpress.com

Bildnachweis

288